名师成长书系

基于核心素养下的
高中数学
新教材单元设计

谢承斌◎主编　　马清太◎副主编

北方文艺出版社

图书在版编目（CIP）数据

基于核心素养下的高中数学新教材单元设计 / 谢承斌主编 . -- 哈尔滨 : 北方文艺出版社 , 2024.4

ISBN 978-7-5317-5736-8

Ⅰ . ①基… Ⅱ . ①谢… Ⅲ . ①中学数学课 - 教学设计 - 高中Ⅳ . ① G633.602

中国国家版本馆 CIP 数据核字（2022）第 190932 号

基于核心素养下的高中数学新教材单元设计

JIYU XUEKE SUYANG XIA DE GAOZHONG SHUXUE XINJIAOCAI DANYUAN SHEJI

作　者 / 谢承斌

责任编辑 / 张赫然　常　青

封面设计 / 智诚原创

出版发行 / 北方文艺出版社

邮　编 / 150008

发行电话 /（0451）86825533

经　销 / 新华书店

地　址 / 哈尔滨市南岗区宣庆小区 1 号楼

网　址 / www.bfwy.com

印　刷 / 三河市华东印刷有限公司

开　本 / 710mm×1000mm　1/ 16

字　数 / 200 千

印　张 / 10.75

版　次 / 2024 年 4 月第 1 版

印　次 / 2024 年 4 月第 1 次印刷

书　号 / ISBN 978-7-5317-5736-8

定　价 / 88.00 元

编 委 会

主　编： 谢承斌

副主编： 马清太

编　委： 蔡汉彬　梁小兰　李　艺　马清太

饶正宽　谢　鑫　谢承斌　杨丹丹

祝维养　赵夏婷

目录 CONTENTS

第一章

平面向量及其应用

向量是近代数学中重要和基本的数学概念之一，有深刻的几何背景，是解决几何问题的有力工具。向量是沟通代数、几何与三角函数的一种工具，有着极其丰富的实际背景。在本章中，学生将了解向量丰富的实际背景，理解平面向量的几何意义、代数意义及其运算意义，能用向量语言和方法表述和解决数学和物理中的实际问题，提升数学运算、直观想象和逻辑推理素养。

一、单元内容和内容解析

内容：平面向量的实际背景及基本概念、平面向量的线性运算、平面向量的基本定理及坐标表示、平面向量的数量积、平面向量应用五部分内容。

内容解析：

1. 向量是一个既有大小又有方向的量，是一个二维的量，能将代数、几何以及三角函数有效结合起来，向量的几何特征能帮助大家学习理解向量的概念、性质、运算与应用。

2. 向量的运算与实数运算有类比相似的地方，向量的加、减、数乘运算具有封闭性，而数量积的结果是一个实数，数量积不具有封闭性，反而具有降维的特征。

3. 向量的学习要充分借助物理背景、几何特征，帮助学生更容易理解向量的工具性特征，同时在此过程中培养学生的数学运算、逻辑推理、数学建模等重要核心素养。向量的坐标表示使平面中的向量与它的坐标建立起了一一对应的关系，这为通过“数”的运算处理“形”的问题搭起了桥梁。向量数量积把向量的长度和三角函数联系了起来，这样为解决相关的几何问题提供了方便，能特别有效地解决线段的垂直问题。

4. 本内容是新教材(2019)版必修第二册第六章，共有四个小节15课时的内容，在《课程标准(2017)》中有明确的指出：向量理论具有深刻的数学内涵、丰富的物理背景。向量既是代数研究对象，也是几何研究对象，是沟通几何与代数的桥梁。向量是描述直线、曲线、平面、曲面以及高维空间数学问题的基本工具，是进一步学习和研究其他数学领域问题的基础，在解决实际问题中发挥着重要作用。本单元的学习，可以帮助学生理解平面向量的几何意义和代数意义；掌握平面向量的概念、运算、向量基本定理，以及向量的应用；用向量语言、方法表述和解决现实生活、数学和物理中的问题。本章内容的知识架构如下：

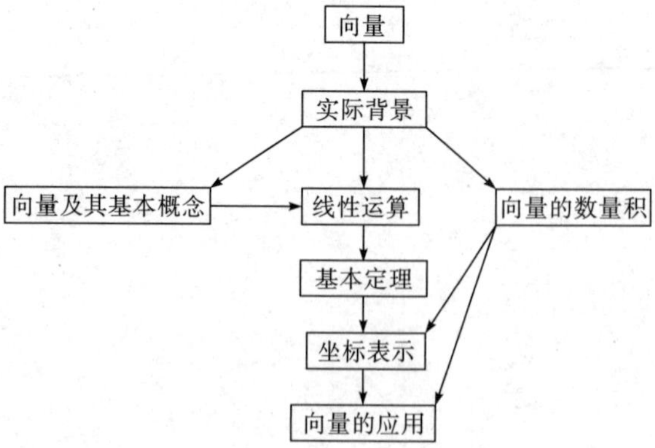

二、单元目标和目标解析

单元目标

1. 平面向量的概念

(1)通过对力、速度、位移等的分析，了解平面向量的实际背景，理解平面向量的意义和两个向量相等的含义。

2. 平面向量的运算

(1)借助实例和平面向量的几何表示，掌握平面向量的加、减运算及运算规则，理解其几何意义。

(2)了解平面向量的线性运算性质及其几何意义。

(3)通过物理中"功"等实例，理解平面向量数量积的概念及其物理意义，会计算平面向量的数量积。

(4)通过几何直观，了解平面向量投影的概念以及投影向量的意义。

(5)会用数量积判断两个平面向量的垂直关系。

3. 平面向量基本定理及坐标表示

(1)理解平面向量基本定理及其意义。

(2)借助平面直角坐标系，掌握平面向量的正交分解及坐标表示。

(3)会用坐标表示平面向量的加、减运算与数乘运算。

(4)能用坐标表示平面向量的数量积，会表示两个平面向量的夹角。

(5)能用坐标表示平面向量共线、垂直的条件。

4. 平面向量的应用与解三角形

(1)会用向量方法解决简单的平面几何问题、力学问题以及其他实际问题，体会向量在解决数学和实际问题中的作用。

(2)熟练应用正余弦定理解三角形及其实际应用问题。

目标解析

1. 能通过从位移、力等物理量出发，抽象出既有大小、又有方向的量——向量，理解向量的物理背景与概念、向量的几何表示、零向量、单位向量、相等向量、平行向量与共线向量，能理解向量与数量的区别。

2. 能作图表示向量加法运算及其几何意义、向量减法运算及其几何意义、向量数乘运算及其几何意义等内容。能类比实数加减法运算理解向量的加减法。能通过数乘运算的作图解释两个向量的共线问题。

3. 能借助物理功的概念，解释平面向量数量积的概念及其几何意义，能结合向量正交分解掌握向量数量积的性质、运算律及坐标表示。能通过数量积的几何表示解释向量模的运算法则、向量垂直、向量投影。

4. 能作图理解平面向量基本定理，能借助向量的加减、数乘运算特征对平面向量基本定理进行向量共线、几何三点共线的推演。能将向量的维度与平面坐标系结合理解，从而掌握向量运算坐标化的特征，强化平面向量的正交分解及坐标表示、平面向量的坐标运算、平面向量共线的坐标表示。

5. 能借助向量的几何特征和运算解决平面几何和部分物理问题，能熟练掌握正余弦定理解决三角形以及与三角形有关的实际问题，搭建起数学建模的基本思维。

三、单元教学问题诊断分析

1. 突出向量的物理背景与几何背景

教科书特别注意从丰富的物理背景和几何背景中引入向量概念。在引言中通过日常生活中确定"位置"中的位移概念，说明学习向量知识的意义；在 1.1 平面向量的概念，通过物理学中的重力、浮力、速度、加速度等作为实际背景素材，说明它们都是既有大小又有方向的量，由此引出向量的概念；引出向量概念后,教科书又利用有向线段给出了向量的几何背景,并定义了向量的模、单位向量等概念。这样的安排,能够使学生理解到向量在刻画现实问题、物理问题,以及数学问题中的作用,使学生建立起理解和使用向量概念的背景支持。教科书借助几何直观,并通过与数的运算的类比引入向量运算,以增强向量的几何背景。

2. 强调向量作为解决现实问题和数学问题的工具作用

为了强调向量作为刻画力、速度、位移等现实中常见现象的有力的数学工具作用,本章特别注意联系实际。特别是在概念引入中增强与实际的联系。另外,向量也是解决数学问题的好工具,例如,和(差)角的三角函数公式、线段的定比分点公式、平面两点间距离公式、平移公式及正弦定理、余弦定理等都能够用向量为工具实行推导;向量作为沟通代数、几何与三角函数的桥梁,是一个很好的数形结合工具,教科书通过"平面几何中的向量方法"实行了介绍。这些处理也都是为了体现向量作为基本的、重要的数学工具的地位。

3. 强调向量法的基本思想,明确向量运算及运算律的核心地位

向量具有明确的几何背景,向量的运算及运算律具有明显的几何意义,所以涉及长度、夹角的几何问题能够通过向量及其运算得到解决。另外,向量及其运算(运算律)与几何图形的性质紧密相联,向量的运算(包括运算律)能够用图形直观表示,图形的一些性质也能够用向量的运算(运算律)来表示。这样,建立了向量运算(包括运算律)与几何图形之间的关系后,能够使图形的研究推动到有效能算的水平,向量运算(运算律)把向量与几何、代数有机地联系在一起。

几何中的向量方法与解析几何的思想具有一致性,不同的仅仅用"向量和向量运算"来代替解析几何中的"数和数的运算"。这就是把点、线、面等几何要素直接归结为向量,对这些向量借助于它们之间的运算实行讨论,然后把这些计算结果翻译成关于点、线、面的相对应结果。如果把解析几何的方法简单地表述为:[形到数]—[数的运算]—[数到形],

则向量方法可简单地表述为:[形到向量]——[向量的运算]——[向量和数到形]。

例如,证明 $\boldsymbol{a}\perp\boldsymbol{b}\Leftrightarrow|\boldsymbol{a}+\boldsymbol{b}|=|\boldsymbol{a}-\boldsymbol{b}|$,既可以从数量积的角度算出 $\boldsymbol{a}\cdot\boldsymbol{b}=0$,进而得到 $\boldsymbol{a}\perp\boldsymbol{b}$;也可以从矩形的角度证明该命题。而证法二有利于学生的思维从直观形象向抽象过渡,更好地理解该命题。再如对任意向量 $\boldsymbol{a}$,$\boldsymbol{b}$ 都有 $||\boldsymbol{a}|-|\boldsymbol{b}||\leqslant|\boldsymbol{a}+\boldsymbol{b}|\leqslant|\boldsymbol{a}|+|\boldsymbol{b}|$,从三角形三边关系上更能看出问题的实质。因此教师在教学时应有意识地引导学生从数形结合的角度进行思考,避免单一的思维渠道。

教科书特别强调了向量法的上述基本思想,并根据上述基本思想明确提出了用向量法解决几何问题的"三步曲"。为了使学生体会向量运算及运算律的重要性,教科书注意引导学生在解决具体问题时即时实行归纳,同时还明确使用了"因为有了运算,向量的力量无限;如果没有运算,向量仅仅示意方向的路标"的提示语。

4. 通过与数及其运算的类比,向量法与坐标法的类比,建立相关知识的联系,突出思想性。

向量及其运算与数及其运算既有区别又有联系,在研究的思想方法上能够实行类比。这种类比能够打开学生讨论向量问题的思路,同时还能使向量的学习找到合适的思维固着点。为此,教科书在向量概念的引入,向量的线性运算,向量的数量积运算等内容的展开上,都注意与数及其运算(加、减、乘)实行类比。例如,向量的减法类似于数的减法(定义向量 $\boldsymbol{a}$ 与向量 $\boldsymbol{b}$ 的差为向量 $\boldsymbol{a}$ 与向量 $\boldsymbol{b}$ 的相反向量的和),又指出向量运算与数的运算的区别,例如,向量的数量积不满足结合律。通过对比,力图使学生便于理解新知识,又不至于与旧知识混淆。

5. 引导学生用数学模型的观点看待向量内容

在向量概念的教学中，要利用学生的生活经验、其他学科的相关知识，创设丰富的情境，例如，物理中的力、速度、加速度，力的合成与分解，物体受力做功等，通过这些实例使学生了解向量的物理背景、几何背景，引导学生理解向量作为描述现实问题的数学模型的作用。同时还要通过解决一些实际问题或几何问题，使学生学会用向量这个数学模型处理问题的基本方法。

6. 增强向量与相关知识的联系性，使学生明确研究向量的基本思路

向量既是代数的对象，又是几何的对象。作为代数对象，向量能够运算，而且正是因为有了运算，向量的威力才得到充分发挥；作为几何对象，向量能够刻画几何元素（点、线、面），利用向量的方向能够与三角函数发生联系，通过向量运算还能够描述几何元素之间的关系（例如，直线的垂直、平行等），另外，利用向量的长度能够刻画长度、面积、体积等几何度量问题。教学中，教师理应充分注重到向量的这些特点，引导学生在代数、几何和三角函数的联系中学习本章知识。

四、单元教学支持条件分析

为了更好地理解物理背景辅助平面向量概念的理解，可以借助信息技术呈现相关的物理现象。向量的几何特征可以借助数学教学软件呈现其中的变化规律。

1.1　平面向量的概念

一、内容分析

本节课是平面向量的开篇之作，主要内容包括向量的实际背景与概念、向量的几何表示、相等向量与共线向量。

向量是近代数学中重要和基本的概念之一，既是代数研究对象，又是几何研究对象，是沟通几何与代数的桥梁，在数学和物理中都有广泛应用。本节内容通过对物理学中力、位移、速度等物理模型的抽象，得到向量的概念及其表示方法。对比年龄、身高、体积、面积等只有大小没有方向的数量，更好地认识向量是既有大小又有方向的量。在此基础上，进一步认识零向量、单位向量、相等向量、平行向量、共线向量等概念。

教学过程中，要充分利用学生生活的经验，相关学科的知识，创设丰富的情境，从物理、几何、代数等多个角度认识向量的概念，帮助学生更好地理解向量的有关概念。

二、课程目标与素养目标

课程目标	学科素养
1. 通过物理学中力、速度、位移等物理量的分析，抽象出平面向量的概念； **2.** 了解向量的几何表示方法，体会表达的直观性。理解零向量、单位向量、平行向量、相等向量等概念； **3.** 培养学生类比、数形结合等思想方法和勇于探索的科学精神。	**1.** 数学抽象：向量的相关概念； **2.** 逻辑推理：通过向量的定义得到零向量、相等向量、平行向量等概念； **3.** 直观想象：向量的几何表示。

三、教学重点、难点

1. 教学重点:向量的概念与几何表示,共线向量与相等向量的概念;

2. 教学难点:向量的概念,平行向量、相等向量和共线向量的区别和联系。

四、教学设计

教学过程	设计意图
一、情境引入 **情境1** 小船由A地向东南方向航行15 n mile/h到达B地,如果仅指出"航行15 n mile/h",而不知名"向东南方向"航行,那么小船还能到达B地吗? **情境2** 老鼠由A向东方向以每秒6 m的速度逃窜,而猫由B向西北方向每秒10 m的速度追。问猫能否抓到老鼠? 结论:猫不能追上老鼠。 猫的速度再快也没用,因为方向错了。 速度是既有大小又有方向的量。	通过情境引入,激发学生的学习兴趣,对向量的概念有初步认知。
二、探索新知 (一)向量的实际背景与概念 **问题1** 在物理中,位移与路程是同一个概念吗?为什么? 不是,位移既有大小,又有方向,路程只有大小。 回顾初中重力和浮力的知识,物体在液体中受到的重力是竖直向下的,物体的质量越大,它受到的重力也越大;物体受到的浮力是竖直向上的,浸在液体中的体积越大,它受到的浮力也越大。 **问题2** 力、位移、速度等的共同属性是什么?它们和年龄、身高、长度、面积、体积等的区别是什么? **分析:**力、位移、速度等有各自的特性,而"既有大小又有方向"是它们的共同属性。从一支笔、一棵树、一本书……中,可以抽象出只有大小的数量"1",类似的,我们可以对力、位移、速度……这些量进行抽象,形成一种新的量。 归纳:向量是既有大小又有方向的量,如位移、速度、加速度、力等;只有大小没有方向的量是数量,如年龄、身高、体积、质量等。 **问题3** 你还能举出物理学中的一些向量和数量吗? (二)向量的几何表示 1. 有向线段 思考由于实数与数轴上的点一一对应,数量常常用数轴上的一个点表示,不同的点表示不同的数量,那么,该如何表示向量呢? 在线段AB的两个端点中,规定一个顺序,假设A为起点,B为终点,就说线段AB具有方向,具有方向的线段叫作有向线段。	问题是数学的心脏,通过连续设问,让学生认识向量的物理背景和引进向量的必要性,从而加深对向量概念的认识。

（续　表）

教学过程	设计意图
如图，以 A 为起点、B 为终点的有向线段记作 $\overrightarrow{AB}$，线段 AB 的长度也叫作有向线段 $\overrightarrow{AB}$ 的长度，记作 $\|\overrightarrow{AB}\|$。 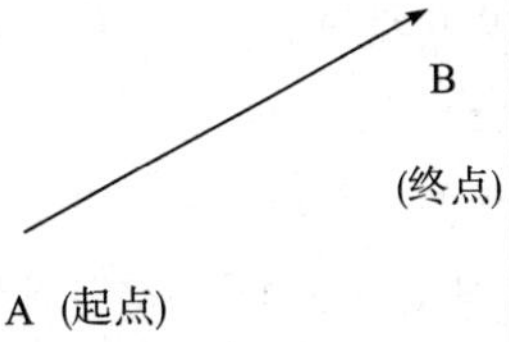 思考：一条有向线段由哪几个基本要素所确定？ **【答案】**三个要素：起点、方向、长度。 **2.** 向量的几何表示 画图时，我们常用有向线段来表示向量，线段按一定比例（标度）画出。其中有向线段的长度表示向量的大小，箭头所指的方向表示向量的方向。 **3.** 向量的表示方法 一般可用表示向量的有向线段的起点和终点字母表示，如 $\overrightarrow{AB}$、$\overrightarrow{CD}$。 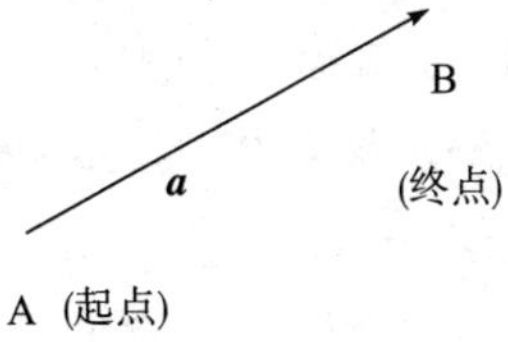 若表示向量的有向线段没有标注起点和终点字母，向量也可用黑体字母 $\boldsymbol{a}$，$\boldsymbol{b}$，$\boldsymbol{c}$，…（书写时用注意用 $\vec{a}$，$\vec{b}$，$\vec{c}$，…表示）。 注意：(1)向量：与起点无关。用有向线段表示向量时，起点可以取任意位置。数学中的向量也叫自由向量。 (2)有向线段与向量的区别： 有向线段三要素：起点、大小、方向。 向量：可选任意点作为向量的起点，有大小、有方向。 **4.** 向量的模 向量 $\overrightarrow{AB}$ 的大小，就是向量 $\overrightarrow{AB}$ 的长度（或模），记作 $\|\overrightarrow{AB}\|$ 或记作 $\|\boldsymbol{a}\|$。 思考：向量的模可以为 0 吗？可以为 1 吗？可以为负数吗？ **【答案】**可以为 0，1，不能为负数。 **5.** 零向量：长度为 0 的向量，记作 $\mathbf{0}$。 单位向量：长度等于 1 个单位的向量。 说明：(1)零向量、单位向量的定义都是只限制大小，不确定方向。 故零向量的方向是任意的，单位向量的方向具体而定。 (2)向量是不能比较大小的，但向量的模（是正数或零）是可以进行大小比较的。 **例 1**　在图中，分别用向量表示 A 地至 B、C 两地的位移，并根据图中的比例尺，并求出 A 地至 B、C 两地的实际距离（精确到 1 km） 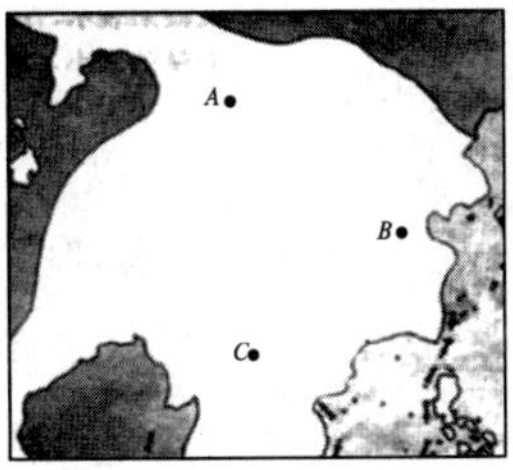 **解：**$\overrightarrow{AB}$ 表示 A 地至 B 地的位移，且 $\|\overrightarrow{AB}\| \approx 216$ km； $\overrightarrow{AC}$ 表示 A 地至 C 地的位移，且 $\|\overrightarrow{AC}\| \approx 272$ km。	引入向量概念后，借助有向线段建立向量的直观形象。借助有向线段的长度和方向来刻画向量的大小和方向。培养数形结合的思想，发展学生数学抽象和直观想象的核心素养。 数学中引进一个新的概念或法则时，总希望它与原有的概念或法则相容。 通过例 1 的分析和讲解，学生感知如何从向量的角度认识位移。

（续　表）

<table>
<tr><th>教学过程</th><th>设计意图</th></tr>
<tr><td>
（三）相等向量与共线向量
1. 平行向量（共线向量）的定义
方向相同或相反的非零向量叫作平行向量。若向量 $\boldsymbol{a}$，$\boldsymbol{b}$ 平行，记作 $\boldsymbol{a}/\!/\boldsymbol{b}$。
规定：零向量与任意向量平行，即对于任意向量 $\boldsymbol{a}$，都有 $\boldsymbol{0}/\!/\boldsymbol{a}$
相等向量的定义：长度相等且方向相同的向量。
问题4　任意两个相等的非零向量，是否都可以用同一条有向线段表示？跟向量的起点是否有关？
注意：
1. 理解零向量和单位向量应注意的问题
（1）零向量的方向是任意的，所有的零向量都相等；
（2）单位向量不一定相等，不要忽略其方向。
2. 共线向量与平行向量
（1）平行向量也称为共线向量，两个概念没有区别；
（2）共线向量所在直线可以平行，与平面几何中的共线不同；
（3）平行向量可以共线，与平面几何中的直线平行不同。
提醒：解决与向量概念有关题目的关键是突出向量的核心——方向和大小。
例2　如图，设 O 是正六边形 $ABCDEF$ 的中心。
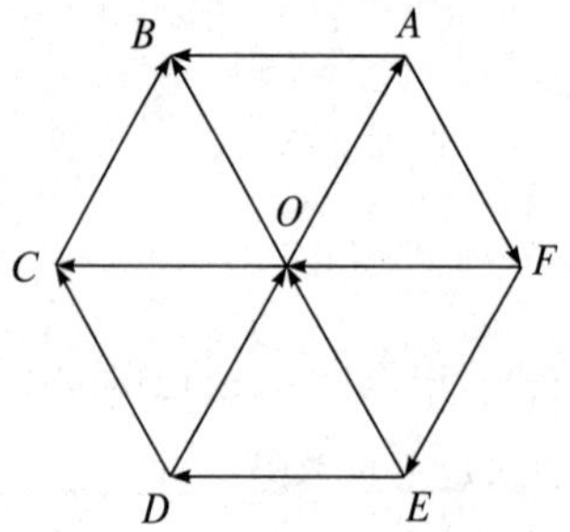

（1）写出图中的共线向量；
（2）分别写出图中与 $\overrightarrow{OA}$，$\overrightarrow{OB}$，$\overrightarrow{OC}$ 相等的向量。
解：（1）$\overrightarrow{OA}$，$\overrightarrow{CB}$，$\overrightarrow{DO}$，$\overrightarrow{FE}$ 是共线向量；$\overrightarrow{OB}$，$\overrightarrow{DC}$，$\overrightarrow{EO}$，$\overrightarrow{AF}$ 是共线向量；$\overrightarrow{OC}$，$\overrightarrow{AB}$，$\overrightarrow{ED}$，$\overrightarrow{FO}$ 是共线向量。
（2）$\overrightarrow{OA}=\overrightarrow{CB}=\overrightarrow{DO}$；$\overrightarrow{OB}=\overrightarrow{DC}=\overrightarrow{EO}$；$\overrightarrow{OC}=\overrightarrow{AB}=\overrightarrow{ED}=\overrightarrow{FO}$。
三、及时反馈
1. 下列说法中正确的是　　　（　　）
A. 数量可以比较大小，向量也可以比较大小
B. 方向不同的向量不能比较大小，但同向的可以比较大小
C. 向量的大小与方向有关
D. 向量的模可以比较大小
</td><td>
共线向量与平行向量是一组等价的概念。两个共线向量不一定要在一条直线上。当然，同一直线上的向量也是平行向量。教学中要注意借助图示来帮助学生理解。

例题2考查学生对共线向量和相等向量概念的理解，以及如何用几何方法进行表示。
</td></tr>
</table>

（续　表）

教学过程	设计意图
2. 下列物理量：①质量；②速度；③力；④加速度；⑤路程；⑥密度；⑦功。其中不是向量的有　　(　　) A. 1 个　　B. 2 个　　C. 3 个　　D. 4 个 **3.** 下列说法中正确的个数是　　(　　) ①两个有公共终点的向量是平行向量； ②任意两个相等的非零向量的起点与终点是一平行四边形的四个顶点； ③向量 $\boldsymbol{a}$ 与 $\boldsymbol{b}$ 不共线，则 $\boldsymbol{a}$ 与 $\boldsymbol{b}$ 都是非零向量； ④若 $\boldsymbol{a}=\boldsymbol{b}$，$\boldsymbol{b}=\boldsymbol{c}$，则 $\boldsymbol{a}=\boldsymbol{c}$。 A. 1　　B. 2　　C. 3　　D. 4 **4.** 下列结论中，正确的是　　(　　) A. 若向量 $\boldsymbol{a}$ 与 $\boldsymbol{b}$ 同向，且 $\|\boldsymbol{a}\|>\|\boldsymbol{b}\|$，则 $\boldsymbol{a}>\boldsymbol{b}$ B. 若 O 是直线 l 上的一点，单位长度已选定，则 l 上有且只有两个点 A，B，使得 $\overrightarrow{OA}$，$\overrightarrow{OB}$ 是单位向量 C. 方向为北偏西 50°的向量与南偏东 50°的向量不可能是平行向量 D. 一人从 A 点向东走 500 米到达 B 点，则向量 $\overrightarrow{AB}$ 不能表示这个从 A 点到 B 点的位移 **5.** 如图所示，四边形 $ABCD$ 是平行四边形，四边形 $ABDE$ 是矩形，找出与向量 $\overrightarrow{AB}$ 相等的向量。 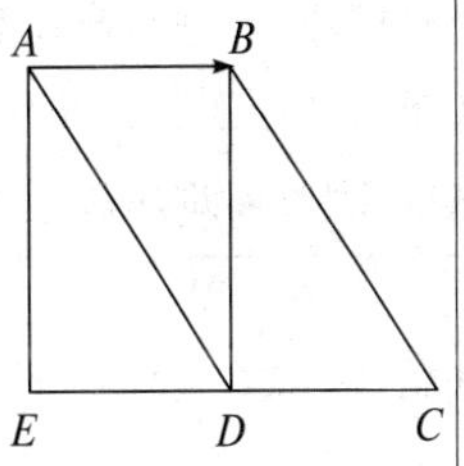 **及时反馈答案** **1.** D　2. D　3. C　4. B　5. $\overrightarrow{DC}$ 和 $\overrightarrow{ED}$。 **四、课堂小结** 向量的定义； 有向线段的三要素； 向量的模、零向量、单位向量的定义； 平行向量、相等向量、共线向量的定义。 **五、布置作业**　课本第 4 页第 2，4 题，第 5 页习题 6.1 第 1，2，3 题。	通过练习巩固本节所学知识，加深对向量有关概念和几何表示的理解，增强学生的数学抽象和数学直观和数学运算的素养。 通过总结，让学生进一步巩固本节所学内容，对相关的概念做进一步的梳理，提高归纳概括能力。

五、教学反思

向量是代数和几何重要的研究对象，是沟通几何和代数的桥梁，在物理和数学中都有广泛应用，在解决实际问题中发挥着重要作用。本节课是学生学习向量的第一节课，涉及向量的诸多概念，对后续学习向量的运算和应用等内容有深远影响。教学过程中要结合向量的物理背景和几何背景，以学生熟知的物理学中的位移、速度、力，类比年龄、身高、体积等数量的抽象过程，得到向量的概念；同时，引导学生从物理、几何、代数的多个角度认识向量，进一步培养类比和数形结合的思想方法，体会用有向线段表示向量这种几何直观。发展数学抽象、直观想象、逻辑推理素养。

1.2

1.2.1 向量的加法运算

一、内容分析

本节课是在前面学习了向量概念的基础上，从运算的角度对平面向量进行进一步的研究，是学习向量减法运算和数乘运算的基础。此前，学生已经学习了数的运算、代数式的运算、函数运算、集合的运算等内容，研究了运算的背景、意义、法则、性质等，因此对于“运算”并不陌生。本节课可以从数的运算谈起，类比数的加法，以位移的合成和力的合成为背景，分别引入向量加法的三角形法则和平行四边形法则。引导学生对向量的和从大小、方向两个方面的规定来理解，体会向量运算与数的运算的区别和联系。在此基础上，进一步探究向量加法的运算性质，通过本节课的学习，可以培养数形结合、分类讨论等思想方法，发展学生数学运算、逻辑推理、直观想象素养。

二、课程目标与素养目标

课程目标	学科素养
1. 通过位移的合成和力的合成的物理背景，掌握向量加法的三角形法则和平行四边形法则，辨析它们的一致性； 2. 理解平面向量的加法运算的几何意义； 3. 借助运算法则，理解向量加法的运算律。	1. 逻辑推理：向量的加法运算法则； 2. 数学运算：向量加法的简单运用； 3. 直观想象：向量加法的几何意义。

三、教学重点、难点

1. 教学重点：两个向量的和的概念及其几何意义；

2. 教学难点：向量加法的运算律，对向量加法几何意义的理解。

四、教学设计

教学过程	设计意图
一、情境导入 我们知道，数能进行运算，因为有了运算而使数的威力无穷。那么，向量是否也能像数一样进行运算呢？人们从向量的物理背景和数的运算中得到启发，引进了向量的运算。本节我们就来研究平面向量的运算，探索其运算性质，体会向量运算的作用。 **二、探究新知** (一)向量加法的三角形法则 **问题1** 位移、力是向量，它们可以合成，能否从位移、力的合成中得到启发，引进向量的加法呢？	用开放性的问题开场，引导学生站在整体内容的高度认识和思考问题，学会探究向量的运算从哪里来，要到哪里去。

（续　表）

教学过程	设计意图
思考1　如图，某质点从点 A 经过点 B 到点 C，则这个质点的位移怎么表示？ 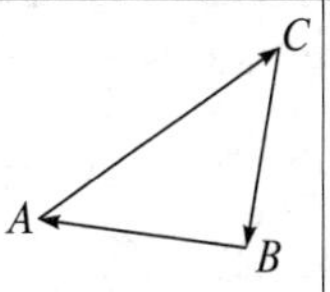 学生回忆位移的合成的有关知识，通过观察、操作、思考，发现质点 M 的两次位移 $\overrightarrow{AB}$，$\overrightarrow{BC}$ 的结果与它从点 A 直接到点 C 的位移的结果相同，即 $\overrightarrow{AC}=\overrightarrow{AB}+\overrightarrow{BC}$。 结论：位移的合成可以看作向量的加法 **问题2**　由位移的合成，你认为可以如何进行向量加法运算？ 如图，已知向量 $\boldsymbol{a}$ 和 $\boldsymbol{b}$，如图在平面内任取一点 O，作 $\overrightarrow{OA}=\boldsymbol{a}$，$\overrightarrow{AB}=\boldsymbol{b}$，则向量 $\overrightarrow{OB}$ 叫作 $\boldsymbol{a}$ 和 $\boldsymbol{b}$ 的和，记作 $\boldsymbol{a}+\boldsymbol{b}$。即 $\boldsymbol{a}+\boldsymbol{b}=\overrightarrow{OA}+\overrightarrow{AB}=\overrightarrow{OB}$。 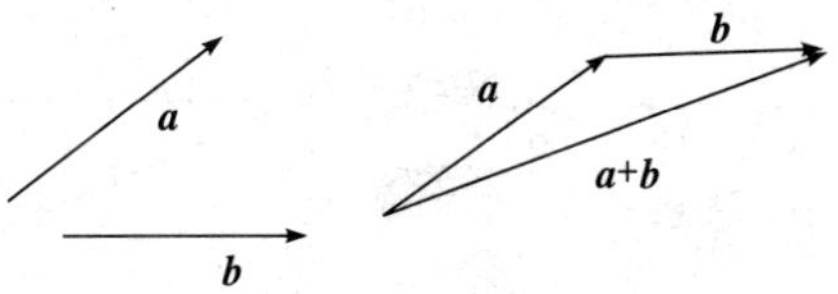 定义：求两个向量和的运算叫作向量的加法。 根据向量加法的定义得出的求向量和的方法，称为向量加法的三角形法则。位移的合成可以看作向量加法三角形法则的物理模型。 （二）向量加法的平行四边形法则 **问题3**　对于矢量的合成，物理学中还有其他的方法吗？ **思考2**：　我们再来看力的合成问题。 如图，在光滑的平面上，一个物体同时受到两个外力 F_1 与 F_2 的作用，你能作出这个物体所受的合力 F 吗？由此，你能给出向量加法的另一个法则吗？ 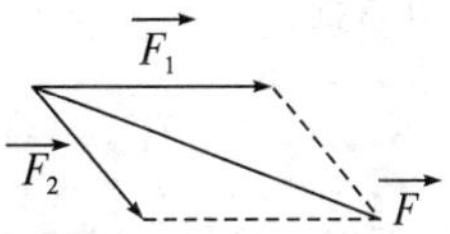 向量加法的平行四边形法则：如图，以同一点 O 为起点的两个已知向量 $\boldsymbol{a}$ 和 $\boldsymbol{b}$ 为邻边作平行四边形 $OACB$，则以 O 为起点的对角线 OC 就是 $\boldsymbol{a}$ 和 $\boldsymbol{b}$ 的和 $\overrightarrow{OC}=\overrightarrow{OA}+\overrightarrow{OB}$，我们把这种作两个向量和的方法叫作向量加法的平行四边形法则。力的合成可以看作向量加法平行四边形法则的物理模型。 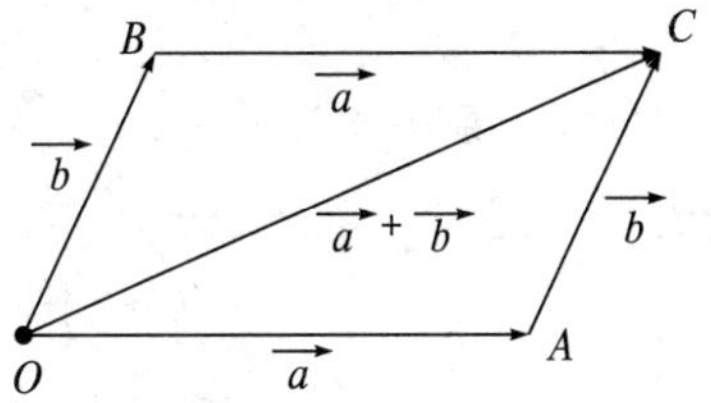 **思考3**　向量加法的平行四边形法则与三角形法则一致吗？为什么？ 规定：对于零向量与任一向量 $\boldsymbol{a}$。我们规定 $\boldsymbol{a}+\boldsymbol{0}=\boldsymbol{0}+\boldsymbol{a}=\boldsymbol{a}$。	启发学生由位移的合成引入向量的加法。并得到它的定义及运算的三角形法则。 通过设问，引导学生借助位移的合成理解向量加法运算方法，鼓励学生独立思考，合作交流。 在学生对物理学中力的合成的实例的原有认知基础上，加深理解向量加法的定义。同时借助力的合成的平行四边形法则，引入向量加法的平行四边形法则。让学生充分经历观察、类比、推理、归纳的全过程，培养学生由特殊到一般、由具体到抽象的思维品质。

（续　表）

教学过程	设计意图
例 1　如图，已知向量 $\boldsymbol{a}$ 和 $\boldsymbol{b}$，求作向量 $\boldsymbol{a}+\boldsymbol{b}$。 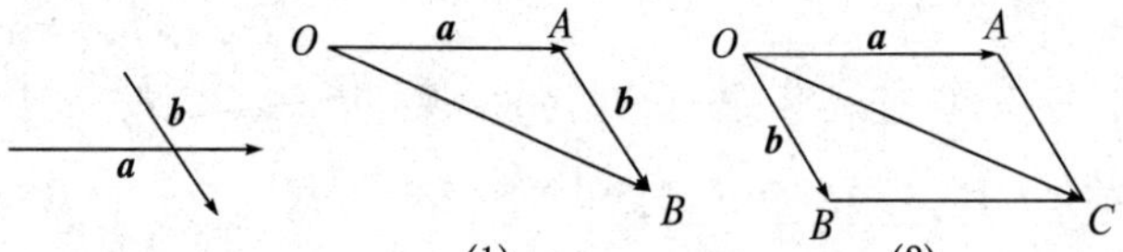 (1)　(2) **问题 4**　用三角形法则和平行四边形法则求两个向量的和分别应注意什么？ 归纳：向量加法作图时，起点可以在平面上任意选取，用向量的三角形法则作图时，两个向量首尾相连；而用平行四边形法则作图时，应强调向量的起点放在一起；当两个向量共线时，采用三角形法则作两个向量的和。 **探究 1**　如果向量 $\boldsymbol{a}$ 和 $\boldsymbol{b}$ 共线，它们的加法与数的加法有什么关系？你能做出向量 $\boldsymbol{a}+\boldsymbol{b}$ 吗？ 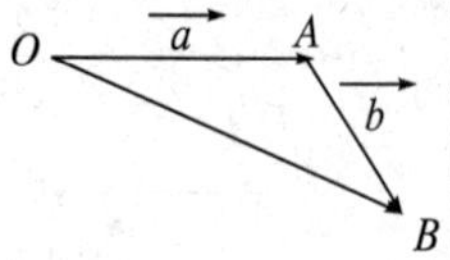 **【解析】**(1)当 $\boldsymbol{a}$ 和 $\boldsymbol{b}$ 同向时，$\boldsymbol{a}+\boldsymbol{b}=\overrightarrow{AB}+\overrightarrow{BC}=\overrightarrow{AC}$ (2)当 $\boldsymbol{a}$ 和 $\boldsymbol{b}$ 反向时，$\boldsymbol{a}+\boldsymbol{b}=\overrightarrow{AB}+\overrightarrow{BC}=\overrightarrow{AC}$ (3)当 $\boldsymbol{a},\boldsymbol{b}$ 不共线时，如图，三角形两边之和大于第三边，所以 $\|\boldsymbol{a}+\boldsymbol{b}\|<\|\boldsymbol{a}\|+\|\boldsymbol{b}\|$。 综上可知，$\|\boldsymbol{a}+\boldsymbol{b}\|\leqslant\|\boldsymbol{a}\|+\|\boldsymbol{b}\|$，当且仅当 $\boldsymbol{a},\boldsymbol{b}$ 方向相同时等号成立。 探究：$\|\boldsymbol{a}\|-\|\boldsymbol{b}\|<\|\boldsymbol{a}+\boldsymbol{b}\|$	通过例1进一步理解向量加法的概念，规范作两个向量和的方法（三角形法则和平行四边形法则）。
（三）向量加法的运算律的探究 **问题 5**　数的加法满足交换律、结合律，向量的加法是否也有运算律？先猜测有哪些运算律，再说明理由。 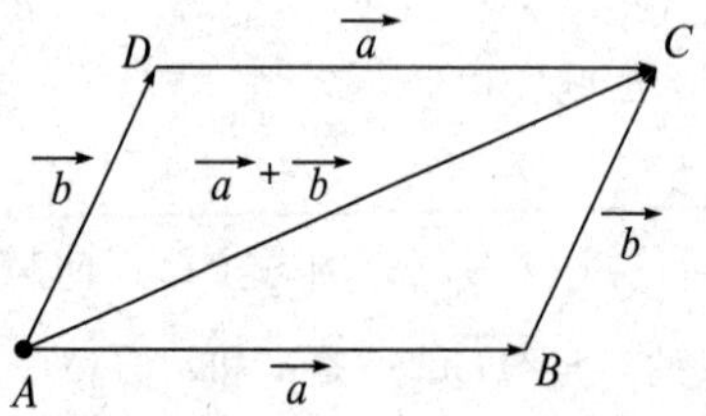 教师：如图，作 $\overrightarrow{AB}=\boldsymbol{a}$，$\overrightarrow{AD}=\boldsymbol{b}$，以 AB，AD 为邻边作▱$ABCD$，容易发现 $\overrightarrow{BC}=\boldsymbol{b}$，$\overrightarrow{DC}=\boldsymbol{a}$，故 $\overrightarrow{AC}=\overrightarrow{AB}+\overrightarrow{BC}=\boldsymbol{a}+\boldsymbol{b}$。又 $\overrightarrow{AC}=\overrightarrow{AD}+\overrightarrow{DC}=\boldsymbol{b}+\boldsymbol{a}$，所以 $\boldsymbol{a}+\boldsymbol{b}=\boldsymbol{b}+\boldsymbol{a}$，因此向量的加法满足交换律。 由下图，思考讨论，验证 $\boldsymbol{a}+(\boldsymbol{b}+\boldsymbol{c})=(\boldsymbol{a}+\boldsymbol{b})+\boldsymbol{c}$ 是否成立。 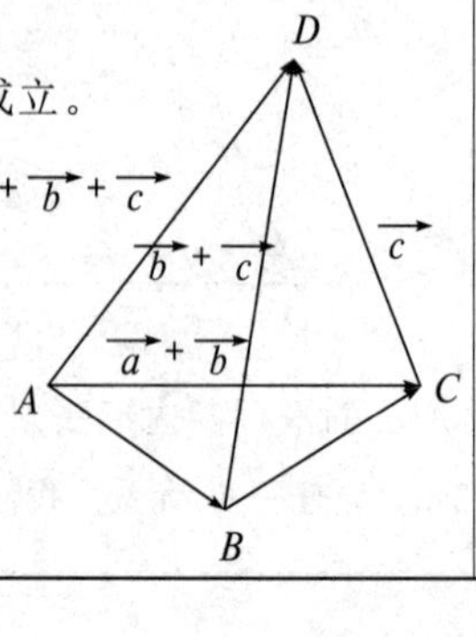 如图，$\overrightarrow{AC}=\overrightarrow{AB}+\overrightarrow{BC}=\boldsymbol{a}+\boldsymbol{b}$，$\overrightarrow{BD}=\overrightarrow{BC}+\overrightarrow{CD}=\boldsymbol{b}+\boldsymbol{c}$。 在△$ADC$ 中，$\overrightarrow{AD}=\overrightarrow{AC}+\overrightarrow{CD}=\boldsymbol{a}+\boldsymbol{b}+\boldsymbol{c}$， 在△$ADB$ 中，$\overrightarrow{AD}=\overrightarrow{AB}+\overrightarrow{BD}=\boldsymbol{a}+(\boldsymbol{b}+\boldsymbol{c})$， 故 $\boldsymbol{a}+(\boldsymbol{b}+\boldsymbol{c})=(\boldsymbol{a}+\boldsymbol{b})+\boldsymbol{c}$。因此向量的加法满足结合律。 综上所述，向量的加法满足交换律和结合律。	通过运算律的探究，使学生明确研究向量加法运算律的途径，并寻求结论成立的依据，获得研究运算律的经验，提升逻辑推理素养。

（续　表）

教学过程	设计意图
例 2　长江两岸之间没有大桥的地方，常常通过轮船进行运输，如图所示，一艘船从长江南岸 A 点出发，以 $2\sqrt{3}$ km/h 的速度向垂直于对岸的方向行驶，同时江水的速度为向东 2 km/h。 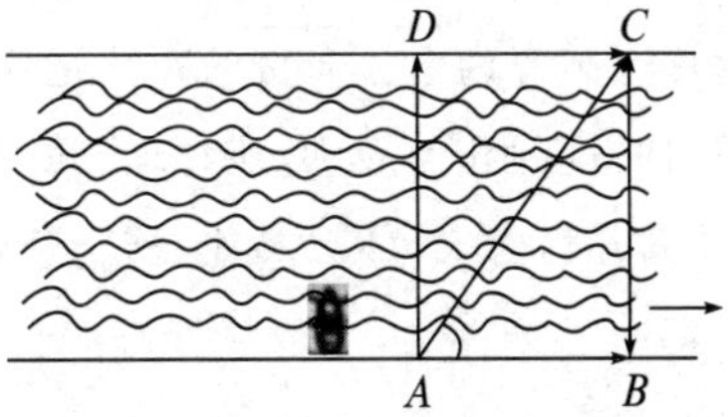 (1)试用向量表示江水速度、船速以及船实际航行的速度； (2)求船实际航行的速度的大小与方向（用与江水速度的夹角来表示）。 思考：问题中有哪些数据？能否转化为刚刚学过的向量加法来进行求解？ **解**：(1)如图所示，$\overrightarrow{AD}$ 表示船速，$\overrightarrow{AB}$ 表示水速，以 AD、AB 为邻边作平行四边形 $ABCD$，则 $\overrightarrow{AC}$ 表示船实际航行的速度。 (2)在 Rt$\triangle ABC$ 中，$\lvert\overrightarrow{AB}\rvert=2$，$\lvert\overrightarrow{BC}\rvert=2\sqrt{3}$， 所以，$\lvert\overrightarrow{AC}\rvert=\sqrt{\lvert\overrightarrow{AB}\rvert^2+\lvert\overrightarrow{BC}\rvert^2}=\sqrt{2^2+(2\sqrt{3})^2}=4$， 因为，$\tan\angle CAB=\dfrac{\lvert\overrightarrow{BC}\rvert}{\lvert\overrightarrow{AB}\rvert}=\dfrac{2\sqrt{3}}{2}=\sqrt{3}$，所以 $\angle CAB=60^\circ$。 所以，船实际航行速度为 4 km/h，方向与水的流速间的夹角为 60°。 **三、及时反馈** 第 10 页练习第 1，2，3，4 题。 **四、课堂小结** 本节课我们主要学习了哪些内容？ (1)向量加法的几何意义； (2)$\lvert\boldsymbol{a}+\boldsymbol{b}\rvert\leqslant\lvert\boldsymbol{a}\rvert+\lvert\boldsymbol{b}\rvert$，当且仅当 $\boldsymbol{a}$，$\boldsymbol{b}$ 方向相同时等号成立； (3)向量的交换律和结合律。 **五、布置作业**　　教材第 22 页习题 6.2 第 1，2，3 题。	通过例 2，引导学生将实际问题转化为向量加法问题，并依据向量加法定义和平面几何知识求解。提高学生实际应用能力，发展数学建模、数学运算素养。 通过小结，让学生掌握平面向量的加法运算规则，理解其几何意义，并能在实际问题中进行运用。

五、教学反思

通过本节课的学习，学生进一步积累了认识某个运算体系和借助运算解决问题的经验，培养了观察问题、分析问题的学习习惯，以及从简单的物理背景和生活背景中抽象出数学概念的能力。学会类比实数的运算性质，猜想和探究向量的运算性质。教学过程中要注意引导学生认识二者的区别和联系，避免带着实数运算的定式思维来理解平面向量运算。向量的加法运算具有二重性，既表现为过程操作，又表现为一种对象、结构，这对学生理解向量的加法运算带来一定的困难。

1.2.2　向量的减法运算

一、内容分析

本节课是在上一节课学习了平面向量的加法运算的基础上，进一步学习向量的减法运算。主要包括相反向量的概念、向量的减法几何意义、运算法则等内容。向量的减法运算是线性运算的一种，是构建向量运算体系的重要内容。通过实例和平面向量的几何表示，从物理、几何、代数三个角度理解向量的减法运算，掌握平面向量的减法运算规则及其几何意义，体会类比、划归与转化、数形结合等思想，发展逻辑推理、数学运算、直观想象素养。

二、课程目标与素养目标

课程目标	学科素养
1. 掌握相反向量的概念及其在向量减法中的作用； 2. 掌握向量减法运算的方法，学会将向量的减法转化为向量的加法，体会向量减法的几何意义； 3. 培养类比、划归与转化、数形结合的思想。	1. 数学抽象：向量减法的定义； 2. 逻辑推理：向量减法的运算法则； 3. 数学运算：进行向量的减法运算； 4. 直观想象：向量减法的几何意义。

三、教学重点、难点

1. 教学重点：平面向量的减法运算法则及其几何意义。

2. 教学难点：向量减法的定义和几何意义的理解。

四、教学设计

教学过程	设计意图
复习引入 1. 向量加法的三角形法则 $\boldsymbol{a}+\boldsymbol{b}=\overrightarrow{AB}+\overrightarrow{BC}=\overrightarrow{AC}$ **注意**：各向量“首尾相连”，和向量由第一个向量的起点指向最后一个向量的终点。 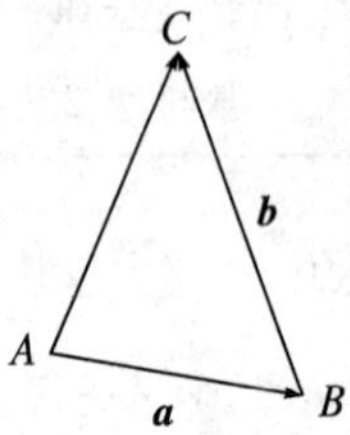 2. 向量加法的平行四边形法则 $\boldsymbol{a}+\boldsymbol{b}=\overrightarrow{OA}+\overrightarrow{OB}=\overrightarrow{OC}$ **注意**：起点相同时，共线向量不适用。 3. 向量加法的运算性质：交换律和结合律。 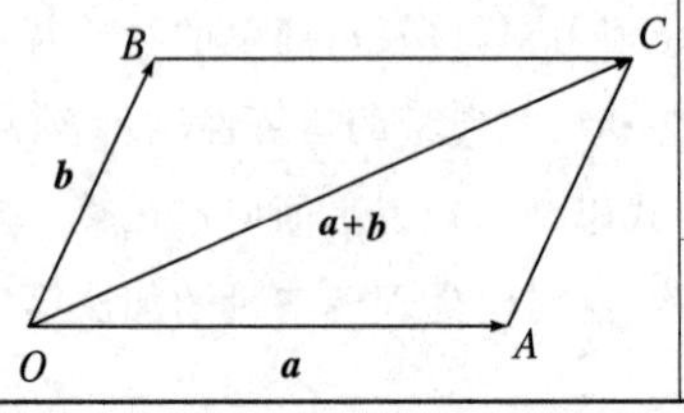 	通过复习上节所学知识，巩固所学知识，引入本节新课。建立知识间的联系，提高学生概括、类比的能力。

（续　表）

教学过程	设计意图
二、探索新知 （一）创设情境，导入新课 思考：在数的运算中，加法是减法的逆运算，其运算法则是“减去一个数等于加上这个数的相反数”，类比数的减法，向量的减法与加法有什么关系呢？如何定义向量的减法？ **1.** 相反向量 **问题 1**　相反数是如何定义的？能否类比相反数来定义相反向量呢？ 对于实数来说，$-x$ 是 x 的相反数，由此，对于向量我们规定，与向量 $\boldsymbol{a}$ 长度相等，方向相反的向量，叫作 $\boldsymbol{a}$ 的相反向量，记作 $-\boldsymbol{a}$。 由于方向反转两次仍回到原来的方向，因此 $\boldsymbol{a}$ 和 $-\boldsymbol{a}$ 互为相反向量，于是 $-(-\boldsymbol{a})=\boldsymbol{a}$。 规定：零向量的相反向量是零向量。 **问题 2**　如何正确理解相反向量？ 学生：思考讨论，相反向量与相等向量一样，要从长度和方向两个方向去理解，两个相反向量为平行向量。 教师：由向量和的定义可知，$\boldsymbol{a}+(-\boldsymbol{a})=(-\boldsymbol{a})+\boldsymbol{a}=\boldsymbol{0}$，即任意向量与其相反向量的和是零向量。这样，如果 $\boldsymbol{a}$，$\boldsymbol{b}$ 互为相反向量，那么 $\boldsymbol{a}=-\boldsymbol{b}$，$\boldsymbol{b}=-\boldsymbol{a}$，$\boldsymbol{a}+\boldsymbol{b}=\boldsymbol{0}$，$\|\boldsymbol{a}\|=\|\boldsymbol{b}\|$。 向量 $\boldsymbol{a}$ 加上 $\boldsymbol{b}$ 的相反向量，叫作 $\boldsymbol{a}$ 与 $\boldsymbol{b}$ 的差，即 $\boldsymbol{a}-\boldsymbol{b}=\boldsymbol{a}+(-\boldsymbol{b})$。求两个向量差的运算叫作向量的减法。我们看到向量的减法可以转化成向量的加法来进行，减去一个向量相当于加上这个向量的相反向量。 **练习：**(1) $-(-\boldsymbol{a})=$________； $\boldsymbol{a}+(-\boldsymbol{a})=$________；$(-\boldsymbol{a})+\boldsymbol{a}=$________； 设 $\boldsymbol{a}$ 与 $\boldsymbol{b}$ 互为相反向量，那么 $\boldsymbol{a}=$______，$\boldsymbol{b}=$________， $\boldsymbol{a}+\boldsymbol{b}=$________。 **【答案】**(1) $\boldsymbol{a}$ (2) $\boldsymbol{0}$　$\boldsymbol{0}$ (3) $-\boldsymbol{b}$　$-\boldsymbol{a}$　$\boldsymbol{0}$ （二）动手实践，理解向量减法的几何意义 **2.** 向量减法的几何意义 **问题 3**　向量加法有它的几何意义，那么向量减法的几何意义是什么？ 设 $\overrightarrow{OA}=\boldsymbol{a}$，$\overrightarrow{OB}=\boldsymbol{b}$，$\overrightarrow{OD}=-\boldsymbol{b}$。 则 $\boldsymbol{a}-\boldsymbol{b}=\boldsymbol{a}+(-\boldsymbol{b})=\overrightarrow{OA}+\overrightarrow{OD}=\overrightarrow{OC}$ 在平行四边形 $OCAB$ 中，$\overrightarrow{BA}=\overrightarrow{OC}=\boldsymbol{a}-\boldsymbol{b}$ 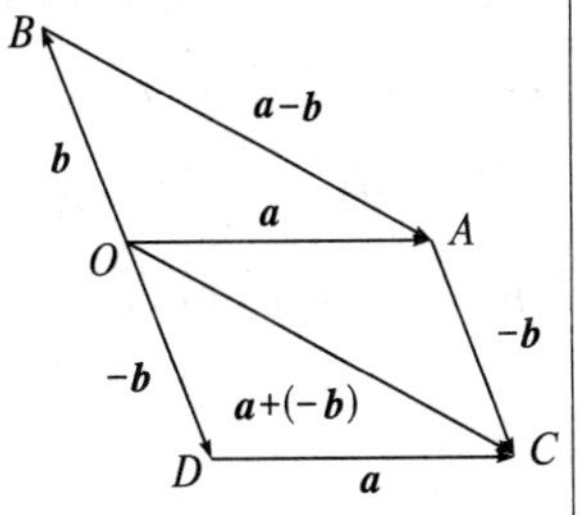	通过类比数的运算和设问导入新课，引发学生思考。培养学生独立思考的能力和小组合作的意识。 问题 2 引发学生对相反向量做进一步的思考和探究，培养学生思维的深度。

（续　表）

教学过程	设计意图
思考 2　不借助向量的加法法则你能直接作出 $\boldsymbol{a}-\boldsymbol{b}$ 吗？ 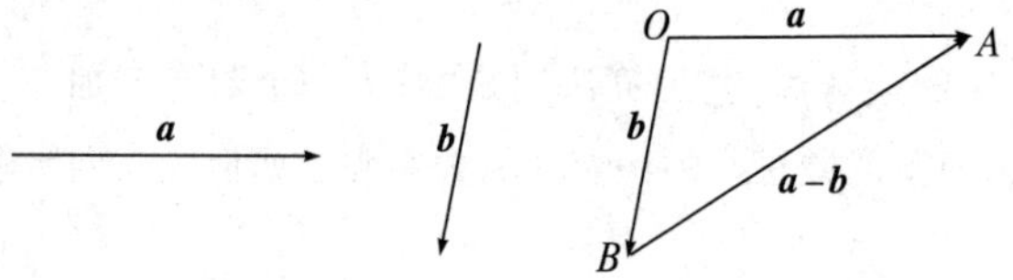 在平面内任取一点 O，作 $\overrightarrow{OA}=\boldsymbol{a}$，$\overrightarrow{OB}=\boldsymbol{b}$，则 $\overrightarrow{BA}=\boldsymbol{a}-\boldsymbol{b}$。 即 $\boldsymbol{a}-\boldsymbol{b}$ 可以表示为从向量 $\boldsymbol{b}$ 的终点指向 $\boldsymbol{a}$ 的终点的向量，这就是向量减法的几何意义。 **注意**：(1)起点必须相同；(2)指向被减向量的终点。 （三）例题精讲，巩固知识 **例 1**　如图，已知向量 $\boldsymbol{a}$，$\boldsymbol{b}$，$\boldsymbol{c}$，$\boldsymbol{d}$，求作向量 $\boldsymbol{a}-\boldsymbol{b}$，$\boldsymbol{c}-\boldsymbol{d}$。 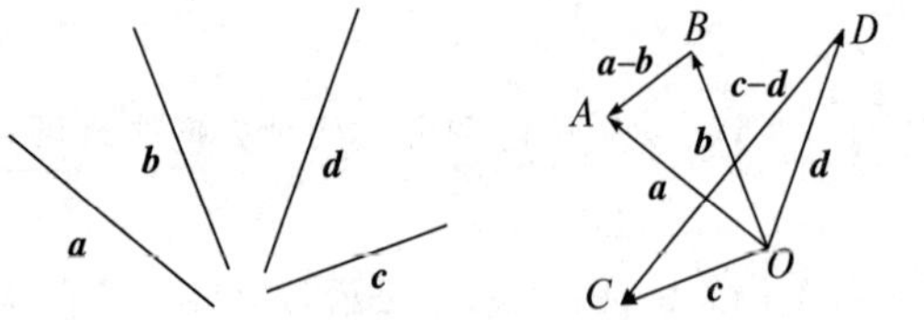 (1)　　(2)	例题的讲解，让学生进一步理解怎样作两个向量的差，提高学生解决与分析问题的能力。
例 2　化简：(1)$(\overrightarrow{AB}-\overrightarrow{CD})-(\overrightarrow{AC}-\overrightarrow{BD})$。 (2)$\overrightarrow{OA}-\overrightarrow{OD}+\overrightarrow{AD}$。 (3)$\overrightarrow{AB}+\overrightarrow{DA}+\overrightarrow{BD}-\overrightarrow{BC}-\overrightarrow{CA}$。 **【分析】** 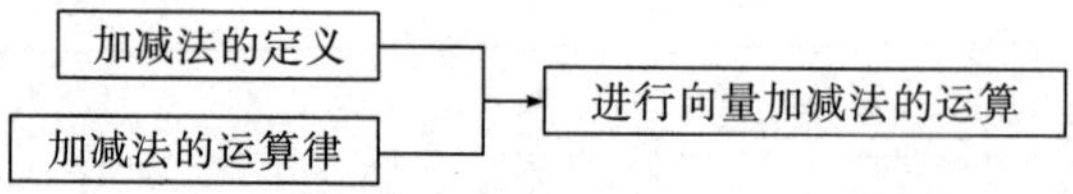 **【解析】**(1)方法一（统一成加法）　$(\overrightarrow{AB}-\overrightarrow{CD})-(\overrightarrow{AC}-\overrightarrow{BD})=\overrightarrow{AB}-\overrightarrow{CD}-\overrightarrow{AC}+\overrightarrow{BD}=\overrightarrow{AB}+\overrightarrow{DC}+\overrightarrow{CA}+\overrightarrow{BD}=\overrightarrow{AB}+\overrightarrow{BD}+\overrightarrow{DC}+\overrightarrow{CA}=\overrightarrow{AD}+\overrightarrow{DA}=\vec{0}$。 方法二（利用减法）　$(\overrightarrow{AB}-\overrightarrow{CD})-(\overrightarrow{AC}-\overrightarrow{BD})=\overrightarrow{AB}-\overrightarrow{CD}-\overrightarrow{AC}+\overrightarrow{BD}=(\overrightarrow{AB}-\overrightarrow{AC})-\overrightarrow{CD}+\overrightarrow{BD}=\overrightarrow{CB}-\overrightarrow{CD}+\overrightarrow{BD}=\overrightarrow{DB}+\overrightarrow{BD}=\vec{0}$。 方法三（利用 $\overrightarrow{AB}=\overrightarrow{OB}-\overrightarrow{OA}$）设 O 是平面内任意一点，则 $(\overrightarrow{AB}-\overrightarrow{CD})-(\overrightarrow{AC}-\overrightarrow{BD})=\overrightarrow{AB}-\overrightarrow{CD}-\overrightarrow{AC}+\overrightarrow{BD}=(\overrightarrow{OB}-\overrightarrow{OA})-(\overrightarrow{OD}-\overrightarrow{OC})-(\overrightarrow{OC}-\overrightarrow{OA})+(\overrightarrow{OD}-\overrightarrow{OB})=\overrightarrow{OB}-\overrightarrow{OA}-\overrightarrow{OD}+\overrightarrow{OC}-\overrightarrow{OC}+\overrightarrow{OA}+\overrightarrow{OD}-\overrightarrow{OB}=\vec{0}$。	通过变式练习，进一步巩固向量的减法，提高学生运用所学知识解决问题的能力，提高学生的运算能力。

（续　表）

<table>
<tr><th>教学过程</th><th>设计意图</th></tr>
<tr><td>

例 3　在平行四边形 $ABCD$ 中，$\overrightarrow{AB}=\boldsymbol{a}$，$\overrightarrow{AD}=\boldsymbol{b}$，你能用 $\boldsymbol{a}$，$\boldsymbol{b}$ 表示向量 $\overrightarrow{AC}$，$\overrightarrow{DB}$ 吗？

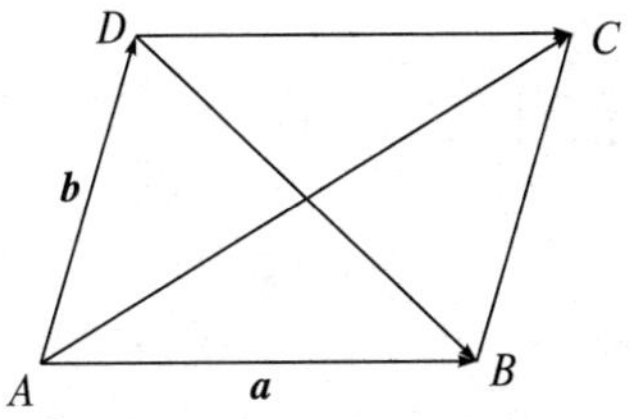

变式 1　如图，在正六边形 $ABCDEF$ 中，O 为中心，若 $\overrightarrow{OA}=\boldsymbol{a}$，$\overrightarrow{OE}=\boldsymbol{b}$，用向量 $\boldsymbol{a}$、$\boldsymbol{b}$ 表示向量 $\overrightarrow{OB}$、$\overrightarrow{OC}$ 和 $\overrightarrow{OD}$。

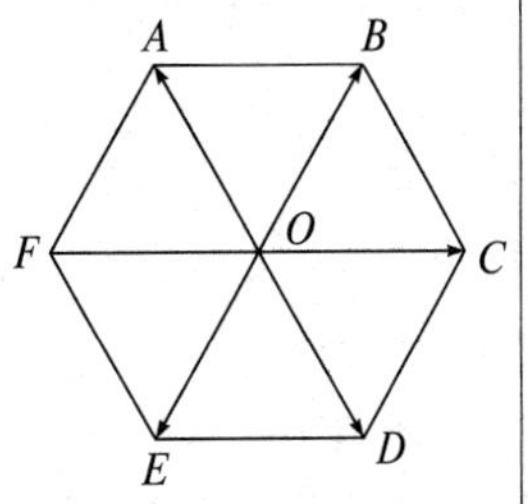

【分析】 观察图形 → 找已知向量与所求向量的关系 → 利用法则，写出结果

【解析】解法一：在▱$OAFE$ 中，OF 为对角线，且 OA，OF，OE 起点相同，应用平行四边形法则，得 $\overrightarrow{OF}=\overrightarrow{OA}+\overrightarrow{OE}=\boldsymbol{a}+\boldsymbol{b}$。

$\because \overrightarrow{OC}=-\overrightarrow{OF}$，$\therefore \overrightarrow{OC}=-\boldsymbol{a}-\boldsymbol{b}$。

而 $\overrightarrow{OB}=-\overrightarrow{OE}=-\boldsymbol{b}$，$\overrightarrow{OD}=-\overrightarrow{OA}=-\boldsymbol{a}$，

$\therefore \overrightarrow{OB}=-\boldsymbol{b}$，$\overrightarrow{OC}=-\boldsymbol{a}-\boldsymbol{b}$，$\overrightarrow{OD}=-\boldsymbol{a}$。

解法二：由正六边形的几何性质，得

$\overrightarrow{OD}=-\boldsymbol{a}$，$\overrightarrow{OB}=-\boldsymbol{b}$，$\overrightarrow{BC}=-\overrightarrow{OA}=-\boldsymbol{a}$。

在△OBC 中，$\overrightarrow{OC}=\overrightarrow{OB}+\overrightarrow{BC}=-\boldsymbol{a}-\boldsymbol{b}$。

解法三：由正六边形的几何性质，得 $\overrightarrow{OB}=-\boldsymbol{b}$，$\overrightarrow{OD}=-\boldsymbol{a}$。

在▱$OBCD$ 中，$\overrightarrow{OC}=\overrightarrow{OB}+\overrightarrow{OD}=-\boldsymbol{a}-\boldsymbol{b}$。

三、及时反馈

1. 在△ABC 中，若 $\overrightarrow{BA}=\boldsymbol{a}$，$\overrightarrow{BC}=\boldsymbol{b}$，则 $\overrightarrow{CA}$ 等于　（　　）

A. $\boldsymbol{a}$　　B. $\boldsymbol{a}+\boldsymbol{b}$　　C. $\boldsymbol{b}-\boldsymbol{a}$　　D. $\boldsymbol{a}-\boldsymbol{b}$

2. 在四边形 $ABCD$ 中，设 $\overrightarrow{AB}=\boldsymbol{a}$，$\overrightarrow{AD}=\boldsymbol{b}$，$\overrightarrow{BC}=\boldsymbol{c}$，则 $\overrightarrow{DC}=$　（　　）

A. $\boldsymbol{a}-\boldsymbol{b}+\boldsymbol{c}$　　B. $\boldsymbol{b}-(\boldsymbol{a}+\boldsymbol{c})$

C. $\boldsymbol{a}+\boldsymbol{b}+\boldsymbol{c}$　　D. $\boldsymbol{b}-\boldsymbol{a}+\boldsymbol{c}$

3. 如图，D，E，F 分别是△ABC 的边 AB，BC，CA 的中点，则 $\overrightarrow{AF}-\overrightarrow{DB}$ 等于　（　　）

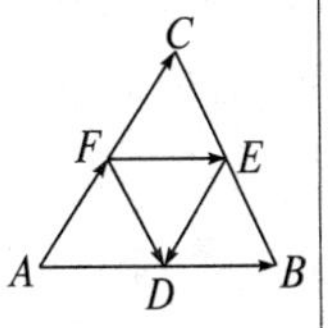

A. $\overrightarrow{FD}$　　B. $\overrightarrow{FC}$

C. $\overrightarrow{FE}$　　D. $\overrightarrow{DF}$

</td><td>

例 3 及其变式是借助向量的加、减法运算，引导学生学会用已知向量表示其它向量。提高学生分析和解决问题的能力。

课堂上的及时反馈，能检测学习效果，巩固所学知识，发展数学运算核心素养。

</td></tr>
</table>

（续　表）

教学过程	设计意图
4. 下列四式不能化简为 $\overrightarrow{PQ}$ 的是　　（　　） A. $\overrightarrow{AB}+(\overrightarrow{PA}+\overrightarrow{BQ})$ B. $(\overrightarrow{AB}+\overrightarrow{PC})+(\overrightarrow{BA}-\overrightarrow{QC})$ C. $\overrightarrow{QC}+\overrightarrow{CQ}-\overrightarrow{QP}$ D. $\overrightarrow{PA}+\overrightarrow{AB}-\overrightarrow{BQ}$ 5. 化简：(1)$(\overrightarrow{AB}-\overrightarrow{CD})-(\overrightarrow{AC}-\overrightarrow{BD})$。(2)$\overrightarrow{OA}-\overrightarrow{OD}+\overrightarrow{AD}$。 (3)$\overrightarrow{AB}+\overrightarrow{DA}+\overrightarrow{BD}-\overrightarrow{BC}-\overrightarrow{CA}$。 **及时反馈答案** 1. D　2. A　3. D　4. B　5. (1)$\overrightarrow{0}$　(2)$\overrightarrow{0}$　(3)$\overrightarrow{AB}$。 **四、课堂小结** (1)相反向量的概念； (2)向量的减法法则； (3)向量减法的几何意义。 **五、课外练习**　课本第 107 页的练习第 1,2,3 题。	课堂小结能及时梳理所学内容，建立知识框架，形成对知识的系统掌握。提高学生归纳概括能力。

五、教学反思

有上一节课加法运算及相关概念的铺垫和学习经验后，本节课首先和学生一起复习上一节课的内容，巩固上一节课的知识，为本节课的学习做一些准备，再类比数的减法运算，进行向量减法的定义；接下来，结合向量加法的平行四边形法则，刻画向量减法的几何表示和几何意义。学生在学习过程中，因为向量由两个要素确定，所以对于方向如何参与运算，学生没有直接的经验。要充分利用信息技术工具，改变两个向量的大小和方向，让学生更形象地感知向量减法运算。同时，教师要引导学生动手操作，探讨画图依据。帮助学生完整的认识运算研究的脉络，落实运算素养的高观点下进行教学，按照“情境引入——明确运算对象——定义运算法则——探究运算性质——运算的简单应用”的过程展开。

1.2.3　向量的数乘运算

一、内容分析

本节课继续学习向量的线性运算——向量的数乘运算。通过类比数的乘法，引出向量数乘的定义，从而从另一个角度认识零向量和相反向量，借助有向线段表示向量数乘的几何意义。同时，根据实数与向量数量的积的定义，证明向量数学运算的运算律。

向量的数乘运算与数的乘法运算的原理、规律、方法还是存在较大的区别，学生很容易带着实数运算的思维定式来理解平面向量运算，导致学生对于向量的运算偏于形式化记忆，对于平面向量的线性运算的概念理解不深刻。在向量数乘运算的运算性质中，先猜想引入，再进行证明。教学中要充分利用信息技术工具，如改变 λ 的值，作图表示 λa，帮助学生更好地理解共线向量的含义。

二、课程目标与素养目标

课程目标	学科素养
1. 理解向量的数乘运算的定义，掌握其运算法则； 2. 理解向量数乘运算的几何意义； 3. 提高类比的思想方法和推理论证、运算求解的能力。	1. 数学抽象：数乘向量的定义； 2. 逻辑推理：数乘向量的运算律； 3. 数学运算：向量线性运算及其应用。

三、教学重点、难点

1. 教学重点：数乘向量的定义及其几何意义，数乘向量的运算性质。

2. 教学难点：向量线性运算的性质及其几何意义。

四、教学设计

教学过程	设计意图
一、创设情境 有一同学从 O 出发，向东行进，1 s 后到达 A 点，按照相同的走法，问 3 s 后人在哪里，用向量怎么表示？ 提示：观察右图，可以看出向量 $\overrightarrow{OC}$ 与向量 $\boldsymbol{a}$ 共线，并且 $\overrightarrow{OC}=3\boldsymbol{a}$。 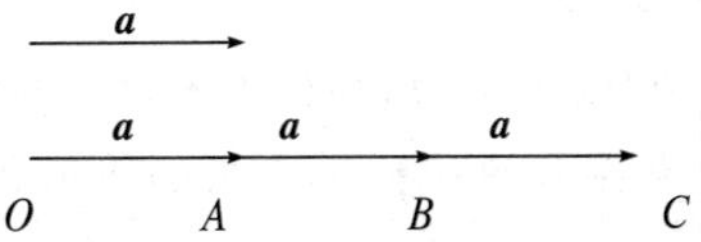 	通过现实生活中情境的引入，激发学生的学习兴趣，将学生的注意力迅速吸引到课堂上来，为后续学习做好铺垫。
二、探索新知 **问题 1** 同学们知道，数是可以做乘法的，那么，类比数的乘法，平面向量可以做乘法吗？它和实数可以做乘法吗？ 向量数乘运算的定义及其几何意义 **探究 1** 已知非零向量 $\boldsymbol{a}$，作出 $\boldsymbol{a}+\boldsymbol{a}+\boldsymbol{a}$ 和 $-\boldsymbol{a}+(-\boldsymbol{a})+(-\boldsymbol{a})$，它们的长度与方向分别是怎样的？ $\overrightarrow{OC}=\overrightarrow{OA}+\overrightarrow{AB}+\overrightarrow{BC}=\boldsymbol{a}+\boldsymbol{a}+\boldsymbol{a}$，记作 $3\boldsymbol{a}$。 即 $\overrightarrow{OC}=3\boldsymbol{a}$。$3\boldsymbol{a}$ 的方向与 $\boldsymbol{a}$ 的方向相同，$\|3\boldsymbol{a}\|=3\|\boldsymbol{a}\|$，即 $3\boldsymbol{a}$ 的模是 $\|\boldsymbol{a}\|$ 的 3 倍。 类似地，$\overrightarrow{PN}=-3\boldsymbol{a}$，其方向与 $\boldsymbol{a}$ 的方向相反，$\|-3\boldsymbol{a}\|=3\|\boldsymbol{a}\|$。 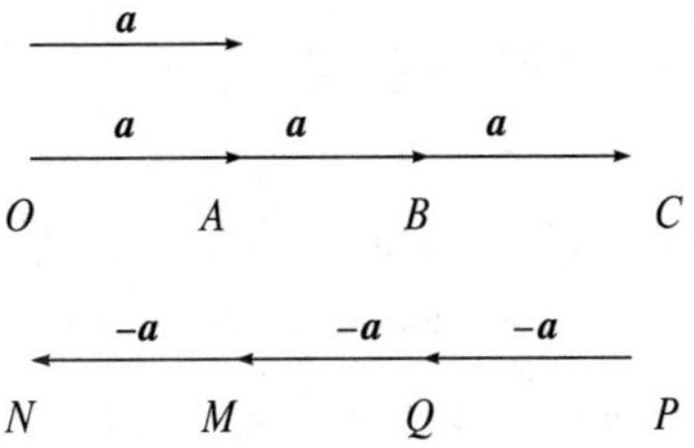 定义：一般地，我们规定实数 λ 与向量 $\boldsymbol{a}$ 的积是一个向量，这种运算叫作向量的数乘，记作 $\lambda\boldsymbol{a}$，它的长度与方向规定如下： $\|\lambda\boldsymbol{a}\|=\|\lambda\|\|\boldsymbol{a}\|$； 当 $\lambda>0$ 时，$\lambda\boldsymbol{a}$ 的方向与 $\boldsymbol{a}$ 的方向相同；当 $\lambda<0$ 时，$\lambda\boldsymbol{a}$ 的方向与 $\boldsymbol{a}$ 的方向相反。 说明：(1)当 $\lambda=0$ 时，$\lambda\boldsymbol{a}=\boldsymbol{0}$。(2)$(-1)\boldsymbol{a}=-\boldsymbol{a}$。	问题是数学的心脏，通过类比数的乘法的问题，引发学生的思考。用向量加法运算法则，计算 3 个向量 $\boldsymbol{a}$ 的和，用简约的方式表示计算的结果，进而给出向量数乘运算的定义，发展学生的运算素养。

（续 表）

教学过程	设计意图
1. 思考辨析（正确的画“√”，错误的画“×”） （1）$\boldsymbol{a}=0$，则 $\lambda\boldsymbol{a}=0$.（　　） （2）对于非零向量 $\boldsymbol{a}$，向量 $-3\boldsymbol{a}$ 与向量 $3\boldsymbol{a}$ 方向相反。（　　） （3）对于非零向量 $\boldsymbol{a}$，向量 $-6\boldsymbol{a}$ 的模是向量 $3\boldsymbol{a}$ 的模的 2 倍（　　） **【提示】**（1）正确。（2）正确。（3）$\|-6\boldsymbol{a}\|=6\|\boldsymbol{a}\|$，$\|3\boldsymbol{a}\|=3\|\boldsymbol{a}\|$，（3）正确。 **【答案】**（1）√　（2）√　（3）√	思考辨析才能让概念更加明晰。
（二）向量数乘运算的运算律 教师：设 $\boldsymbol{a}$ 为非零向量，求作向量 $3(2\boldsymbol{a})$ 和 $6\boldsymbol{a}$ 并进行比较；求作向量 $2(\boldsymbol{a}+\boldsymbol{b})$ 与向量 $2\boldsymbol{a}+2\boldsymbol{b}$ 并进行比较，结果相等吗？（引导学生从模的大小与方向两个方面进行比较）。 学生：$3(2\boldsymbol{a})=6\boldsymbol{a}$，$2\boldsymbol{a}+2\boldsymbol{b}=2(\boldsymbol{a}+\boldsymbol{b})$。 根据实数与向量的积的定义，可以验证下面的运算律是成立的。 设 λ，μ 为实数，那么： （1）$\lambda(\mu\boldsymbol{a})=(\lambda\mu\boldsymbol{a})$； （2）$(\lambda+\mu)\boldsymbol{a}=\lambda\boldsymbol{a}+\mu\boldsymbol{a}$； （3）$\lambda(\boldsymbol{a}+\boldsymbol{b})=\lambda\boldsymbol{a}+\lambda\boldsymbol{b}$。	学生类比数的运算律，猜想并验证向量数乘运算的运算律，帮助学生积累从定义出发到发现运算性质的学习经验。
问题 2　你能证明这些运算律吗？ 向量的加、减、数乘运算统称为向量的线形运算，向量线性运算的结果仍是向量。 对于任意向量 $\boldsymbol{a}$，$\boldsymbol{b}$，以及任意实数 λ，μ_1，μ_2，恒有 $\lambda(\mu_1\boldsymbol{a}\pm\mu_2\boldsymbol{b})=\lambda\mu_1\boldsymbol{a}+\lambda\mu_2\boldsymbol{b}$ 向量数乘运算的实际应用 **例 1**　计算下列各式的值 （1）$(-3)\times 4\boldsymbol{a}$； （2）$3(\boldsymbol{a}+\boldsymbol{b})-2(\boldsymbol{a}-\boldsymbol{b})-\boldsymbol{a}$； （3）$(2\boldsymbol{a}+3\boldsymbol{b}-\boldsymbol{c})-(3\boldsymbol{a}-2\boldsymbol{b}+\boldsymbol{c})$ **【解析】**（1）原式 $=(-3\times 4)\boldsymbol{a}=-12\boldsymbol{a}$； （2）原式 $=3\boldsymbol{a}+3\boldsymbol{b}-2\boldsymbol{a}+2\boldsymbol{b}-\boldsymbol{a}=5\boldsymbol{b}$； （3）原式 $=2\boldsymbol{a}+3\boldsymbol{b}-\boldsymbol{c}-3\boldsymbol{a}+2\boldsymbol{b}-\boldsymbol{c}=-\boldsymbol{a}+5\boldsymbol{b}-2\boldsymbol{c}$	例题 1 的讲解有利于帮助学生巩固向量的运算律的知识。理解其中的算理，发展学生数学运算素养。
变式 1　化简 $\frac{2}{5}(\boldsymbol{a}-\boldsymbol{b})-\frac{1}{3}(2\boldsymbol{a}+4\boldsymbol{b})+\frac{2}{15}(2\boldsymbol{a}+13\boldsymbol{b})=$______。 **例 2**　如图，平行四边形 $ABCD$ 的两条对角线相交于点 M，且 $\overrightarrow{AB}=\boldsymbol{a}$，$\overrightarrow{AD}=\boldsymbol{b}$，用向量 $\boldsymbol{a}$，$\boldsymbol{b}$ 表示 $\overrightarrow{MA}$，$\overrightarrow{MB}$，$\overrightarrow{MC}$ 和 $\overrightarrow{MD}$。 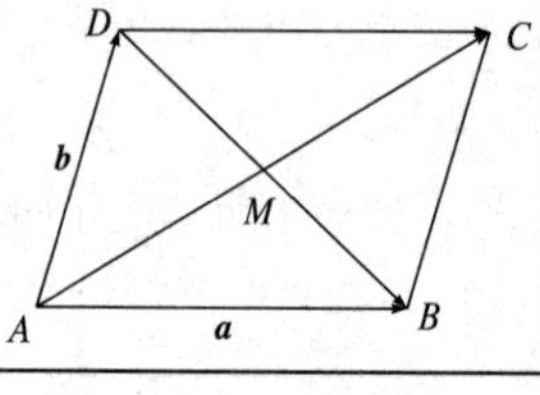 	例题 2 及其变式旨在巩固向量线性运算的定义，学会用两个向量表示其它向量，为后续学习几何问题奠定基础。

（续　表）

<table>
<tr><th>教学过程</th><th>设计意图</th></tr>
<tr><td>
变式 2　在△ABC 中 $\overrightarrow{AB}=\boldsymbol{c}$，$\overrightarrow{AC}=\boldsymbol{b}$，若点 D 满足 $\overrightarrow{BD}=\frac{1}{2}\overrightarrow{DC}$，则 $\overrightarrow{AD}=$　（　　）
A. $\frac{1}{3}\boldsymbol{b}+\frac{2}{3}\boldsymbol{c}$　B. $\frac{2}{3}\boldsymbol{b}+\frac{1}{3}\boldsymbol{c}$　C. $\frac{4}{3}\boldsymbol{b}-\frac{1}{3}\boldsymbol{c}$　D. $\frac{1}{2}\boldsymbol{b}+\frac{1}{2}\boldsymbol{c}$
三、及时反馈
1. 在△ABC 中，M 是 BC 的中点，则 $\overrightarrow{AB}+\overrightarrow{AC}$ 等于　（　　）
A. $\frac{1}{2}\overrightarrow{AM}$　B. $\overrightarrow{AM}$　C. $2\overrightarrow{AM}$　D. $\overrightarrow{MA}$
2. 下列计算中正确的有　（　　）
①$(-7)\times6\boldsymbol{a}=-42\boldsymbol{a}$；②$\boldsymbol{a}-2\boldsymbol{b}+(2\boldsymbol{a}+2\boldsymbol{b})=3\boldsymbol{a}$；③$\boldsymbol{a}+\boldsymbol{b}-(\boldsymbol{a}-\boldsymbol{b})=0$。
A. 0 个　B. 1 个　C. 2 个　D. 3 个
3. 下列命题中正确的有　（　　）
①$(-5)(6\boldsymbol{a})=-30\boldsymbol{a}$；②$7(\boldsymbol{a}+\boldsymbol{b})+6\boldsymbol{b}=7\boldsymbol{a}+13\boldsymbol{b}$；③若 $\boldsymbol{a}=\boldsymbol{m}-\boldsymbol{n}$，$\boldsymbol{b}=3(\boldsymbol{m}-\boldsymbol{n})$，则 $\boldsymbol{a}$，$\boldsymbol{b}$ 共线；④$(\boldsymbol{a}-5\boldsymbol{b})+(\boldsymbol{a}+5\boldsymbol{b})=2\boldsymbol{a}$，则 $\boldsymbol{a}$，$\boldsymbol{b}$ 共线。
A. 1 个　B. 2 个　C. 3 个　D. 4 个
4. 已知 $\lambda\in\mathbf{R}$，则下列命题中正确的是　（　　）
A. $|\lambda\boldsymbol{a}|=\lambda|\boldsymbol{a}|$　B. $|\lambda\boldsymbol{a}|=|\lambda|\boldsymbol{a}$
C. $|\lambda\boldsymbol{a}|=|\lambda||\boldsymbol{a}|$　D. $|\lambda\boldsymbol{a}|>0$
5. 若点 O 为平行四边形 ABCD 的中心，$\overrightarrow{AB}=2\boldsymbol{e}_1$，$\overrightarrow{BC}=3\boldsymbol{e}_2$，则 $\frac{3}{2}\boldsymbol{e}_2-\boldsymbol{e}_1=$　（　　）
A. $\overrightarrow{BO}$　B. $\overrightarrow{AO}$　C. $\overrightarrow{CO}$D. $\overrightarrow{DO}$
6. 如图，四边形 ABCD 是一个梯形，$\overrightarrow{AB}/\!/\overrightarrow{DC}$ 且 $|\overrightarrow{AB}|=2|\overrightarrow{DC}|$，M，N 分别是 DC，AB 的中点，已知 $\overrightarrow{AB}=\boldsymbol{e}_1$，$\overrightarrow{AD}=\boldsymbol{e}_2$，试用 $\boldsymbol{e}_1$，$\boldsymbol{e}_2$ 表示下列向量。(1)$\overrightarrow{AC}$；(2)$\overrightarrow{MN}$。
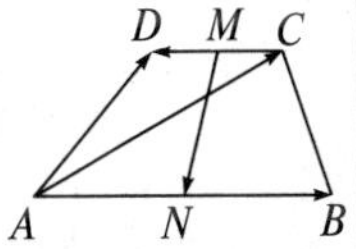

及时反馈答案
1. C　2. C　3. C　4. C　5. A
6. (1)$\overrightarrow{AC}=\overrightarrow{AD}+\overrightarrow{DC}=\boldsymbol{e}_2+\frac{1}{2}\boldsymbol{e}_1$。
(2)$\overrightarrow{MN}=\overrightarrow{MD}+\overrightarrow{DA}+\overrightarrow{AN}=-\frac{1}{2}\overrightarrow{DC}-\overrightarrow{AD}+\frac{1}{2}\overrightarrow{AB}=-\frac{1}{4}\boldsymbol{e}_1-\boldsymbol{e}_2+\frac{1}{2}\boldsymbol{e}_1=\frac{1}{4}\boldsymbol{e}_1-\boldsymbol{e}_2$。
四、课堂小结
1. 数乘向量的定义；
2. 数乘向量的运算律。
五、布置作业　课本第 107 页的练习第 1，2，3 题。
</td><td>
通过及时反馈，考查学生对向量数乘运算的掌握情况，提高学生数学运算、逻辑推理素养。
</td></tr>
</table>

五、教学反思

通过对同一个向量相加或相减的结果的探究，引入向量的数学运算的定义，并对它的长度和方向做了规定，再根据实数与向量的积的定义，验证数乘向量的运算律，通过例题的讲解和变式题的训练，巩固所学的内容。教学中要让学生充分经历自主观察、操作、类比、推理、归纳、证明的全过程，注重从几何和代数等多个角度描述向量的数乘运算，感悟数乘向量运算与数的运算的联系与差异，鼓励学生发现问题和提出问题，领悟由具体到抽象、特殊到一般的向量的数乘运算、运算性质等重要知识的形成过程和认知规律，体会知识产生过程中渗透的数学思想方法，为进一步学习复数等其它有关知识打好基础，提升运算求解、推理论证能力，发展数学运算、数学抽象、逻辑推理素养。

1.2.4 向量的数量积

第一课时

一、内容分析

本节课是在前面研究了向量的加、减、数乘运算的基础上，进一步研究平面向量的数量积的运算。主要内容涉及两个向量的夹角、数量积（内积）、投影向量等知识，以及向量数量积的四条性质。教材通过物理中的功等实例，引入平面向量数量积的概念。要注意平面向量数量积、长度、夹角之间的关系，通过建立和完善向量的运算体系，让学生进一步体会数学内部代数、几何、三角函数等知识之间的内在联系，培养类比、划归与转化、数形结合的思想方法，发展数学抽象、逻辑推理、直观想象核心素养。

二、课程目标与素养目标

课程目标	学科素养
1. 通过物理中功等的实例分析，理解平面向量的数量积的概念及其物理意义； 2. 结合具体实例，体会平面向量的数量积与投影向量的关系； 3. 会计算平面向量的数量积，体会数量积、向量的模、夹角之间的关系； 4. 通过数量积的引入和应用，初步体会知识的发生、发展的过程，培养学生类比、数形结合的思想方法，提高抽象概括、推理论证、运算求解、直观想象能力，形成由具体到抽象的思维品质。	1. 数学抽象：向量数量积的定义； 2. 逻辑推理：数量积的重要性质； 3. 直观想象：投影向量及其定义； 4. 数学运算：求解向量的数量积。

三、教学重点、难点

1. 教学重点：向量数量积的定义和运算性质。

2. 教学难点：向量数量积公式的灵活运用。

四、教学设计

教学过程	设计意图
一、创设情境 在物理课中，我们学习过功的概念，如果一个物体在力 F 的作用下产生位移 s，如何计算力 F 所做的功？ 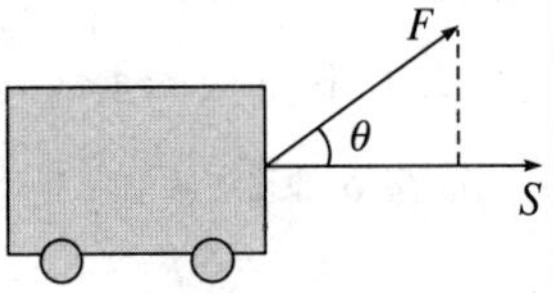 提示：$W=\|\boldsymbol{F}\|\|\boldsymbol{s}\|\cos\theta$，其中 θ 是 $\boldsymbol{F}$ 与 $\boldsymbol{s}$ 的夹角。 功是一个标量，它由力和位移两个向量来确定，这给我们一个启示，能否把“功”看成是两个向量相乘的结果呢？受此启发，我们引入向量“数量积”的概念。	通过问题引入本节课的内容，激发学生的好奇心和求知欲。
二、探索新知 **思考1**　前面我们学习了向量的加、减运算，类比数的运算，出现了一个自然问题：向量能否相乘？如果能，那么向量的乘法应该怎样定义？ (一)向量夹角的定义 已知两个非零向量 $\boldsymbol{a}$，$\boldsymbol{b}$(如图)，O 是平面上的任意一点，作 $\overrightarrow{OA}=\boldsymbol{a}$，$\overrightarrow{OB}=\boldsymbol{b}$，则 $\angle AOB=\theta(0\leqslant\theta\leqslant\pi)$ 叫作向量 $\boldsymbol{a}$ 与 $\boldsymbol{b}$ 的夹角，向量 $\boldsymbol{a}$ 与 $\boldsymbol{b}$ 的夹角记作 $\langle\boldsymbol{a},\boldsymbol{b}\rangle$。 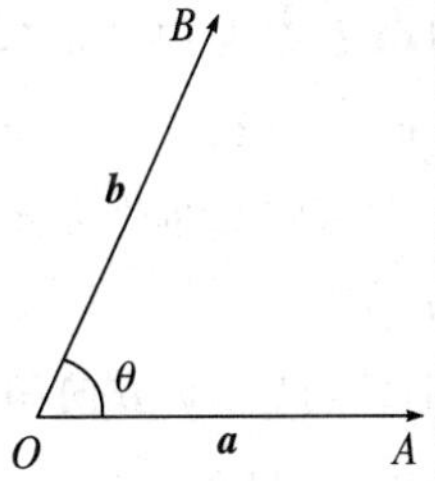 显然，当 $\theta=0$ 时，$\boldsymbol{a}$ 与 $\boldsymbol{b}$ 同向；当 $\theta=\pi$ 时，$\boldsymbol{a}$ 与 $\boldsymbol{b}$ 反向。 如果 $\boldsymbol{a}$ 与 $\boldsymbol{b}$ 的夹角是 $\frac{\pi}{2}$，那么说 $\boldsymbol{a}$ 与 $\boldsymbol{b}$ 垂直，记作 $\boldsymbol{a}\perp\boldsymbol{b}$。	通过复习和对比物理学中功的概念，引入向量的数量积的概念，让学生体会不同学科知识之间的联系，发展应用意识和实践能力。
(二)向量数量积的定义 已知两个非零向量 $\boldsymbol{a}$ 与 $\boldsymbol{b}$，它们的夹角为 θ，我们把数量 $\|\boldsymbol{a}\|\|\boldsymbol{b}\|\cos\theta$ 叫作向量 $\boldsymbol{a}$ 与 $\boldsymbol{b}$ 的数量积(或内积)，记作 $\boldsymbol{a}\cdot\boldsymbol{b}$，即 $\boldsymbol{a}\cdot\boldsymbol{b}=\|\boldsymbol{a}\|\|\boldsymbol{b}\|\cos\theta$。 规定：零向量与任一向量的数量积为0。 **注意**：(1)向量的线性运算的结果是一个向量，而两个向量的数量积是一个数量，而不是向量； $\boldsymbol{a}\cdot\boldsymbol{b}$ 中间的“·”在向量运算中不能省略掉，也不能换成“×”； 运用数量积公式时，一定注意两向量的夹角范围是 $[0°,180°]$。	通过对数量积定义内容的进一步思考，培养批判性思维，崇尚数学的理性和严谨。
例1　已知 $\|\boldsymbol{a}\|=5$，$\|\boldsymbol{b}\|=4$，$\boldsymbol{a}$ 和 $\boldsymbol{b}$ 的夹角 $\theta=\frac{2\pi}{3}$，求 $\boldsymbol{a}\cdot\boldsymbol{b}$。 **解**：$\boldsymbol{a}\cdot\boldsymbol{b}=\|\boldsymbol{a}\|\|\boldsymbol{b}\|\cos\theta=5\times4\times\cos\frac{2\pi}{3}=5\times4\times\left(-\frac{1}{2}\right)=-10$ **例2**　设 $\|\boldsymbol{a}\|=12$，$\|\boldsymbol{b}\|=9$，$\boldsymbol{a}\cdot\boldsymbol{b}=-54\sqrt{2}$，求 $\boldsymbol{a}$ 和 $\boldsymbol{b}$ 的夹角。 **解**：由 $\boldsymbol{a}\cdot\boldsymbol{b}=\|\boldsymbol{a}\|\|\boldsymbol{b}\|\cos\theta$，得 $\cos\theta=\frac{\boldsymbol{a}\cdot\boldsymbol{b}}{\|\boldsymbol{a}\|\|\boldsymbol{b}\|}=\frac{-54\sqrt{2}}{12\times9}=-\frac{\sqrt{2}}{2}$。 因为 $\theta\in[0,\pi]$，所以 $\theta=\frac{3\pi}{4}$。	例题的教学有利于巩固数量积的知识，培养学生分析问题和解决问题的能力。

（续　表）

<table>
<tr><th>教学过程</th><th>设计意图</th></tr>
<tr><td>

（三）投影及投影向量

如图(1)，设 $\boldsymbol{a}$，$\boldsymbol{b}$ 是两个非零向量，$\overrightarrow{AB}=\boldsymbol{a}$，$\overrightarrow{CD}=\boldsymbol{b}$，作如下变换：过 $\overrightarrow{AB}$ 的起点 A 和终点 B，分别作 $\overrightarrow{CD}$ 所在直线的垂线，垂足分别为 A_1，B_1，得到 $\overrightarrow{A_1B_1}$，我们称上述变换为向量 $\boldsymbol{a}$ 向向量 $\boldsymbol{b}$ 投影，$\overrightarrow{A_1B_1}$ 叫作向量 $\boldsymbol{a}$ 在向量 $\boldsymbol{b}$ 上的投影向量。

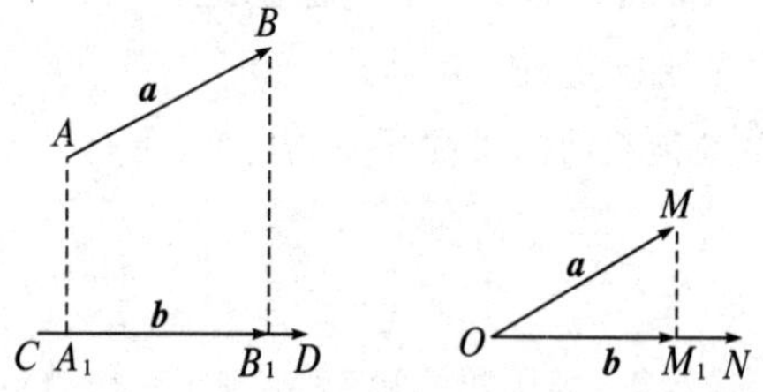

(1)　　(2)

如图(2)，在平面内任取一点 O，作 $\overrightarrow{OM}=\boldsymbol{a}$，$\overrightarrow{ON}=\boldsymbol{b}$。过点 M 作直线 ON 的垂线，垂足为 M_1，则 $\overrightarrow{OM_1}$ 就是向量 $\boldsymbol{a}$ 在向量 $\boldsymbol{b}$ 上的投影向量。

问题 1　$\boldsymbol{a}$ 在 $\boldsymbol{b}$ 上的投影和 $\boldsymbol{b}$ 在 $\boldsymbol{a}$ 上的投影向量相同吗？

提示：不相同，尽管它们都是向量，但 $\boldsymbol{a}$ 在 $\boldsymbol{b}$ 上的投影一定与 $\boldsymbol{b}$ 共线，而 $\boldsymbol{b}$ 在 $\boldsymbol{a}$ 上的投影一定与 $\boldsymbol{a}$ 共线。

探究 2　如图(2)，设与 $\boldsymbol{b}$ 方向相同的单位向量为 $\boldsymbol{e}$，$\boldsymbol{a}$ 与 $\boldsymbol{b}$ 的夹角为 θ，那么 $\overrightarrow{OM_1}$ 与 $\boldsymbol{e}$，$\boldsymbol{a}$，θ 之间有怎样的关系？

$\overrightarrow{OM_1}$ 与 $\boldsymbol{e}$ 共线，于是 $\overrightarrow{OM_1}=\lambda\boldsymbol{e}$。

问题 2　当 θ 为锐角、直角、钝角以及 $\theta=0$，$\theta=\pi$ 等不同的情况时，探究 λ 与 $\boldsymbol{a}$，θ 的关系以及 $\overrightarrow{OM_1}$ 的表达式有什么不同？（提示：可小组进行讨论）。

当 θ 为锐角[如图(1)]时，$\overrightarrow{OM_1}$ 与 $\boldsymbol{e}$ 方向相同，$\lambda=|\overrightarrow{OM_1}|=|\boldsymbol{a}|\cos\theta$，所以 $\overrightarrow{OM_1}=|\overrightarrow{OM_1}|\boldsymbol{e}=|\boldsymbol{a}|\cos\theta\boldsymbol{e}$；当 θ 为直角[如图(2)]时，$\lambda=0$，所以 $\overrightarrow{OM_1}=\boldsymbol{0}=|\boldsymbol{a}|\cos\frac{\pi}{2}\boldsymbol{e}$；当 θ 为钝角[如图(3)]时，$\overrightarrow{OM_1}$ 与 $\boldsymbol{e}$ 方向相反，所以 $\lambda=-|\overrightarrow{OM_1}|=-|\boldsymbol{a}|\cos\angle MOM_1=-|\boldsymbol{a}|\cos(\pi-\theta)=|\boldsymbol{a}|\cos\theta$，即 $\overrightarrow{OM_1}=|\boldsymbol{a}|\cos\theta\boldsymbol{e}$。

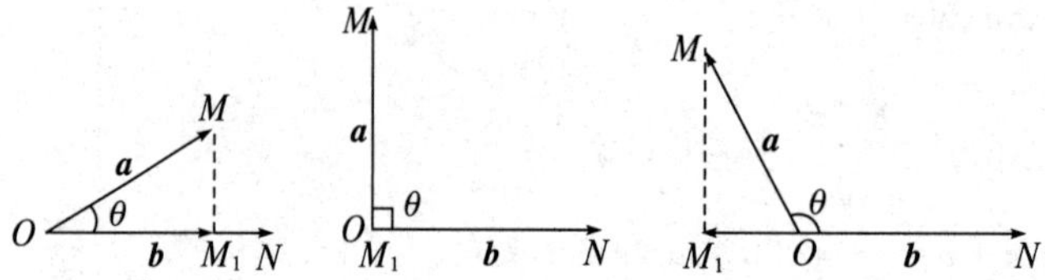

(1)　　(2)　　(3)

当 $\theta=0$ 时，$\lambda=|\boldsymbol{a}|$，所以 $\overrightarrow{OM_1}=|\boldsymbol{a}|\boldsymbol{e}=|\boldsymbol{a}|\cos 0\boldsymbol{e}$；

当 $\theta=\pi$ 时，$\lambda=-|\boldsymbol{a}|$，所以 $\overrightarrow{OM_1}=-|\boldsymbol{a}|\boldsymbol{e}=|\boldsymbol{a}|\cos\pi\boldsymbol{e}$。

总结：综上可知，对于任意的 $\theta\in[0,\pi]$，都有 $\overrightarrow{OM_1}=|\boldsymbol{a}|\cos\theta\boldsymbol{e}$。

</td><td>

通过问题的探究，让学生由投影向量来推导数量积的性质，寻求知识间的联系，提高学生的理解、归纳、概括能力。

</td></tr>
</table>

（续　表）

教学过程	设计意图
（四）向量数量积的性质 **探究 2**　从上面的探究我们看到，两个非零向量 $\boldsymbol{a}$ 与 $\boldsymbol{b}$ 相互平行或垂直时，向量 $\boldsymbol{a}$ 在向量 $\boldsymbol{b}$ 上的投影向量具有特殊性。这时，它们的数量积又有怎样的特殊性？ 由向量数量积的定义，可以得到如下重要性质： 设 $\boldsymbol{a},\boldsymbol{b}$ 是非零向量，它们的夹角是 θ，$\boldsymbol{e}$ 是与 $\boldsymbol{b}$ 方向相同的单位向量，则 (1) $\boldsymbol{a}\cdot\boldsymbol{e}=\boldsymbol{e}\cdot\boldsymbol{a}=\|\boldsymbol{a}\|\cos\theta$。 (2) $\boldsymbol{a}\perp\boldsymbol{b}\Leftrightarrow\boldsymbol{a}\cdot\boldsymbol{b}=0$。 (3)当 $\boldsymbol{a}$ 与 $\boldsymbol{b}$ 同向时，$\boldsymbol{a}\cdot\boldsymbol{b}=\|\boldsymbol{a}\|\|\boldsymbol{b}\|$；当 $\boldsymbol{a}$ 与 $\boldsymbol{b}$ 反向时，$\boldsymbol{a}\cdot\boldsymbol{b}=-\|\boldsymbol{a}\|\|\boldsymbol{b}\|$。特别地，$\boldsymbol{a}\cdot\boldsymbol{a}=\|\boldsymbol{a}\|^2$ 或 $\|\boldsymbol{a}\|=\sqrt{\boldsymbol{a}\cdot\boldsymbol{a}}$。 (4)此外，由 $\|\cos\theta\|\leqslant 1$ 还可以得到 $\|\boldsymbol{a}\cdot\boldsymbol{b}\|\leqslant\|\boldsymbol{a}\|\|\boldsymbol{b}\|$。 思考：如果 $\boldsymbol{a}\cdot\boldsymbol{b}=0$，是否有 $\boldsymbol{a}=\boldsymbol{0}$ 或 $\boldsymbol{b}=\boldsymbol{0}$？ **【知识解读】**向量数量积的性质及其应用 性质(1)表明任意向量与单位向量的数量积等于这个向量在单位向量 e 上的投影向量的长度。 性质(2)可用于解决与两个非零向量垂直有关的问题。 性质(3)表明，当两个向量相等时，这两个向量的数量积等于向量的模的平方，因此可用于求向量的模。 性质(4)可以解决有关“向量不等式”的问题。 性质(5)的实质是平面向量数量积的逆用，可用于求两向量的夹角，也称为夹角公式。	探究 2 旨在根据数量积的定义，研究向量数量积的性质。
三、及时反馈 **1.** 已知 $\|\boldsymbol{a}\|=8$，$\|\boldsymbol{b}\|=6$，$\boldsymbol{a}$ 和 $\boldsymbol{b}$ 的夹角 $\theta=60^\circ$，求 $\boldsymbol{a}\cdot\boldsymbol{b}$。 **2.** 平面向量 $\boldsymbol{a}=(1,2)$，$\|\boldsymbol{b}\|=3$，$\boldsymbol{a}\cdot\boldsymbol{b}=-6$，则向量 $\boldsymbol{a},\boldsymbol{b}$ 夹角的余弦值为　（　　） A. $-\frac{\sqrt{5}}{5}$　B. $-\frac{2\sqrt{5}}{5}$　C. $\frac{1}{5}$　D. $\frac{4}{5}$ **3.** 在 $\triangle ABC$ 中，$\overrightarrow{AB}=\boldsymbol{a}$，$\overrightarrow{BC}=\boldsymbol{a}$，且 $\boldsymbol{b}\cdot\boldsymbol{a}=0$，则 $\triangle ABC$ 是　（　　） A. 锐角三角形　B. 钝角三角形 C. 直角三角形　D. 无法确定 **4.** 设 $\boldsymbol{e}_1,\boldsymbol{e}_2$ 是两个平行的单位向量。则下面的结果正确的是　（　　） A. $\boldsymbol{e}_1\cdot\boldsymbol{e}_2=1$　B. $\boldsymbol{e}_1\cdot\boldsymbol{e}_2=-1$ C. $\|\boldsymbol{e}_1\cdot\boldsymbol{e}_2\|=1$　D. $\|\boldsymbol{e}_1\cdot\boldsymbol{e}_2\|<1$ **5.** 已知 $\|\boldsymbol{a}\|=6$，$\boldsymbol{e}$ 为单位向量，且 $\boldsymbol{a},\boldsymbol{e}$ 的夹角 θ 为 45°，求向量 $\boldsymbol{a}$ 在 $\boldsymbol{e}$ 上的投影向量。 **【答案】1.** 24　**2.** B　**3.** C　**4.** C　**5.** $\|\boldsymbol{a}\|\cos\theta\boldsymbol{e}=6\cos 45^\circ\boldsymbol{e}=3\sqrt{2}\boldsymbol{e}$。	通过课堂练习进一步理解数量积的定义和运算性质，提高学生解决问题的能力。

（续 表）

教学过程	设计意图
四、课堂小结 (1)向量夹角与数量积的概念； (2)投影向量； (3)向量数量积的性质。 **五、课外练习** 1.完成练习册相关内容；2.预习向量数量积的运算律的内容。	通过课堂小结，让学生进一步梳理本节所学内容，提高归纳概括能力。

五、教学反思

本节课主要介绍向量数量积的概念与性质、投影向量等有关知识，教学中要注意强调两个非零向量的积是数量而不是向量，它的值是两个向量的长度与两个向量夹角的余弦值的乘积。对学生来说，虽然有对功的认识基础，但要抽象到数学中的数量积的概念还是有一定的难度。教学过程中要充分尊重学生的主体地位，更好地发挥教师的主导作用，要发扬民主，鼓励学生质疑，提倡独立思考、动手实践、自主探索、阅读自学等学习方式。注重启发学生的学习思维，激发学生的学习兴趣，培养学生发现问题、提出问题、分析问题、解决问题的能力。要注意避免传统教学中"重知识，轻方法、重结论、轻过程"的做法，让学生充分经历数学知识的形成与应用过程，把握学生的认知规律，获得自主探索和问题解决的成功。如例题和习题教学时要注意引导学生整理思维过程，确定解题关键，概括解题方法，使解题过程清晰，思维条理化、精确化；概念的形成和性质的探究过程中，可以通过小组合作，自主探究，破解思维局限，促进思想碰撞，总结学习过程和思维策略，提炼出应用广泛的思想方法。

第二课时

一、内容分析

本节课主要学习平面向量的数量积的运算律及其运用。向量数量积是代数、几何与三角的结合点，很好地体现了数形结合的数学思想，它是重要的数学工具，对解决代数和几何问题都有很强的实用性。本节课是在前面学习了平面向量的概念、向量的线性运算、数量积的概念等内容后，继续研究数量积的运算律及其运用。教学过程中要注意知识的自然衔接，引导学生动手实践、自主探究、合作交流，不能单纯的依赖模仿和记忆，教学内容设计注重把握学生的认知规律，由浅入深、由简入繁。注重在师生、生生互动交流中培养提出、分析和解决问题的能力，提高运算求解、推理论证能力，学会用数学的语言表达世界。

二、课程目标与素养目标

课程目标	学科素养
1.掌握向量数量积的运算律； 2.会利用数量积的运算律进行化简、求值	1.数学抽象：数量积的运算律； 2.逻辑推理：数量积的运算律的证明； 3.数学运算：运用数量积的运算律进行化简求值。

三、教学重点、难点

1. 教学重点：向量数量积的运算律的理解和应用；

2. 教学难点：向量数量积的运算律的探究、证明和应用。

四、教学设计

<table>
<tr><th>教学过程</th><th>设计意图</th></tr>
<tr><td>
一、复习引入
1. 平面向量的数量积定义：
$\boldsymbol{a}\cdot\boldsymbol{b}=\lvert\boldsymbol{a}\rvert\lvert\boldsymbol{b}\rvert\cos\theta$　平面向量的数量积的结果是数量，大小与两个向量的长度及其夹角有关。
2. 向量的数乘的运算律
设 $\boldsymbol{a}$、$\boldsymbol{b}$ 为任意向量，λ、μ 为任意实数，则有：
(1)$\lambda(\mu\boldsymbol{a})=(\lambda\mu)\boldsymbol{a}$
(2)$(\lambda+\mu)\boldsymbol{a}=\lambda\boldsymbol{a}+\mu\boldsymbol{a}$
(3)$\lambda(\boldsymbol{a}+\boldsymbol{b})=\lambda\boldsymbol{a}+\lambda\boldsymbol{b}$
二、探索新知
探究：类比数的乘法运算律，结合向量的线性运算的运算律，你能得到数量积运算的哪些运算律？你能证明吗？
学生：思考讨论。
教师：对于向量 $\boldsymbol{a},\boldsymbol{b},\boldsymbol{c}$ 和实数 λ，有
(1)$\boldsymbol{a}\cdot\boldsymbol{b}=\boldsymbol{b}\cdot\boldsymbol{a}$；
(2)$(\lambda\boldsymbol{a})\cdot\boldsymbol{b}=\lambda(\boldsymbol{a}\cdot\boldsymbol{b})=\boldsymbol{a}\cdot(\lambda\boldsymbol{b})$；
(3)$(\boldsymbol{a}+\boldsymbol{b})\cdot\boldsymbol{c}=\boldsymbol{a}\cdot\boldsymbol{c}+\boldsymbol{b}\cdot\boldsymbol{c}$。
证明：(1)设 $\boldsymbol{a},\boldsymbol{b}$ 夹角为 θ，则 $\boldsymbol{a}\cdot\boldsymbol{b}=\lvert\boldsymbol{a}\rvert\lvert\boldsymbol{b}\rvert\cos\theta$，$\boldsymbol{b}\cdot\boldsymbol{a}=\lvert\boldsymbol{b}\rvert\lvert\boldsymbol{a}\rvert\cos\theta$
所以 $\boldsymbol{a}\cdot\boldsymbol{b}=\boldsymbol{b}\cdot\boldsymbol{a}$
(2)当 $\lambda>0$ 时，$\lambda\boldsymbol{a}$ 与 $\boldsymbol{b}$ 的夹角、$\boldsymbol{a}$ 与 $\boldsymbol{b}$ 的夹角一样。
因为$(\lambda\boldsymbol{a})\cdot\boldsymbol{b}=\lvert\lambda\boldsymbol{a}\rvert\lvert\boldsymbol{b}\rvert\cos\theta=\lambda\lvert\boldsymbol{a}\rvert\lvert\boldsymbol{b}\rvert\cos\theta=\lambda(\boldsymbol{a}\cdot\boldsymbol{b})$，
$\boldsymbol{a}\cdot(\lambda\boldsymbol{b})=\lvert\boldsymbol{a}\rvert\lvert\lambda\boldsymbol{b}\rvert\cos\theta=\lambda\lvert\boldsymbol{a}\rvert\lvert\boldsymbol{b}\rvert\cos\theta=\lambda(\boldsymbol{a}\cdot\boldsymbol{b})$
同理，当 $\lambda<0$ 时，$(\lambda\boldsymbol{a})\cdot\boldsymbol{b}=\lambda(\boldsymbol{a}\cdot\boldsymbol{b})=\boldsymbol{a}\cdot(\lambda\boldsymbol{b})$成立。
所以，$(\lambda\boldsymbol{a})\cdot\boldsymbol{b}=\lambda(\boldsymbol{a}\cdot\boldsymbol{b})=\boldsymbol{a}\cdot(\lambda\boldsymbol{b})$。
思考：设 $\boldsymbol{a},\boldsymbol{b},\boldsymbol{c}$ 是向量，$(\boldsymbol{a}\cdot\boldsymbol{b})\cdot\boldsymbol{c}=\boldsymbol{a}\cdot(\boldsymbol{b}\cdot\boldsymbol{c})$一定成立吗？为什么？
分析：因为$(\boldsymbol{a}\cdot\boldsymbol{b})\cdot\boldsymbol{c}$ 表示与一个与 $\boldsymbol{c}$ 共线的向量，
而 $\boldsymbol{a}\cdot(\boldsymbol{b}\cdot\boldsymbol{c})$表示一个与 $\boldsymbol{a}$ 共线的向量，但 $\boldsymbol{a}$ 与 $\boldsymbol{c}$ 不一定共线。
所以$(\boldsymbol{a}\cdot\boldsymbol{b})\cdot\boldsymbol{c}\neq\boldsymbol{a}\cdot(\boldsymbol{b}\cdot\boldsymbol{c})$。
结论：向量数量积不满足结合律。
</td><td>
通过复习向量数量积的定义和数乘向量的运算律等知识，进一步熟悉所学内容，也为即将学习的向量数量积的运算律打下基础。

通过思考探究，让学生证明、讲解向量数量积的运算律，提高学生的解决问题、分析问题的能力，发展数学运算素养。
</td></tr>
</table>

（续　表）

教学过程	设计意图
例 1　对任意 $a,b\in\mathbf{R}$，恒有 $(a+b)^2=a^2+2ab+b^2$，$(a+b)(a-b)=a^2-b^2$，对任意向量 $\boldsymbol{a},\boldsymbol{b}$，是否也有下面类似的结论？ (1) $(\boldsymbol{a}+\boldsymbol{b})^2=\boldsymbol{a}^2+2\boldsymbol{a}\cdot\boldsymbol{b}+\boldsymbol{b}^2$；(2) $(\boldsymbol{a}+\boldsymbol{b})(\boldsymbol{a}-\boldsymbol{b})=\boldsymbol{a}^2-\boldsymbol{b}^2$。 **【解析】**(1) $(\boldsymbol{a}+\boldsymbol{b})2=(\boldsymbol{a}+\boldsymbol{b})(\boldsymbol{a}+\boldsymbol{b})=\boldsymbol{a}\cdot\boldsymbol{a}+\boldsymbol{a}\cdot\boldsymbol{b}+\boldsymbol{b}\cdot\boldsymbol{a}+\boldsymbol{b}\cdot\boldsymbol{b}$ $=\boldsymbol{a}^2+2\boldsymbol{a}\cdot\boldsymbol{b}+\boldsymbol{b}^2$ (2) $(\boldsymbol{a}+\boldsymbol{b})(\boldsymbol{a}-\boldsymbol{b})=\boldsymbol{a}\cdot\boldsymbol{a}-\boldsymbol{a}\cdot\boldsymbol{b}+\boldsymbol{b}\cdot\boldsymbol{a}-\boldsymbol{b}\cdot\boldsymbol{b}$ $=\boldsymbol{a}^2-\boldsymbol{b}^2$ **例 2**　已知 $\|\boldsymbol{a}\|=6$，$\|\boldsymbol{b}\|=4$，夹角 $\theta=60^\circ$，求 $(\boldsymbol{a}+2\boldsymbol{b})\cdot(\boldsymbol{a}-3\boldsymbol{b})$ **解：**原式 $=\boldsymbol{a}\cdot\boldsymbol{a}-3\boldsymbol{a}\cdot\boldsymbol{b}+2\boldsymbol{b}\cdot\boldsymbol{a}-6\boldsymbol{b}\cdot\boldsymbol{b}$ $=\|\boldsymbol{a}\|^2-\boldsymbol{a}\cdot\boldsymbol{b}-6\|\boldsymbol{b}\|^2$ $=\|\boldsymbol{a}\|^2-\|\boldsymbol{a}\|\|\boldsymbol{b}\|\cos\theta-6\|\boldsymbol{b}\|^2$ $=6^2-6\times4\times\cos60^\circ-6\times4^2$ $=-72$	类比实数的完全平方公式和平方差公式，引入向量的数量积的运算公式。例题的分析和讲解，让学生进一步熟悉向量数量积的运算律，提高分析和解决问题的能力。
变式 1　已知向量 $\boldsymbol{a},\boldsymbol{b}$ 满足 $\boldsymbol{a}\cdot\boldsymbol{b}=0$，$\|\boldsymbol{a}\|=1$，$\|\boldsymbol{b}\|=1$，则 $\|\boldsymbol{a}-3\boldsymbol{b}\|=$__________。 **【分析】**利用模的公式和数量积的运算律进行求解。 **【解析】**因为 $\boldsymbol{a}\cdot\boldsymbol{b}=0$，$\|\boldsymbol{a}\|=1$，$\|\boldsymbol{b}\|=1$， 所以 $\|\boldsymbol{a}-3\boldsymbol{b}\|=\sqrt{(\boldsymbol{a}-3\boldsymbol{b})^2}=\sqrt{\boldsymbol{a}^2-6\boldsymbol{a}\cdot\boldsymbol{b}+9\boldsymbol{b}^2}$ $=\sqrt{1^2+9\times1^2}=\sqrt{10}$。 **例 3**　已知 $\|\boldsymbol{a}\|=3$，$\|\boldsymbol{b}\|=4$，且 $\boldsymbol{a}$ 与 $\boldsymbol{b}$ 不共线，当 k 为何值时，向量 $\boldsymbol{a}+k\boldsymbol{b}$ 与 $\boldsymbol{a}-k\boldsymbol{b}$ 互相垂直？ **解：**$\boldsymbol{a}+k\boldsymbol{b}$ 与 $\boldsymbol{a}-k\boldsymbol{b}$ 互相垂直的充要条件是 $(\boldsymbol{a}+k\boldsymbol{b})\cdot(\boldsymbol{a}-k\boldsymbol{b})=0$， 即 $\boldsymbol{a}^2-k^2\boldsymbol{b}^2=0$， 因为 $\boldsymbol{a}^2=3^2=9$，$\boldsymbol{b}^2=4^2=16$。 所以 $9-16k^2=0$，解得 $k=\pm\frac{3}{4}$。 也就是说，当 $k=\pm\frac{3}{4}$ 时，向量 $\boldsymbol{a}+k\boldsymbol{b}$ 与 $\boldsymbol{a}-k\boldsymbol{b}$ 互相垂直。 **三、及时反馈** **1.** 在边长为 3 的等边 $\triangle ABC$ 中，点 E 满足 $\overrightarrow{AE}=2\overrightarrow{EC}$，，则 $\overrightarrow{BE}\cdot\overrightarrow{BA}=$（　　） A. 9　　B. $\frac{15}{2}$　　C. 6　　D. $\frac{27}{4}$ **2.** 已知 $\|\boldsymbol{a}\|=3$，$\|\boldsymbol{b}\|=4$，$(2\boldsymbol{b}-3\boldsymbol{a})\cdot(2\boldsymbol{b}+\boldsymbol{a})=61$，则 $\|\boldsymbol{a}\|$ 与 $\|\boldsymbol{b}\|$ 的夹角为（　　） A. $\frac{\pi}{6}$　　B. $\frac{\pi}{3}$　　C. $\frac{5\pi}{6}$　　D. $\frac{2\pi}{3}$	例题讲解后的及时反馈，通过有代表性的试题的训练，帮助学生进一步熟悉向量数量积的的运算律，发现知识中的薄弱环节。

（续　表）

教学过程	设计意图
3. 已知 $\boldsymbol{a}$ 与 $\boldsymbol{b}$ 均为单位向量，若 $\boldsymbol{b}\perp(2\boldsymbol{a}+\boldsymbol{b})$，则 $\boldsymbol{a}$ 与 $\boldsymbol{b}$ 的夹角为（　） A. $30°$　　B. $45°$ C. $60°$　　D. $120°$ 4. 在等腰直角三角形 ABC 中，$AB=BC=4$，则 $\overrightarrow{AB}\cdot\overrightarrow{BC}=$________，$\overrightarrow{BC}\cdot\overrightarrow{CA}=$________，$\overrightarrow{CA}\cdot\overrightarrow{AB}=$________。 5. 已知正方形 $ABCD$ 的中心为 O 且边长为 1，则 $(\overrightarrow{OD}-\overrightarrow{OA})\cdot(\overrightarrow{BA}+\overrightarrow{BC})=$（　） A. $\sqrt{3}$　　B. $\frac{1}{2}$　　C. 2　　D. 1 **答案：1.** C　**2.** D　**3.** D　**4.** 0，-16，-16　**5.** D **四、课堂小结** 1. 进一步理解数量积的定义； 2. 向量数量积的运算律及其应用。 **五、课外练习** 1. 课本第 22 页的练习第 1，2，3 题，习题 6.2 第 11 题； 2. 预习平面向量的基本定理（第 25—27 页）。	通过课堂小结，归纳本节课的内容，提高学生解决问题的能力。

五、教学反思

本节课在前面学习了向量数量积的概念和性质的基础上，进一步研究向量数量积的运算律。学生作为初学者，不清楚向量的数量积是数量还是向量，寻找夹角时也容易想当然。教学中应注意体现知识的来龙去脉，建立数学模型，让学生经历数学知识的形成与应用，可以更好地理解数学概念、结论的形成过程，体会蕴含在其中的思想方法，增强学好数学的愿望和信心。教学中应注意情境的创设激发学生的兴趣和求知欲，思考和探究引导学生认知，注重学生学习方法的引导和主动学习、交流合作的习惯的培养；同时，要引导学生认识数学的本质，培养实事求是、严谨求实的科学精神与为人品格，逐渐培养理性思维。

教师要发挥好教学的引导者、组织者的作用，尊重学生的主题地位，发扬民主，要鼓励学生质疑，提倡独立思考、动手实践、自主探索、阅读自学等学习方式。对于教学中问题情境的设计、教学过程的展开、练习的安排等，要尽可能地让所有学生都能主动参与，提出各自解决问题的方案，并引导学生在与他人的交流中选择合适的策略，使学生切实体会到自主探索数学的规律和问题解决是学好数学的有效途径。

1.3

1.3.1 平面向量基本定理

一、内容分析

本节课主要内容是平面向量基本定理，本节内容承接上一节的向量平行四边形法则及其共线定理，依据这两个知识点进行推导，从而得到平面向量基本定理；同时通过例题对定理的使用进行了进一步的演化，得出了平面向量终点三点共线的重要结论，强化了平面向量基本定理的应用。平面向量基本定理是解决众多向量问题的基础定理，平面向量的基本定理是在共线向量基本定理的基础上，由一维直线向二维平面推广的结果。同时该定理为平面向量坐标化提供了重要理论前提。本节内容的重点是平面向量基本定理及其意义，难点在于平面向量基本定理的理解。

二、课程目标与素养目标

课程目标	学科素养
1. 理解平面向量基本定理及其意义； 2. 能够在具体问题中适当地选取基底，使其他向量都能够用基底来表达。	1. 数学抽象：利用平面向量共线定理将平面向量基本定理具体化； 2. 逻辑推理：通过课堂探究逐步培养学生的逻辑思维能力； 3. 直观想象：利用平行四边形法则推导并掌握平面向量基本定理； 4. 数学运算：能够正确运用平面向量基本定理。

三、教学重点、难点

1. 教学重点：平面向量基本定理及其意义；

2. 教学难点：平面向量基本定理的理解。

四、教学设计

教学过程	设计意图
一、复习引入 **问题 1** 向量的加法运算是什么运算法则呢？ **【答案】**三角形法则：作平移，首尾连，由起点指终点 $\overrightarrow{AB}+\overrightarrow{BC}=\overrightarrow{AC}$ 平行四边形法则：作平移，共起点，四边形，对角线 $\overrightarrow{OC}+\overrightarrow{OA}=\overrightarrow{OB}$ 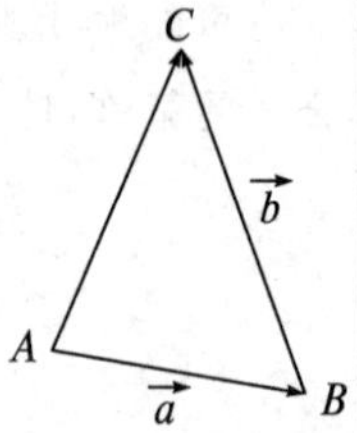 **问题 2** 平面中的非零共线向量该如何表示？ 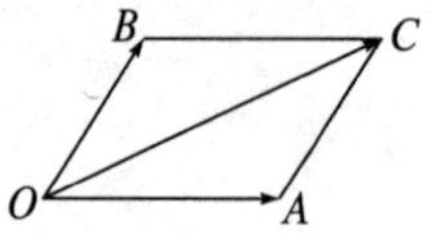 **【答案】**向量 $\boldsymbol{a}$（$\boldsymbol{a}\neq\boldsymbol{0}$）与向量 $\boldsymbol{b}$ 共线的充要条件是：存在唯一一个实数 λ，使得 $\boldsymbol{a}=\lambda\boldsymbol{a}$。	设置问题情境，回顾旧知，激发学生学习兴趣，并引出本节新课。

（续　表）

<table>
<tr><th>教学过程</th><th>设计意图</th></tr>
<tr><td>
问题 3　根据问题 1 和 2，你有什么猜想？
【答案】平面内任一向量可以由同一平面内的两个不共线向量表示。我们知道：已知两个力，可以求出它们的合力；反过来，一个力可以分解为两个力。
问题 4　物理中我们根据什么方法进行力的分解？
【答案】平行四边形法则。
由此我们推断出：可以通过作平行四边形，用同一平面内的两个不共线的向量表示平面内任一向量。
二、探索新知
平面向量基本定理
问题 5　如图所示，设$\boldsymbol{e}_1$，$\boldsymbol{e}_2$ 是同一平面内两个不共线的向量，$\boldsymbol{a}$ 是这一平面内与$\boldsymbol{e}_1$，$\boldsymbol{e}_2$ 都不共线的向量，在平面内任取一点 O，作 $\overrightarrow{OA}=\boldsymbol{e}_1$，$\overrightarrow{OB}=\boldsymbol{e}_2$，$\overrightarrow{OC}=\boldsymbol{a}$，将 $\boldsymbol{a}$ 按$\boldsymbol{e}_1$，$\boldsymbol{e}_2$ 的方向分解，你有什么发现？
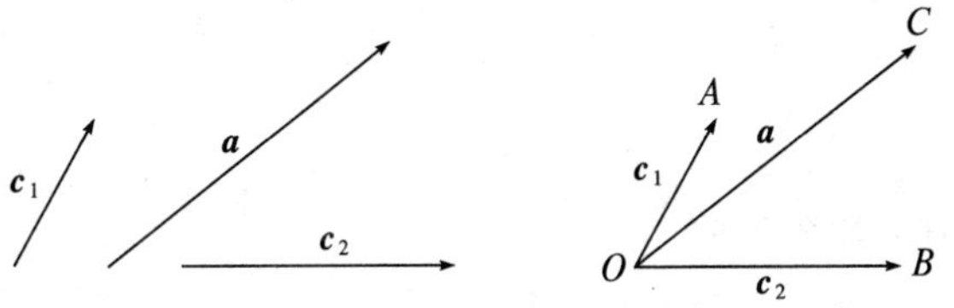

【答案】$\boldsymbol{a}=\overrightarrow{OC}=\overrightarrow{OM}+\overrightarrow{ON}=\lambda_1\boldsymbol{e}_1+\lambda_2\boldsymbol{e}_2$，
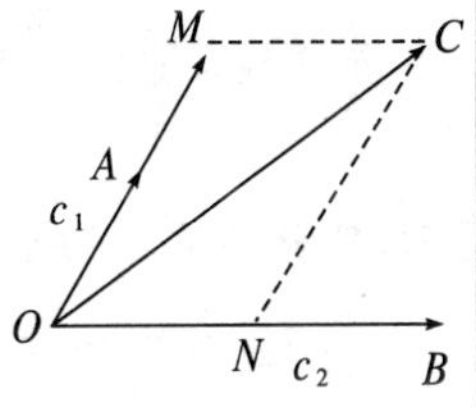

问题 6　当 $\boldsymbol{a}$ 是零向量时，$\boldsymbol{a}$ 还能用 $\boldsymbol{a}=\lambda_1\boldsymbol{e}_1+\lambda_2\boldsymbol{e}_2$ 表示吗？
【答案】可以，取 $\lambda_1=0$，$\lambda_2=0$，则 $\boldsymbol{a}=0\,\boldsymbol{e}_1+0\,\boldsymbol{e}_2$
问题 7　若向量 $\boldsymbol{a}$ 与$\boldsymbol{e}_1$ 或$\boldsymbol{e}_2$ 共线，那么 $\boldsymbol{a}$ 还能用 $\boldsymbol{a}=\lambda_1\boldsymbol{e}_1+\lambda_2\boldsymbol{e}_2$ 这种形式表示吗？
【答案】若向量 $\boldsymbol{a}$ 与$\boldsymbol{e}_1$ 共线，取 $\lambda_2=0$，则 $\boldsymbol{a}=\lambda_1\boldsymbol{e}_1+0\,\boldsymbol{e}_2$。
若向量 $\boldsymbol{a}$ 与$\boldsymbol{e}_2$ 共线时，取 $\lambda_1=0$，则 $\boldsymbol{a}=0\,\boldsymbol{e}_1+\lambda_2\boldsymbol{e}_2$。
问题 8　。设$\boldsymbol{e}_1$，$\boldsymbol{e}_2$ 是同一平面内两个不共线的向量，则
$\boldsymbol{a}$ 用$\boldsymbol{e}_1$ 和$\boldsymbol{e}_2$ 进行表示是否唯一？
【答案】假设 $\boldsymbol{a}=\mu_1\boldsymbol{e}_1+\mu_2\boldsymbol{e}_2$，$\because\boldsymbol{a}=\lambda_1\boldsymbol{e}_1+\lambda_2\boldsymbol{e}_2$，$\therefore\lambda_1\boldsymbol{e}_1+\lambda_2\boldsymbol{e}_2=\mu_1\boldsymbol{e}_1+\mu_2\boldsymbol{e}_2$，$\therefore(\lambda_1-\mu_1)\boldsymbol{e}_1+(\lambda_2-\mu_2)\boldsymbol{e}_2=\boldsymbol{0}$，$\therefore\lambda_1-\mu_1=0$，且 $\lambda_2-\mu_2=0$，$\therefore\lambda_1=\mu_1$，且 $\lambda_2=\mu_2$，$\boldsymbol{a}$ 用$\boldsymbol{e}_1$ 和$\boldsymbol{e}_2$ 进行表示唯一。
平面向量基本定理：
如果$\boldsymbol{e}_1$，$\boldsymbol{e}_2$ 是同一平面内两个不共线的向量，那么对这一平面内的任意一个向量 $\boldsymbol{a}$，有且只有一对实数 λ_1，λ_2，使 $\boldsymbol{a}=\lambda_1\boldsymbol{e}_1+\lambda_2\boldsymbol{e}_2$。我们把不共线向量$\boldsymbol{e}_1$，$\boldsymbol{e}_2$ 叫作表示这一平面内所有向量的一组基底。
</td><td>
探利用力的分解探究得出平面向量基本定理，培养学生探索的精神。

通过思考，培养学生探索新知的精神和能力。
</td></tr>
</table>

(续　表)

教学过程	设计意图
问题 9 (1)基底$\{\boldsymbol{e}_1,\boldsymbol{e}_2\}$是否唯一？ **【答案】**基底$\{\boldsymbol{e}_1,\boldsymbol{e}_2\}$不唯一 (2)基底$\{\boldsymbol{e}_1,\boldsymbol{e}_2\}$满足什么条件？ **【答案】**基底$\{\boldsymbol{e}_1,\boldsymbol{e}_2\}$不共线 (3)定理中$\lambda_1,\lambda_2$中否唯一？可以为 0 吗？ **【答案】**基底确定，λ_1,λ_2唯一。可以为 0。 **三、例题讲解** 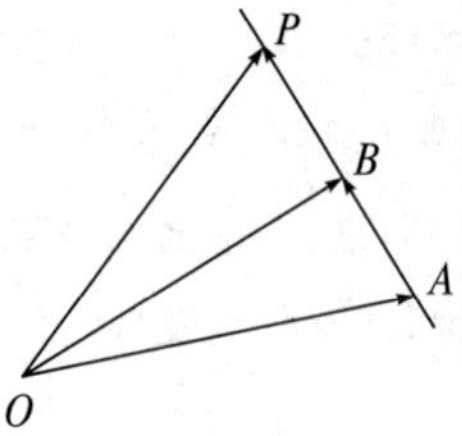 **例 1**　如图，$\overrightarrow{OA},\overrightarrow{OB}$不共线，且$\overrightarrow{AP}=t\overrightarrow{AB}(t\in\mathbf{R})$，用$\overrightarrow{OA},\overrightarrow{OB}$表、示$\overrightarrow{OP}$。 **解**：因为$\overrightarrow{AP}=t\overrightarrow{AB}(t\in\mathbf{R})$， $\overrightarrow{OP}=\overrightarrow{OA}+\overrightarrow{AP}=\overrightarrow{OA}+t\overrightarrow{AB}$ $=\overrightarrow{OA}+t(\overrightarrow{OB}-\overrightarrow{OA})=\overrightarrow{OA}+t\overrightarrow{OB}-t\overrightarrow{OA}$ $=(1-t)\overrightarrow{OA}+t\overrightarrow{OB}$ 观察$\overrightarrow{OP}=(1-t)\overrightarrow{OA}+t\overrightarrow{OB}$，你有什么发现？ **问题 10**　由以上关系式得：$\lambda_1=(1-t)$，$\lambda_2=t$可得：$\lambda_2+\lambda_2=1$， 由此可得结论： 如果P、A、B三点共线，点O是平面内任意一点，若$\overrightarrow{OP}=\lambda\overrightarrow{OA}+\mu\overrightarrow{OB}$，则$\lambda+\mu=1$. 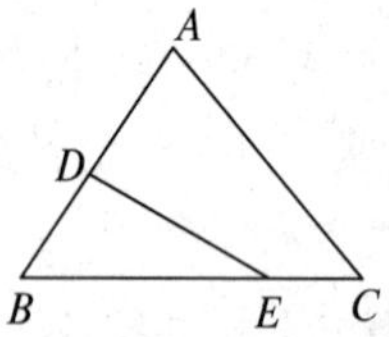 **变式训练**　设D,E分别是$\triangle ABC$的边，AB,BC上的点，$AD=\frac{1}{2}AB$，$BE=\frac{2}{3}BC$，若$\overrightarrow{DE}=\lambda_1\overrightarrow{AB}+\lambda_2\overrightarrow{AC}$（$\lambda_1,\lambda_2$为实数），则$\lambda_1+\lambda_2$的值为__________。 **【答案】**$\frac{1}{2}$ **【解析】**易知$\overrightarrow{DE}=\overrightarrow{DB}+\overrightarrow{BE}=\frac{1}{2}\overrightarrow{AB}+\frac{2}{3}\overrightarrow{BC}$ $=\frac{1}{2}\overrightarrow{AB}+\frac{2}{3}(\overrightarrow{AC}-\overrightarrow{AB})=-\frac{1}{6}\overrightarrow{AB}+\frac{2}{3}\overrightarrow{AC}$， $\therefore\lambda_1=-\frac{1}{6},\lambda_2=\frac{2}{3},\therefore\lambda_1+\lambda_2=\frac{1}{2}$。 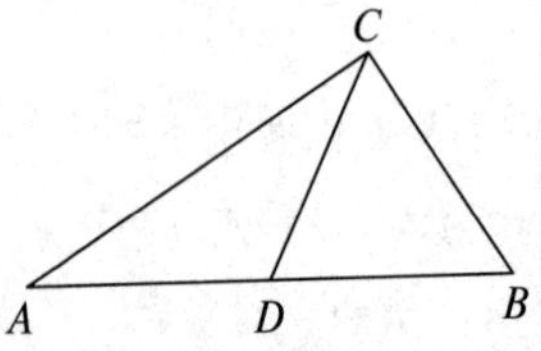 **例 2**　如图，CD是$\triangle ABC$的中线，$CD=\frac{1}{2}AB$，用向量方法证明$\triangle ABC$是直角三角形。	通过一系列的问题引导，让学生强化平面向量基本定理的使用条件和前提，以及了解平面向量基本定理的一般性。 利用例 1，化抽象为具体，提高学生的抽象能力和逻辑思维能力。同时，让学生自己总结出三点共线的另一个结论。

(续 表)

<table>
<tr><th>教学过程</th><th>设计意图</th></tr>
<tr><td>
分析题意:由平面向量基本定理可知,任一向量都可由同一个基底表示。本题中可取$\{\overrightarrow{CD},\overrightarrow{DA}\}$为基底,表示$\overrightarrow{CA},\overrightarrow{CB}$。证明$\overrightarrow{CA}\cdot\overrightarrow{CB}=0$从而证得$\triangle ABC$是直角三角形。
证明:如图,设$\overrightarrow{CD}=\boldsymbol{a},\overrightarrow{DA}=\boldsymbol{b}$,
则$\overrightarrow{CA}=\boldsymbol{a}+\boldsymbol{b},\overrightarrow{DB}=-\boldsymbol{b}$,于是$\overrightarrow{CB}=\boldsymbol{a}-\boldsymbol{b},\overrightarrow{CA}\cdot\overrightarrow{CB}=(\boldsymbol{a}+\boldsymbol{b})\cdot(\boldsymbol{a}-\boldsymbol{b})=\boldsymbol{a}^2-\boldsymbol{b}^2$.
因为$\overrightarrow{CD}=\frac{1}{2}\overrightarrow{AB}$,所以$CD=DA$。
因为$\boldsymbol{a}=CD^2,\boldsymbol{b}^2=DA^2$,所以$\overrightarrow{CA}\cdot\overrightarrow{CB}=0$。
因此$CA\perp CB$,于是$\triangle ABC$是直角三角形。
变式训练 如图所示,在$\triangle BOC$中,C是以A为中点的点B的对称点,$\overrightarrow{OD}=2\overrightarrow{DB}$,$DC$和$OA$交于点$E$,设$\overrightarrow{OA}=\boldsymbol{a},\overrightarrow{OB}=\boldsymbol{b}$。
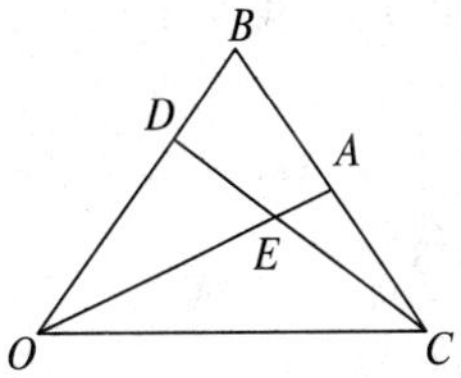

(1)用$\boldsymbol{a}$和$\boldsymbol{b}$表示向量$\overrightarrow{OC}$、$\overrightarrow{DC}$;
(2)若$\overrightarrow{OE}=\lambda\overrightarrow{OA}$,求实数$\lambda$的值。
【答案】(1)$\overrightarrow{OC}=2\boldsymbol{a}-\boldsymbol{b},\overrightarrow{DC}=2\boldsymbol{a}-\frac{5}{3}\boldsymbol{b}$;(2)$\lambda=\frac{4}{5}$。
【解析】(1)由题意知,A是线段BC中点,且
$\overrightarrow{OD}=\frac{2}{3}\overrightarrow{OB}=\frac{2}{3}\boldsymbol{b}$。
$\overrightarrow{OC}=\overrightarrow{OA}+\overrightarrow{AC}=\overrightarrow{OA}+\overrightarrow{BA}=\overrightarrow{OA}+\overrightarrow{OA}-\overrightarrow{OB}=2\boldsymbol{a}-\boldsymbol{b}$,
$\overrightarrow{DC}=\overrightarrow{OC}-\overrightarrow{OD}=(2\boldsymbol{a}-\boldsymbol{b})-\frac{2}{3}\boldsymbol{b}=2\boldsymbol{a}-\frac{5}{3}\boldsymbol{b}$;
(2)$\because\overrightarrow{EC}=\overrightarrow{OC}-\overrightarrow{OE}=(2\boldsymbol{a}-\boldsymbol{b})-\lambda\boldsymbol{a}=(2-\lambda)\boldsymbol{a}-\boldsymbol{b}$,
由题可得$\overrightarrow{EC}/\!/\overrightarrow{DC}$,且$\overrightarrow{DC}=2\boldsymbol{a}-\frac{5}{3}\boldsymbol{b}$,
设$\overrightarrow{EC}=k\overrightarrow{DC}$,即$(2-\lambda)\boldsymbol{a}-\boldsymbol{b}=k(2\boldsymbol{a}-\frac{5}{3}\boldsymbol{b})$,则有$\begin{cases}2-\lambda=2k\\-1=-\frac{5}{3}k\end{cases}$,解得$\begin{cases}\lambda=\frac{4}{5}\\k=\frac{3}{5}\end{cases}$。
因此,$\lambda=\frac{4}{5}$。
方法归纳 (1)三点共线问题的解法
一是利用平面向量基本定理、结合向量的线性运算表示有公共点的两向量之间的共线关系。
二是找直线外一点(任意一点也可)O,若存在唯一实数对$\lambda,\mu\in\mathbf{R}$使$\overrightarrow{OP}=\lambda\overrightarrow{OA}+\mu\overrightarrow{OB}$。则$P,A,B$三点共线。
(2)注意向量共线与平面向量基本定理放在一起思考解决是否共线问题。
</td><td>
通过变式训练强化三点共线结论的使用,深入理解平面向量基本定理的广泛性

例题2讲解让学生体会到平面向量的基本定理的使用可以简化向量运算,从而利用向量结论向几何结论转化

通过变式训练巩固基础知识,发散学生思维,培养学生思维的严谨性和对数学的探索精神。
</td></tr>
</table>

（续　表）

教学过程	设计意图
四、及时反馈 **1.** 若 $\boldsymbol{e}_1,\boldsymbol{e}_2$ 是平面内的一组基底，则下列四组向量能作为平面向量的基底的是（　　） A. $\boldsymbol{e}_1-\boldsymbol{e}_2,\boldsymbol{e}_2-\boldsymbol{e}_1$ B. $2\boldsymbol{e}_1-\boldsymbol{e}_2,\boldsymbol{e}_1-\frac{1}{2}\boldsymbol{e}_2$ C. $2\boldsymbol{e}_2-3\boldsymbol{e}_1,6\boldsymbol{e}_1-4\boldsymbol{e}_2$ D. $\boldsymbol{e}_1+\boldsymbol{e}_2,\boldsymbol{e}_1-\boldsymbol{e}_2$ **2.** 已知向量 $\boldsymbol{e}_1,\boldsymbol{e}_2$ 不共线，实数 x,y 满足 $(2x+y)\boldsymbol{e}_1+(3x+2y)\boldsymbol{e}_2=0$，则 $x+y=$________。 **3.** 在 $\triangle OAB$ 中，P 为线段 AB 上的一点，$\overrightarrow{OP}=x\overrightarrow{OA}+y\overrightarrow{OB}$，且 $\overrightarrow{BP}=2\overrightarrow{PA}$，则（　　） A. $x=\frac{2}{3},y=\frac{1}{3}$　　B. $x=\frac{1}{3},y=\frac{2}{3}$ C. $x=\frac{1}{4},y=\frac{3}{4}$　　D. $x=\frac{3}{4},y=\frac{1}{4}$ **4.** 如图所示，向量 $\overrightarrow{OA}$ 可用向量 $\boldsymbol{e}_1,\boldsymbol{e}_2$ 表示为________。 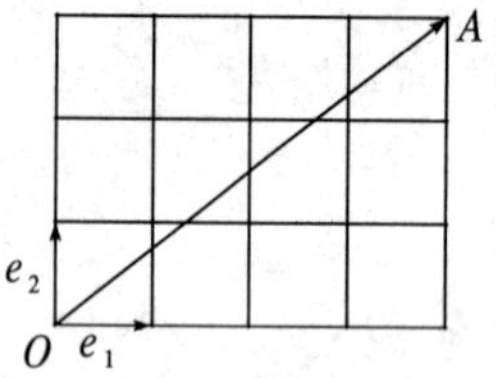 **5.** 在 $\triangle ABC$ 中，$AD=\frac{1}{4}AB$，点 E,F 分别是 AC,BC 的中点。设 $\overrightarrow{AB}=\boldsymbol{a},\overrightarrow{AC}=\boldsymbol{b}$。 (1)用 $\boldsymbol{a},\boldsymbol{b}$ 表示 $\overrightarrow{CD},\overrightarrow{EF}$?；(2)如果 $A=60^\circ,AB=2AC$，CD,EF 有什么关系？用向量方法证明你的结论。 **答案：1.** D　**2.** $x+y=0$　**3.** A　**4.** $4\boldsymbol{e}_1+3\boldsymbol{e}_2$ **5.** (1) $\overrightarrow{CD}=\frac{1}{4}\boldsymbol{a}-\boldsymbol{b},\overrightarrow{EF}=\frac{1}{2}\boldsymbol{a}$　(2) $CD\perp EF$ **五、课堂小结** **1.** 平面向量基本定理； **2.** 基底向量； **3.** 掌握平面向量基本定理的简单应用 **六、课后作业**　课本第 27 页练习第 1,2 题，课本第 63 页第 1 题。	通过课堂演练巩固课堂基础知识，同时对课堂知识考点完整度进行补充。

五、教学反思

平面向量基本定理的掌握和使用是本节内容的关键部分，在实际教学中教师详细讲解了平面向量基本定理的推导过程，由此巩固平行四边形法则的应用，推导过程也是重新认识平面向量的过程，让学生充分体会到了向量这个二维的量与一维的实数的区别与联系。例 1 的讲解不仅可以向学生展示基本定理的使用，而且也可以借这个例题推演出三向量终点共线时基底向量前的唯一实数对的运算关系，可以培养学生的逻辑推理及数学运算的核心素养，一举多得；同时在定理的具体使用中要让学生明白三角形法则和平行四边形法则是几何图形下向量运算的关键所在。通过课后练习，发现学生在利用定理解题时不会找三角形，一些比例关系要利用三角形的相似比，这是初中的内容，学生的知识出现了遗漏，在实际教学中可以通过相关例题进行一定的复习引导。

1.3.2　平面向量的正交分解及其坐标表示

一、内容分析

本节内容是平面向量的坐标表示，内容以物理经典力学中的力的分解引入，提出基底向量正交分解，然后将正交基底与平面坐标系相融合，顺利推导出平面向量的坐标表示，实现平面向量与解析几何有效结合，这将有助于方便解决很多向量计算问题以及应用问题。坐标表示使平面中的向量与它的坐标建立起了一一对应的关系，这为通过“数”的运算处理“形”的问题搭起了桥梁，也决定了本课内容在向量知识体系中的核心地位。

二、课程目标与素养目标

课程目标	学科素养
1. 掌握平面向量坐标表示； 2. 类比重力在斜坡的分解，理解向量的正交分解。	1. 数学抽象：基底向量正交分解坐标化； 2. 数学运算：平面向量的坐标表示； 3. 逻辑推理：正交分解的理解和应用。

三、教学重点、难点

1. 教学重点：对平面向量正交分解及坐标表示的理解。

2. 教学难点：平面向量的坐标表示。

四、教学设计

<table>
<tr><th>教学过程</th><th>设计意图</th></tr>
<tr><td>

一、新课导入

问题 1　上节课我们学习了平面向量基本定理，如果 $\boldsymbol{e}_1$，$\boldsymbol{e}_2$ 是同一平面内的两个不共线向量，那么对于这一平面内的任一向量 $\boldsymbol{a}$，有且只有一对实数 λ_1，λ_2，使 $\boldsymbol{a}=\lambda_1\boldsymbol{e}_1+\lambda_2\boldsymbol{e}_2$。平面向量基本定理的实质就是把向量分解为两个不共线的向量之和，同学们思考，这种分解是唯一的吗？

答案：不是唯一的，不同的基底有不同的分解方法，但是对于同一个基底分解方法是唯一的。

二、探索新知

探究一　平面向量的正交分解

问题 2　如图，在物理中，重力 $\boldsymbol{G}$ 能分解成 $\boldsymbol{F}_1$，$\boldsymbol{F}_2$ 两个方向的力，观察 $\boldsymbol{F}_1$，$\boldsymbol{F}_2$ 的位置关系？

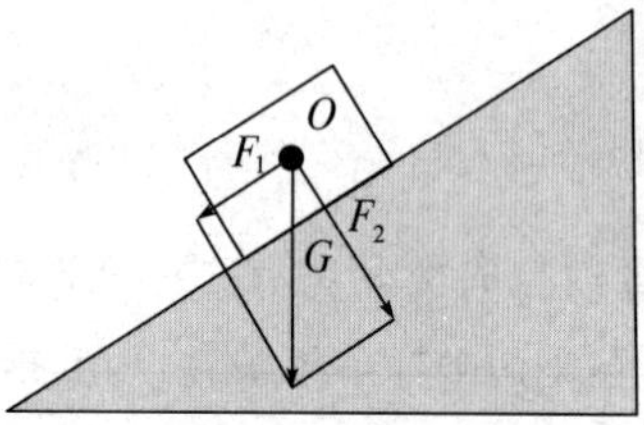

答案：两个向量垂直。

定义：不共线的两个向量相互垂直是一种重要的情形，像这种，把一个向量分解为两个互相垂直的向量，叫作把向量作正交分解。

备注 1　当基底中的两个向量相互垂直时，向量按照这个基底的分解就是正交分解。

备注 2　在平面上，如果选取相互垂直的两个向量作为基底时，将为我们研究问题带来方便。

</td><td>

帮助学生理解正交分解的概念。利用力的分解探究得出平面向量正交分解，培养学生探索的精神以及逻辑推理的数学核心素养。

</td></tr>
<tr><td>

探究二　向量的坐标表示

问题 3　我们知道，在平面直角坐标系中，每一点都可以用一对有序实数（即它的坐标）表示。那么，如何表示直角坐标平面内的一个向量呢？

</td><td>

帮助学生掌握向量的坐标表示。

</td></tr>
<tr><td>

引入：如图，在平面直角坐标系中，设与 x 轴、y 轴方向相同的两个单位向量分别为 $\boldsymbol{i}$，$\boldsymbol{j}$，取 $\{\boldsymbol{i},\boldsymbol{j}\}$ 作为基底。对于平面内的任意一个向量 $\boldsymbol{a}$，由平面向量基本定理可知，有且只有一对实数 x，y，使得 $\boldsymbol{a}=x\boldsymbol{i}+y\boldsymbol{j}$。

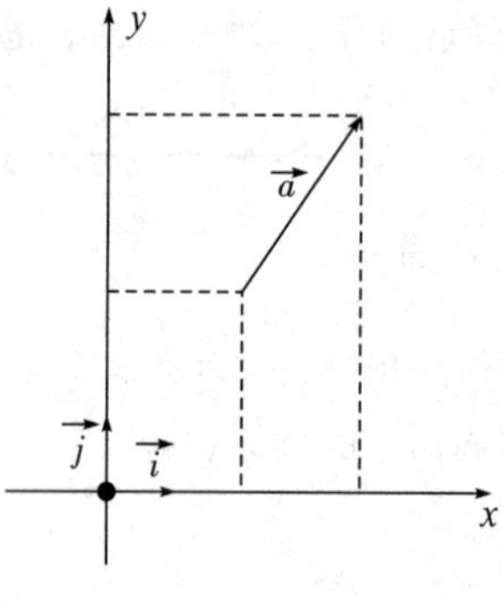

这样，平面内的任一向量 $\boldsymbol{a}$ 都可由 x，y 唯一确定，我们把有序数对 (x,y) 叫作向量 $\boldsymbol{a}$ 的坐标，记作 $\boldsymbol{a}=(x,y)$。

其中，x 叫作 $\boldsymbol{a}$ 在 x 轴上的坐标，y 叫作 $\boldsymbol{a}$ 在 y 轴上的坐标，$\boldsymbol{a}=(x,y)$ 叫作向量 $\boldsymbol{a}$ 的坐标表示。

问题 4　你能写出单位向量 $\boldsymbol{i}$，$\boldsymbol{j}$ 以及零向量的坐标吗？

答案：$\boldsymbol{i}=(1,0)$，$\boldsymbol{j}=(0,1)$，$\boldsymbol{0}=(0,0)$。

</td><td>

理解向量的坐标与点的坐标之间的联系。通过思考，培养学生探索新知的精神和能力。同时也培养了学生数学运算的核心素养。

</td></tr>
</table>

（续 表）

<table>
<tr><th>教学过程</th><th>设计意图</th></tr>
<tr><td>

问题 5 如图，在直角坐标平面中，以原点 O 为起点作 $\overrightarrow{OA}=\boldsymbol{a}$，则点 A 的位置由谁来确定？

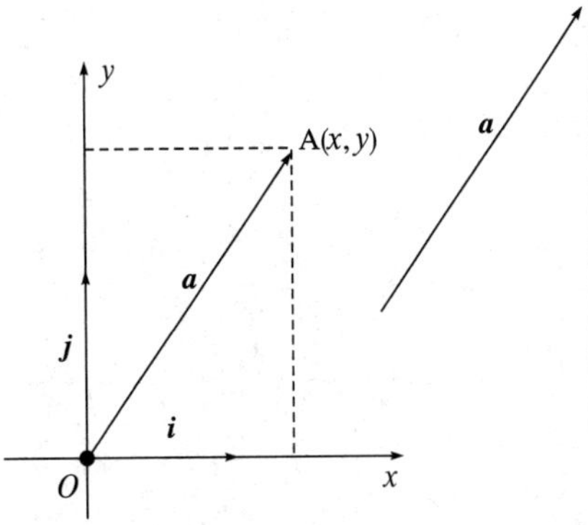

答案：向量 $\boldsymbol{a}$ 唯一确定。

设 $\overrightarrow{OA}=x\boldsymbol{i}+y\boldsymbol{j}$，则向量 $\overrightarrow{OA}$ 的坐标 (x,y) 就是终点 A 的坐标；反过来，终点 A 的坐标 (x,y) 也就是向量 $\overrightarrow{OA}$ 的坐标。因为 $\overrightarrow{OA}=\boldsymbol{a}$，所以终点 A 的坐标 (x,y) 就是向量 $\boldsymbol{a}$ 的坐标。这样就建立了向量的坐标与点的坐标之间的联系。

三、例题展示

例 1 如图，分别用基底 $\{\boldsymbol{i},\boldsymbol{j}\}$ 表示向量 $\boldsymbol{a},\boldsymbol{b},\boldsymbol{c},\boldsymbol{d}$，并求出它们的坐标。

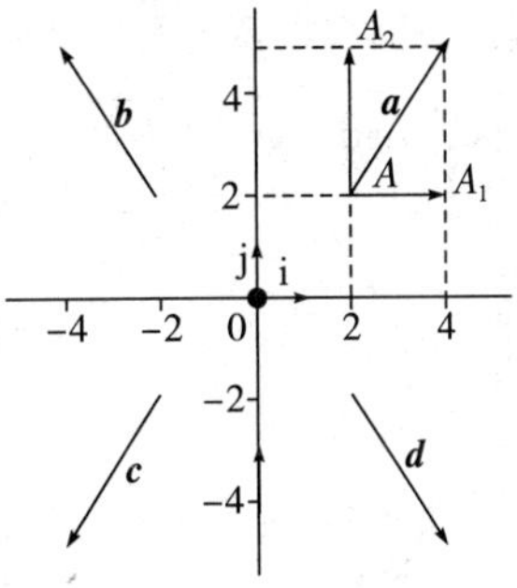

解：由图可知，

$\boldsymbol{a}=\overrightarrow{AA_1}+\overrightarrow{AA_2}=2\boldsymbol{i}+3\boldsymbol{j}$，所以 $\boldsymbol{a}=(2,3)$。

同理，$\boldsymbol{b}=-2\boldsymbol{i}+3\boldsymbol{j}=(-2,3)$，$\boldsymbol{c}=-2\boldsymbol{i}-3\boldsymbol{j}=(-2,-3)$，

$\boldsymbol{d}=2\boldsymbol{i}-3\boldsymbol{j}=(2,-3)$。

变式训练 已知 O 是坐标原点，点 A 在第一象限，$|\overrightarrow{OA}|=4\sqrt{3}$，$\angle xOA=60°$，(1)求向量 $\overrightarrow{OA}$ 的坐标；

(2)若 $B(\sqrt{3},-1)$，求 $\overrightarrow{BA}$ 的坐标。

解：(1)设点 $A(x,y)$，则 $x=|\overrightarrow{OA}|\cos 60°=4\sqrt{3}\cos 60°=2\sqrt{3}$，

$y=|\overrightarrow{OA}|\sin 60°=4\sqrt{3}\sin 60°=6$，即 $A(2\sqrt{3},6)$，所以 $\overrightarrow{OA}=(2\sqrt{3},6)$。

(2)$\overrightarrow{BA}=(2\sqrt{3},6)-(\sqrt{3},-1)=(\sqrt{3},7)$。

四、课后小结

1. 正交分解：不共线的两个向量相互垂直是一种重要的情形，像这种把一个向量分解为两个互相垂直的向量，叫作把向量作正交分解。当基底中的两个向量相互垂直时，向量按照这个基底的分解就是正交分解。在平面上，如果选取相互垂直的两个向量作为基底时，将为我们研究问题带来方便。

2. 平面内的任一向量 $\boldsymbol{a}$ 都可由 x,y 唯一确定，我们把有序数对 (x,y) 叫作向量 $\boldsymbol{a}$ 的坐标，记作 $\boldsymbol{a}=(x,y)$。其中，x 叫作 $\boldsymbol{a}$ 在 x 轴上的坐标，y 叫作 $\boldsymbol{a}$ 在 y 轴上的坐标，$\boldsymbol{a}=(x,y)$ 叫作向量 $\boldsymbol{a}$ 的坐标表示。

五、课堂练习

1. 在平面直角坐标系内，已知 $\boldsymbol{i},\boldsymbol{j}$ 是两个互相垂直的单位向量，若 $\boldsymbol{a}=2\boldsymbol{i}-3\boldsymbol{j}$，则向量用坐标表示 $\boldsymbol{a}=$________。

</td><td>通过该例题让学生强化理解向量坐标化。利用例题，化抽象为具体，提高学生的抽象能力和逻辑思维能力。</td></tr>
</table>

（续　表）

<table>
<tr><th>教学过程</th><th>设计意图</th></tr>
<tr><td>

2. 如图，向量 $\boldsymbol{a}$，b，c 的坐标分别是________，________，________。

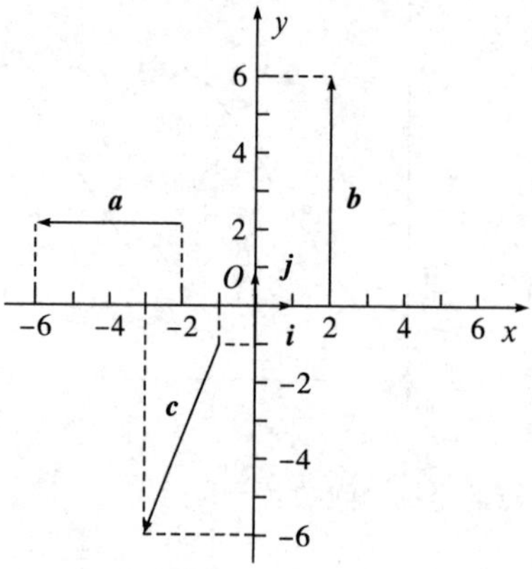

3. 写出平面直角坐标系中零向量的坐标________。

4. 如图所示平面直角坐标系中，$\overrightarrow{CD}=(2,-3)$，则点 D 坐标为________。

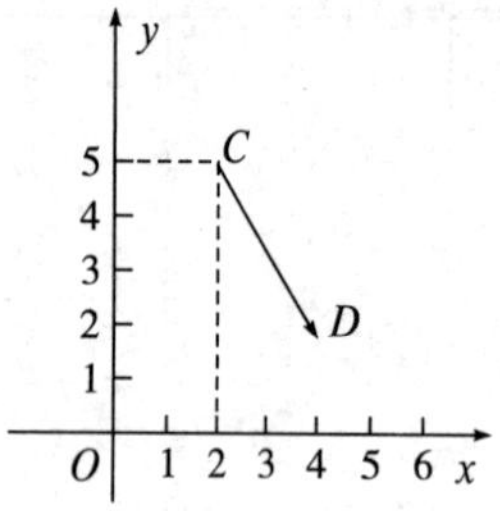

第 4 题图

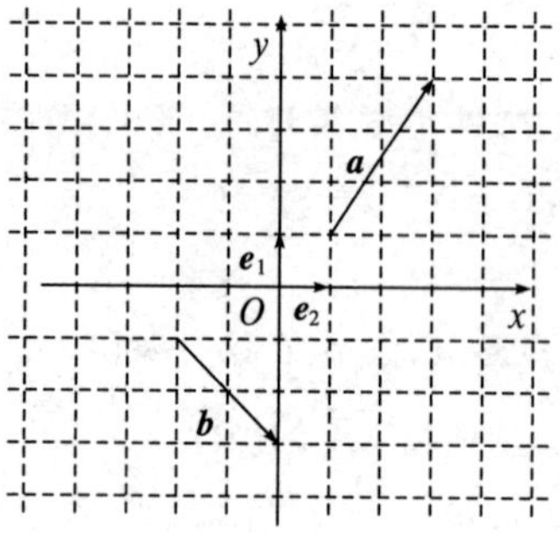

第 5 题图

5. 如图所示，$\{\boldsymbol{e}_1,\boldsymbol{e}_2\}$ 为正交基底，则向量 $\boldsymbol{a}+2\boldsymbol{b}=$　　　　（　　）

A. $(-2,1)$B. $(-2,-1)$C. $(6,-1)$D. $(0,5)$

答案：1. $(2,-3)$　**2.** $(-4,0)$；$(0,6)$；$(-2,-5)$　**3.** $(0,0)$　**4.** $(4,1)$　**5.** C

六、作业　习题 6.3　第 1，2 题。

</td><td>通过联系强化向量坐标化的应用，为向量坐标化运算打下基础。</td></tr>
</table>

五、教学反思

借助物理典型力学问题引入，让学生体会到向量在应用中的作用，同时借助上一节中平面向量基本定理作为本节内容的重要理论基础，让学生充分体会到这两节内容上下衔接的连贯性。由已知知识向未知知识探索，重点培养了学生的自主学习的过程以及数学逻辑推理的核心素养。在教学设计过程中，我充分考虑了学生的实际水平，突出了学生在课堂上的主体地位，让学生成为课堂教学行为的主要参与者，他们在课堂上思考、发言、讨论、探究、实践，很好地完成了本节课的学习，课堂评测练习完成良好。

1.3.3　平面向量加、减运算的坐标表示

一、内容分析

本节课是建立在平面向量正交分解坐标化后，是对平面向量加减法运算的坐标表示，承接上一讲内容，为平面向量数乘、数量积运算的坐标化表示起了铺垫作用；同时将平面向量的端点表示法通过加减法呈现出来，更加让学生深刻认识加减法的坐标运算，强化了平面向量的坐标表示。本讲内容难度不大，但重点明确，是不可或缺的重要内容，对于学生的学习来说是必须掌握的基础内容。

二、课程目标与素养目标

课程目标	学科素养
1. 掌握向量的正交分解，理解向量坐标表示的定义； 2. 掌握向量的坐标与表示，有向线段起、终点坐标的关系； 3. 掌握平面向量加减运算的坐标表示	1. 数学抽象：掌握向量的正交分解； 2. 逻辑推理：向量的坐标与表示； 3. 数学运算：。平面向量加减运算的坐标表示。

三、教学重点、难点

1. 教学重点：平面向量坐标表示的定义及其加减运算。。

2. 教学难点：对平面向量坐标表示生成过程的理解。

四、教学设计

教学过程	设计意图
一、新课导入 **问题 1**　已知 $\boldsymbol{a}=(x_1,y_1)$，$\boldsymbol{b}=$？(x_2,y_2)，怎样求 $\boldsymbol{a}+\boldsymbol{b}$，$\boldsymbol{a}-\boldsymbol{b}$ 的坐标？ **二、探索新知** $\boldsymbol{a}+\boldsymbol{b}=(x_1\boldsymbol{i}+y_1\boldsymbol{j})+(x_2\boldsymbol{i}+y_2\boldsymbol{j})$ $=x_1\boldsymbol{i}+x_2\boldsymbol{i}+y_1\boldsymbol{j}+y_2\boldsymbol{j}$ $=(x_1+x_2)\boldsymbol{i}+(y_1+y_2)\boldsymbol{j}$， 即 $\boldsymbol{a}+\boldsymbol{b}=(x_1+x_2,y_1+y_2)$。 **问题 2**　类比求 $\boldsymbol{a}+\boldsymbol{b}$ 坐标的方法，试求 $\boldsymbol{a}-\boldsymbol{b}$ 的坐标。 $\boldsymbol{a}-\boldsymbol{b}=(x_1\boldsymbol{i}+y_1\boldsymbol{j})-(x_2\boldsymbol{i}+y_2\boldsymbol{j})$ $=x_1\boldsymbol{i}-x_2\boldsymbol{i}+y_1\boldsymbol{j}-y_2\boldsymbol{j}$ $=(x_1-x_2)\boldsymbol{i}+(y_1-y_2)\boldsymbol{j}$， 即 $\boldsymbol{a}-\boldsymbol{b}=(x_1-x_2,y_1-y_2)$。 两个向量和(差)的坐标分别等于这两个向量相应坐标的和(差)。	开门见山的问题引入，启发学生思考平面向量坐标化后的加减法运算模式。 通过类比提示，传递类比的数学思想，同时体现逻辑推理的数学核心素养。

（续　表）

<table>
<tr><th>教学过程</th><th>设计意图</th></tr>
<tr><td>

例 1　已知 $\boldsymbol{a}=(2,1)$，$\boldsymbol{b}=(-3,4)$，求 $\boldsymbol{a}+\boldsymbol{b}$，$\boldsymbol{a}-\boldsymbol{b}$ 的坐标。

解：$\boldsymbol{a}+\boldsymbol{b}=(2,1)+(-3,4)=(-1,5)$，

$\boldsymbol{a}-\boldsymbol{b}=(2,1)-(-3,4)=(5,-3)$。

</td><td>例题的选择是直观的让学生掌握和运用平面向量加减法的坐标运算。</td></tr>
<tr><td>

问题 3　如图，已知 $A(x_1,y_1)$，$B(x_2,y_2)$，求 $\overrightarrow{AB}$ 的坐标。

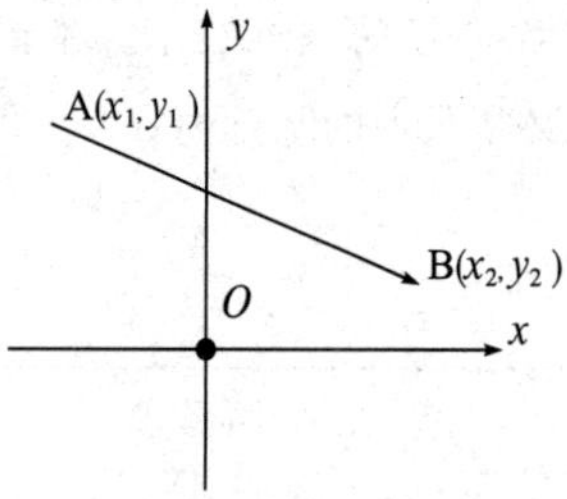

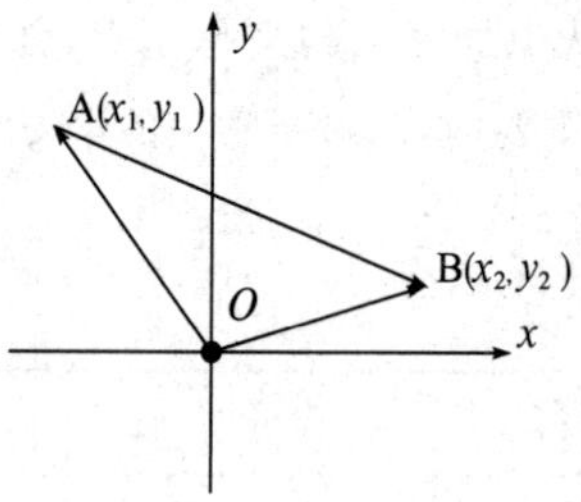

如图，作向量 $\overrightarrow{OA}$，$\overrightarrow{OB}$，则 $\overrightarrow{AB}=\overrightarrow{OB}-\overrightarrow{OA}=(x_2,y_2)-(x_1,y_1)=(x_2-x_1,y_2-y_1)$。

【总结】一个向量的坐标等于表示此向量的有向线段的终点的坐标减去起点的坐标。

</td><td>借助图像帮助学生建立起端点坐标是如何构成向量坐标的，体现了数学抽象的核心素养的使用</td></tr>
<tr><td>

例 2　如图，已知▱$ABCD$ 的三个顶点 A，B，C 的坐标分别是 $(-2,1)$，$(-1,3)$，$(3,4)$，求顶点 D 的坐标。

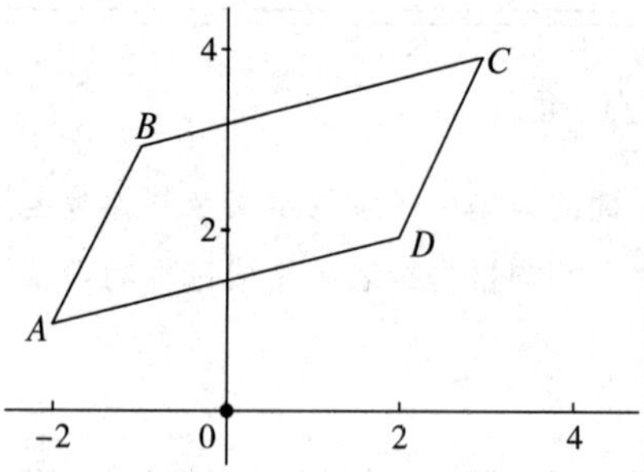

解法 1：设顶点 D 的坐标为 (x,y)。

因为 $\overrightarrow{AB}=(-1-(-2),3-1)=(1,2)$，

$\overrightarrow{DC}=(3-x,4-y)$，

又 $\overrightarrow{AB}=\overrightarrow{DC}$，

所以 $(1,2)=(3-x,4-y)$。即 $\begin{cases}1=3-x,\\2=4-y,\end{cases}$ 解得 $\begin{cases}x=2,\\y=2.\end{cases}$

所以顶点 D 的坐标为 $(2,2)$。

</td><td>例 2 的选择主要通过这道题让学生体会到数与形之间的紧密联系，特别是向量能很好地解决诸多几何问题。</td></tr>
<tr><td>

解法 2：如图，由向量加法的平行四边形法则可知

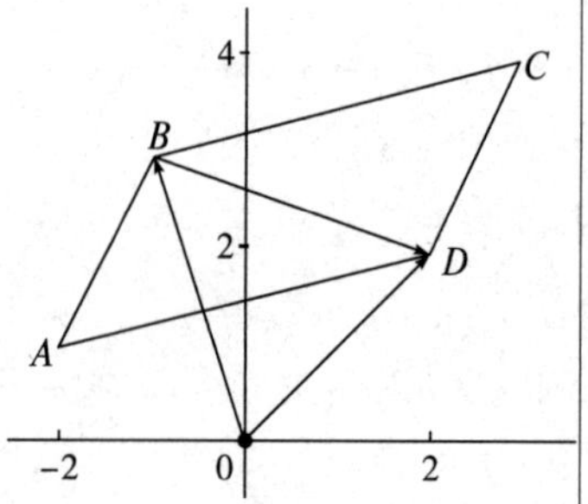

$\overrightarrow{BD}=\overrightarrow{BA}+\overrightarrow{BC}$

$=(-2-(-1),1-3)+(3-(-1),4-3)$

$=(3,-1)$，

$\overrightarrow{OD}=\overrightarrow{OB}+\overrightarrow{BD}$

$=(-1,3)+(3,-1)$

$=(2,2)$。

所以顶点 D 的坐标为 $(2,2)$。

</td><td>一题多解有助于发散学生思维，帮助学生更好地理解向量的坐标运算。</td></tr>
</table>

（续　表）

教学过程	设计意图
三、课堂小结 (1)$\boldsymbol{a}+\boldsymbol{b}=(x_1+x_2,y_1+y_2)$，$\boldsymbol{a}-\boldsymbol{b}=(x_1-x_2,y_1-y_2)$ (2)$\overrightarrow{AB}=\overrightarrow{OB}-\overrightarrow{OA}$ $=(x_2,y_2)-(x_1,y_1)$ $=(x_2-x_1,y_2-y_1)$。 **四、及时反馈** **1.** 已知向量 $\boldsymbol{a}=(1,2)$，$\boldsymbol{b}=(3,1)$，则 $\boldsymbol{b}-\boldsymbol{a}=$　　　（　　） A. $(-2,1)$　　B. $(2,-1)$ C. $(2,0)$　　D. $(4,3)$ **2.** 在平行四边形 $ABCD$ 中，AC 为一条对角线，若 $\overrightarrow{AB}=(2,4)$，$\overrightarrow{AC}=(1,3)$，则 $\overrightarrow{BD}=$　　　（　　） A. $(-2,-4)$　　B. $(-3,-5)$ C. $(3,5)$　　D. $(2,4)$ **3.** 已知点 $A(0,1)$，$B(1,2)$，向量 $\overrightarrow{AC}=(2,3)$，则向量 $\overrightarrow{BC}=$　　　（　　） A. $(1,2)$　　B. $(-1,-2)$ C. $(3,6)$　　D. $(-3,-5)$ **4.** 设 $\boldsymbol{i}$，$\boldsymbol{j}$ 是平面直角坐标系内分别与 x 轴、y 轴方向相同的两个单位向量，且 $\overrightarrow{OA}=4\boldsymbol{i}+2\boldsymbol{j}$，$\overrightarrow{OB}=3\boldsymbol{i}+4\boldsymbol{j}$，$\overrightarrow{OC}=\overrightarrow{AB}$，则 C 点的坐标为　　　（　　） A. $(-2,1)$　　B. $(1,-2)$ C. $(2,-1)$　　D. $(-1,2)$ **5.** 已知平面上三个点的坐标为 $A(3,7)$，$B(4,6)$，$C(1,-2)$，求点 D 的坐标，使得这四个点为构成平行四边形的四个顶点。 **答案：1.** B　**2.** B　**3.** A　**4.** D　**5.** $(0,-1)$或$(2,-3)$或$(6,15)$ **五、作业布置**　课本第 30 页练习第 1，2，3 题。	

五、教学反思

本节课内容难度不大，但要真正掌握向量的坐标加减运算还需要建立在理解的基础之上，所以教师在本节课授课的过程中对起点不在原点的向量如何通过起点、终点坐标表示进行了重点讲解，例 1 的讲解让学生熟练应用坐标化下的向量加减法；例 2 的讲解让学生熟练有向线段构成的向量坐标表示以及向量相等的运算。在教学中注重了学生的动手和动脑的活动安排，鼓励每个学生亲自实践、积极思考，体会活动的乐趣，并且在乐学的氛围中，促进学生对知识的理解与体验。

1.3.4 平面向量数乘运算的坐标表示

一、内容分析

本节课建立在平面向量加减法坐标表示后，再对向量数乘运算的坐标表示的进一步探讨，从而推导出共线定理的坐标表示，由共线定理推论出三点共线的坐标化应用，由三点共线的坐标化应用再次推论出中点坐标公式以及三等分点的坐标结论，整个过程是层层递进，结论越来越丰富，充分体现了数学逻辑推理的特征，本节内容能更好地培养学生逻辑推理的数学核心素养。

二、课程目标与素养目标

课程目标	学科素养
1. 掌握向量数乘运算的坐标表示； **2.** 会根据向量的坐标，判断向量是否共线。	**1.** 数学抽象：向量数乘运算的坐标表示； **2.** 逻辑推理：推导共线向量的坐标表示，中点、三等分点的坐标表示； **3.** 数学运算：由向量共线求参数的值、点坐标； **4.** 直观想象：学会用坐标进行向量的相关运算，理解数学内容之间的内在联系。

三、教学重点、难点

1. 教学重点：向量数乘运算的坐标表示，根据向量的坐标，判断向量是否共线；

2. 教学难点：向量的坐标表示的理解及运算的准确性。

四、教学设计

教学过程	设计意图
一、新课导入 复习：平面向量加、减运算的坐标表示：已知 $\boldsymbol{a}=(x_1,y_1)$，$\boldsymbol{b}=(x_2,y_2)$， $\boldsymbol{a}+\boldsymbol{b}=(x_1+x_2,y_1+y_2)$，$\boldsymbol{a}-\boldsymbol{b}=(x_1-x_2,y_1-y_2)$。 **二、探索新知** **问题1** 已知 $\boldsymbol{a}=(x,y)$，怎样计算 $\lambda\boldsymbol{a}$ 的坐标？ $\lambda\boldsymbol{a}=\lambda(x\boldsymbol{i}+y\boldsymbol{j})=\lambda x\boldsymbol{i}+\lambda y\boldsymbol{j}$， 即 $\lambda\boldsymbol{a}=(\lambda x,\lambda y)$。 实数与向量的积的坐标等于用这个实数乘原来向量的相应坐标。 **例1** 已知 $\boldsymbol{a}=(2,1)$，$\boldsymbol{b}=(-3,4)$，求 $3\boldsymbol{a}+4\boldsymbol{b}$ 的坐标。 **解**：$3\boldsymbol{a}+4\boldsymbol{b}=3(2,1)+4(-3,4)$ $=(6,3)+(-12,16)=(-6,19)$。	通过复习上节所学知识，引入本节新课。建立知识间的联系，提高学生概括、类比推理的能力。

（续　表）

<table>
<tr><th>教学过程</th><th>设计意图</th></tr>
<tr><td>

问题 2　复习：向量 $\boldsymbol{a}$ 与 $\boldsymbol{b}(\boldsymbol{b}\neq\boldsymbol{0})$ 共线的充要条件：

存在唯一一个实数 λ，使 $\boldsymbol{a}=\lambda\boldsymbol{b}$。

问题 3　如何用坐标表示两个向量共线的条件？

设 $\boldsymbol{a}=$？(x_1,y_1)，$\boldsymbol{b}=$？(x_2,y_2)，用坐标表示 $\boldsymbol{a}$ 与 $\boldsymbol{b}$ 共线，可写为 $(x_1,y_1)=\lambda(x_2,y_2)$，即 $\begin{cases}x_1=\lambda x_2,\\ y_1=\lambda y_2.\end{cases}$ 消去 λ，得 $x_1y_2-x_2y_1=0$。

这就是说，向量 $\boldsymbol{a}$，$\boldsymbol{b}(\boldsymbol{b}\neq\boldsymbol{0})$ 共线的充要条件是 $x_1y_2-x_2y_1=0$。

例 2　已知 $\boldsymbol{a}=$？$(4,2)$，$\boldsymbol{b}=(6,y)$，且 $\boldsymbol{a}/\!/\boldsymbol{b}$，求 y。

解：因为 $\boldsymbol{a}/\!/\boldsymbol{b}$，所以 $4y-2\times6=0$. 解得 $y=3$。

例 3　已知 $A(-1,-1)$，$B(1,3)$，$C(2,5)$，判断 A，B，C 三点之间的位置关系。

解：如图，在平面直角坐标系中作出 A，B，C 三点。

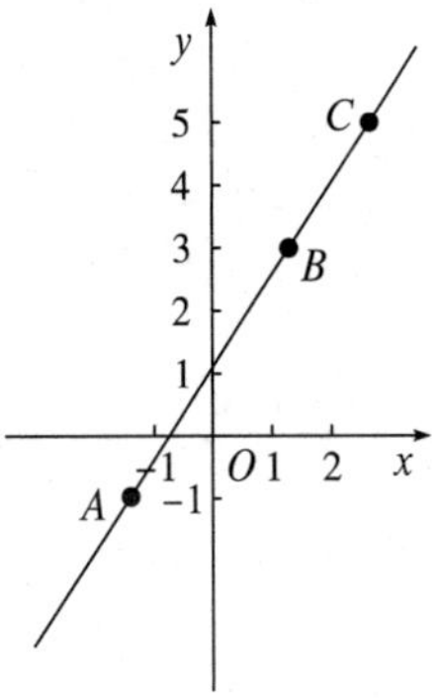

因为 $\overrightarrow{AB}=(1-(-1),3-(-1))=(2,4)$，

$\overrightarrow{AC}=(2-(-1),5-(-1))=(3,6)$，

又 $2\times6-4\times3=0$，所以 $\overrightarrow{AB}/\!/\overrightarrow{AC}$。

又直线 AB，直线 AC 有公共点 A，所以 A，B，C 三点共线。

例 4　设 P 是线段 P_1P_2 上的一点，点 P_1，P_2 的坐标分别是 (x_1,y_1)，(x_2,y_2)。

(1) 当 P 是线段 P_1P_2 的中点时，求点 P 的坐标；

(2) 当 P 是线段 P_1P_2 的一个三等分点时，求点 P 的坐标。

解：(1) 如图，由向量的线性运算可知 $\overrightarrow{OP}=\frac{1}{2}(\overrightarrow{OP_1}+\overrightarrow{OP_2})=\left(\frac{x_1+x_2}{2},\frac{y_1+y_2}{2}\right)$。

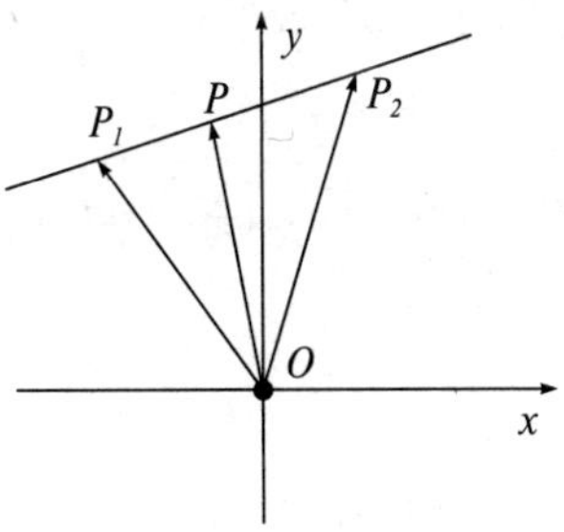

所以，点 P 的坐标是 $\left(\frac{x_1+x_2}{2},\frac{y_1+y_2}{2}\right)$

中点坐标公式：若点 P_1，P_2 的坐标分别为 (x_1,y_1)，(x_2,y_2)，线段 P_1P_2 的中点 P 的坐标为 (x,y)，则 $\begin{cases}x=\frac{x_1+x_2}{2},\\ y=\frac{y_1+y_2}{2}.\end{cases}$

</td><td>

通过例题让学生进一步识记向量加、减法、数乘的坐标运算，提高学生的解决问题、分析问题的能力。

通过探究，掌握共线向量的坐标之间的关系，提高学生分析问题、概括能力。

通过例 2 练习共线向量的坐标运算，提高学生解决问题的能力。

通过例 3 进一步掌握向量加法、减法、数乘向量的坐标运算，提高学生的观察、概括能力。同时让学生区分坐标运算下的三点共线与基底向量运算下的三点共线。

</td></tr>
</table>

（续　表）

教学过程	设计意图
(2)如图，当点 P 是线段 P_1P_2 的一个三等分点时，有两种情况，即 $\overrightarrow{P_1P}=\frac{1}{2}\overrightarrow{PP_2}$ 或 $\overrightarrow{P_1P}=2\overrightarrow{PP_2}$。 如果 $\overrightarrow{P_1P}=\frac{1}{2}\overrightarrow{PP_2}$，如图(1)，那么 $\overrightarrow{OP}=\overrightarrow{OP_1}+\overrightarrow{P_1P}=\overrightarrow{OP_1}+\frac{1}{3}\overrightarrow{P_1P_2}=\overrightarrow{OP_1}+\frac{1}{3}(\overrightarrow{OP_2}-\overrightarrow{OP_1})=\frac{2}{3}\overrightarrow{OP_1}+\frac{1}{3}\overrightarrow{OP_2}=\left(\frac{2x_1+x_2}{3},\frac{2y_1+y_2}{3}\right)$， 即点 P 的坐标是 $\left(\frac{2x_1+x_2}{3},\frac{2y_1+y_2}{3}\right)$。 同理，如果 $\overrightarrow{P_1P}=2\overrightarrow{PP_2}$，如图(2)，那么点 P 的坐标是 $\left(\frac{x_1+2x_2}{3},\frac{y_1+2y_2}{3}\right)$。 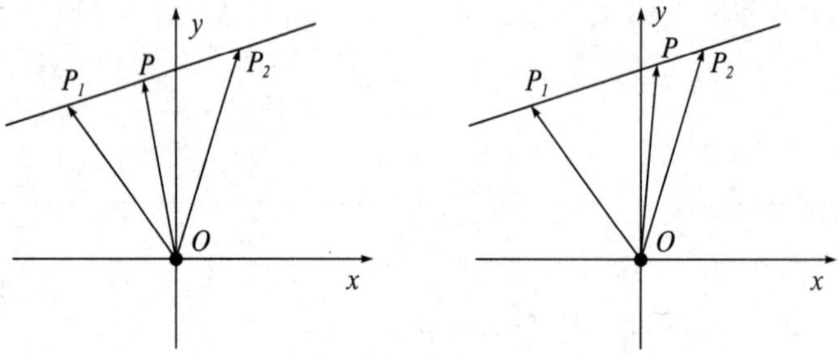 (1)　(2)	通过例4推导出中点坐标公式，以及三等分点的坐标公式，体现数学逻辑推理的素养培养，也是数形结合数学思想的充分体现。
问题4　如图，线段 P_1P_2 的端点 P_1，P_2 的坐标分别是 (x_1,y_1)，(x_2,y_2)，点 P 是直线 P_1P_2 上的一点。当 $\overrightarrow{P_1P}=\lambda\overrightarrow{PP_2}$ 时，点 P 的坐标是什么？ **解**：设点 P 是线段 P_1P_2 上的点，$P_1(x_1,y_1)$，$P_2(x_2,y_2)$，$P(x,y)$， 那么 $\overrightarrow{OP}=\overrightarrow{OP_1}+\overrightarrow{P_1P}=\overrightarrow{OP_1}+\lambda\overrightarrow{PP_2}=\overrightarrow{OP_1}+\lambda(\overrightarrow{OP_2}-\overrightarrow{OP})$。 于是 $(1+\lambda)\overrightarrow{OP}=\overrightarrow{OP_1}+\lambda\overrightarrow{OP_2}$。 即 $(1+\lambda)(x,y)=(x_1,y_1)+\lambda(x_2,y_2)=(x_1+\lambda x_2,y_1+\lambda y_2)$ 所以点 P 的坐标为 $(x,y)=\left(\frac{x_1+\lambda x_2}{1+\lambda},\frac{y_1+\lambda y_2}{1+\lambda}\right)$。 **三、及时反馈** **1.** 已知向量 $\boldsymbol{a}=(0,1)$，$\boldsymbol{b}=(-1,2)$，则向量 $2\boldsymbol{a}-\frac{1}{3}\boldsymbol{b}$ 等于　(　　) A. $\left(-\frac{1}{3},\frac{4}{3}\right)$　B. $\left(\frac{1}{3},-\frac{4}{3}\right)$　C. $\left(-\frac{1}{3},-\frac{4}{3}\right)$　D. $\left(\frac{1}{3},\frac{4}{3}\right)$ **2.** 下列各组向量中，共线的是　(　　) A. $\boldsymbol{a}=(-1,2)$，$\boldsymbol{b}=(4,2)$　B. $\boldsymbol{a}=(-3,2)$，$\boldsymbol{b}=(6,-4)$ C. $\boldsymbol{a}=\left(\frac{3}{2},-1\right)$，$\boldsymbol{b}=(10,5)$　D. $\boldsymbol{a}=(0,-1)$，$\boldsymbol{b}=(3,1)$	通过探究得出一般结论，提高学生解决问题的能力。

(续 表)

教学过程	设计意图
3. 已知向量 $\boldsymbol{a}=(6t+3,9)$,$\boldsymbol{b}=(4t+2,8)$,若$\left(\frac{1}{3}\boldsymbol{a}+\boldsymbol{b}\right)/\!/\left(\boldsymbol{a}-\frac{1}{2}\boldsymbol{b}\right)$,则 $t=$ ( ) A. -1　　B. $-\frac{1}{2}$　　C. $\frac{1}{2}$　　D. 1 **4.** 已知点 $A(0,1)$,$B(2,5)$,$C(x,-3)$,则向量 $\overrightarrow{AB}$ 的坐标是__________;若 A,B,C 三点共线,则实数 $x=$__________。 **5.** 已知平面直角坐标系内一点 $P(2,-3)$,向量 $\overrightarrow{PM}=(1,2)$,向量 $\overrightarrow{PN}=(-2,0)$,那么 MN 中点坐标为 ( ) A. $\left(\frac{3}{2},-2\right)$　　B. $\left(-\frac{3}{2},-1\right)$　　C. $\left(\frac{5}{2},-4\right)$　　D. $\left(\frac{3}{2},-1\right)$ **答案:1.** D　**2.** B　**3.** B　**4.** (2,4),-2　**5.** A **四、课堂小结** **1.** 平面向量数乘运算的坐标表示; **2.** 用坐标表示向量共线的条件; **3.** 中点坐标公式的推导与应用。 **五、作业布置** 课本第 33 页第 1,2,3,4 题。	通过练习巩固本节所学知识,提高学生解决问题的能力,感悟其中蕴含的数学思想,增强学生的应用意识。

五、教学反思

本节内容难度相对上一节内容有一定的加强,通过三个例题将数乘坐标表示实现了层层递进的探讨,整个过程充分培养了学生逻辑推理、数学运算的核心素养,例 3 是向量问题与解析几何相结合的典例;例 4 的探讨和学习可以培养数形结合的数学思想。但在实际教学中,学生的解析几何基础对向量坐标化的理解会有一定的影响,当然学好向量的坐标化表示也能对解析几何的学习和掌握起到相辅相成的作用,平面向量在此刻已经充分体现了几何问题解答的工具性特征。

1.3.5 平面向量数量积的坐标表示

一、内容分析

平面向量的数量积是两向量之间的乘法,而平面向量的坐标表示把向量之间的运算转化为数之间的运算。本节内容是在平面向量的坐标表示以及平面向量的数量积及其运算律的基础上,介绍了平面向量数量积的坐标表示,平面两点间的距离公式,和向量垂直的坐标表示的充要条件。教材例 10 为解决垂直问题、三角形边角的有关问题提供了向量坐标法的重要参考,本节内容也是全章比较重要内容之一。例 12 通过向量坐标法证明两角差的余弦公式来凸显向量的工具性特征,也说明向量在解决一些实际问题上能带来更加方便简洁的过程。通过本节的学习,要让学生掌握:平面向量数量积的坐标表示;向量夹角的坐标表示;向量垂直的坐标表示的充要条件。以及它们的一些简单应用,以上三点也是本节课的重点,本节课的难点是向量垂直的坐标表示的充要条件及其灵活应用。

二、课程目标与素养目标

课程目标	学科素养
1. 掌握向量数量积的坐标表示公式的推导及应用； 2. 掌握向量夹角的坐标表示，并应用公式求向量的夹角； 3. 能用坐标表示平面向量垂直的条件，并解决相关问题。	1. 逻辑推理：向量数量积的坐标表示公式的推导及应用； 2. 数学运算：熟练应用向量数量积的坐标运算、向量模的坐标运算、向量夹角的坐标运算； 3. 直观想象：向量数量积坐标化在垂直问题、三角形边角问题上的应用。

三、教学重点、难点

1. 教学重点：平面向量数量积的坐标表示；向量夹角的坐标表示；向量垂直的坐标表示的充要条件；

2. 教学难点：向量垂直的坐标表示的充要条件以及它的灵活应用。

四、教学设计

教学过程	设计意图
一、新课导入 **问题 1** 已知 $\boldsymbol{a}=(x_1,y_1),\boldsymbol{b}=(x_2,y_2)$，怎样用 $\boldsymbol{a}$ 与 $\boldsymbol{b}$ 的坐标表示 $\boldsymbol{a}\cdot\boldsymbol{b}$ 呢？ 学生：思考回答，因为 $\boldsymbol{a}=x_1\boldsymbol{i}+y_1\boldsymbol{j},\boldsymbol{b}=x_2\boldsymbol{i}+y_2\boldsymbol{j}$，所以 $\boldsymbol{a}\cdot\boldsymbol{b}=(x_1\boldsymbol{i}+y_1\boldsymbol{j})\cdot(x_2\boldsymbol{i}+y_2\boldsymbol{j})=x_1x_2\boldsymbol{i}^2+x_1y_2\boldsymbol{i}\cdot\boldsymbol{j}+y_1x_2\boldsymbol{j}\cdot\boldsymbol{i}+y_1y_2\boldsymbol{j}^2$ 又 $\boldsymbol{i}\cdot\boldsymbol{i}=1,\boldsymbol{j}\cdot\boldsymbol{j}=1,\boldsymbol{i}\cdot\boldsymbol{j}=\boldsymbol{j}\cdot\boldsymbol{i}=0,\boldsymbol{a}\cdot\boldsymbol{b}=x_1\cdot x_2+y_1\cdot y_2$ **问题 2** 已知向量 $\boldsymbol{a}=(x,y)$，则 $\|\boldsymbol{a}\|=$____________？为什么？ $\|\boldsymbol{a}\|=\sqrt{x^2+y^2}\because\|\boldsymbol{a}\|=\sqrt{\boldsymbol{a}^2}$ **问题 3** 若 $\boldsymbol{a}=(x_1,y_1),\boldsymbol{b}=(x_2,y_2)$，则 $\boldsymbol{a}\perp\boldsymbol{b}$ 的充要条件什么？为什么？ $\boldsymbol{a}\perp b\Leftrightarrow\boldsymbol{a}\cdot\boldsymbol{b}=0\Leftrightarrow\boldsymbol{a}\cdot\boldsymbol{b}=x_1x_2+y_1y_2=0$， **问题 4** 若 $A(x_1,y_1),B(x_2,y_2)$，那么 $\overrightarrow{AB}=$____________（坐标） 则 $\|\overrightarrow{AB}\|=$________________；（即两点间距离公式） $\overrightarrow{AB}=\overrightarrow{OB}-\overrightarrow{OA}=(x_2-x_1,y_2-y_1)$ 所以：$\|\overrightarrow{AB}\|=\sqrt{(x_2-x_1)^2+(y_2-y_1)^2}$ **问题 5** 设 $\boldsymbol{a}$ 与 $\boldsymbol{b}$ 是非零向量，$\boldsymbol{a}=(x_1,y_1),\boldsymbol{b}=(x_2,y_2)$，$\theta$ 是 $\boldsymbol{a}$ 与 $\boldsymbol{b}$ 的夹角， 则：$\cos\theta=\dfrac{\boldsymbol{a}\cdot\boldsymbol{b}}{\|\boldsymbol{a}\|\cdot\|\boldsymbol{b}\|}$（定义表示）$=\dfrac{x_1x_2+y_1y_2}{\sqrt{x_1^2+y_1^2}\cdot\sqrt{x_2^2+y_2^2}}$（坐标表示） 特别：当 θ 是锐角时 $\Rightarrow\boldsymbol{a}\cdot\boldsymbol{b}=x_1x_2+y_1y_2>0$ 当 θ 是钝角时 $\Rightarrow\boldsymbol{a}\cdot\boldsymbol{b}=x_1x_2+y_1y_2<0$；	开门见山，直接由正交基底出发推出坐标表示数量积，主要培养学生数学逻辑推理的核心素养。 由模的数量积运算特征推导向量坐标表示向量的模 由模的数量积运算特征推导两个向量垂直的坐标表示的充要条件。 在问题 3 的基础上推论两个点距离公式坐标表示条件。

（续　表）

<table>
<tr><th>教学过程</th><th>设计意图</th></tr>
<tr><td>

二、例题讲解

例 1:(教材 34 页例 10)

若点 $A(1,2)$,$B(2,3)$,$C(-2,5)$,则$\triangle ABC$ 是什么形状？证明你的结论。

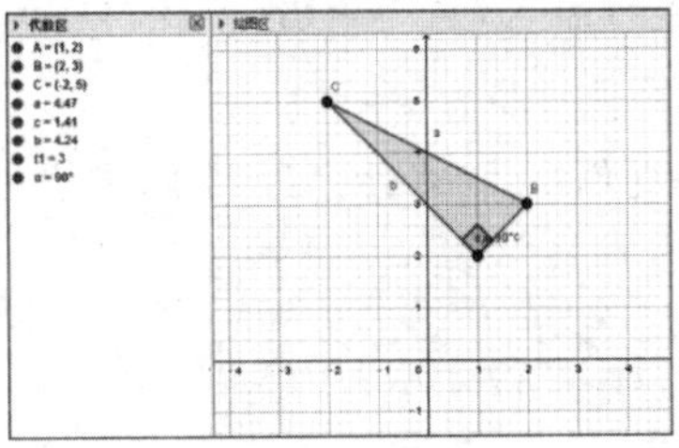

提示:画草图——猜测——证明

猜测:直角三角形

证明:因为 $\overrightarrow{AB}=(1,1)$,$\overrightarrow{AC}=(-3,3)$,$\overrightarrow{AB}\cdot\overrightarrow{AC}=-3+3=0$

所以 $\overrightarrow{AB}\perp\overrightarrow{AC}$　所以$\triangle ABC$ 是直角三角形

例 2　(教材改编 34 页例 11)已知 $\boldsymbol{a}=(1,\sqrt{3})$,$\boldsymbol{b}=(\sqrt{3}+1,\sqrt{3}-1)$,则 $\boldsymbol{a}$ 与 $\boldsymbol{b}$ 的夹角是多少？

分析:为求 $\boldsymbol{a}$ 与 $\boldsymbol{b}$ 夹角,需先求 $\boldsymbol{a}\cdot\boldsymbol{b}$ 及$|\boldsymbol{a}|\cdot|\boldsymbol{b}|$,再结合夹角 $\boldsymbol{\theta}$ 的范围确定其值。

解:由 $\boldsymbol{a}=(1,\sqrt{3})$,$\boldsymbol{b}=(\sqrt{3}+1,\sqrt{3}-1)$

有 $\boldsymbol{a}\cdot\boldsymbol{b}=\sqrt{3}+1+\sqrt{3}(\sqrt{3}-1)=4$,$|\boldsymbol{a}|=2$,

$|\boldsymbol{b}|=2\sqrt{2}$。

记 $\boldsymbol{a}$ 与 $\boldsymbol{b}$ 的夹角为 θ,则 $\cos\theta=\dfrac{\boldsymbol{a}\cdot\boldsymbol{b}}{|\boldsymbol{a}|\cdot|\boldsymbol{b}|}=\dfrac{\sqrt{2}}{2}$

又$\because 0\leqslant\theta\leqslant\pi$,$\therefore\theta=\dfrac{\pi}{4}$

评述:已知三角形函数值求角时,应注重角的范围的确定。

例 3　(教材第 35 页例 12)参照教材,用向量的方法证明两角差的余弦公式:$\cos(\alpha-\beta)=\cos\alpha\cos\beta+\sin\alpha\sin\beta$

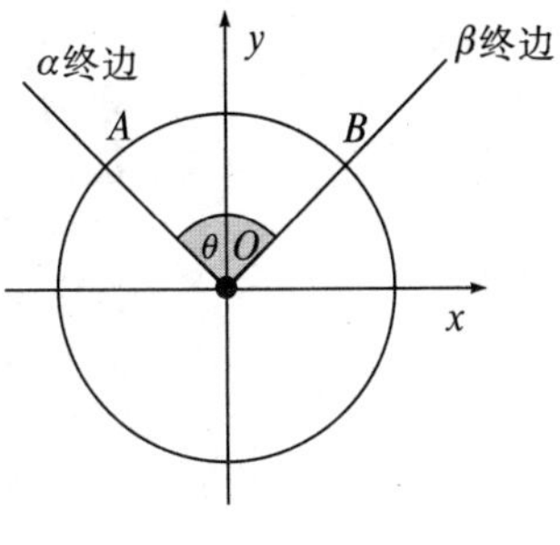

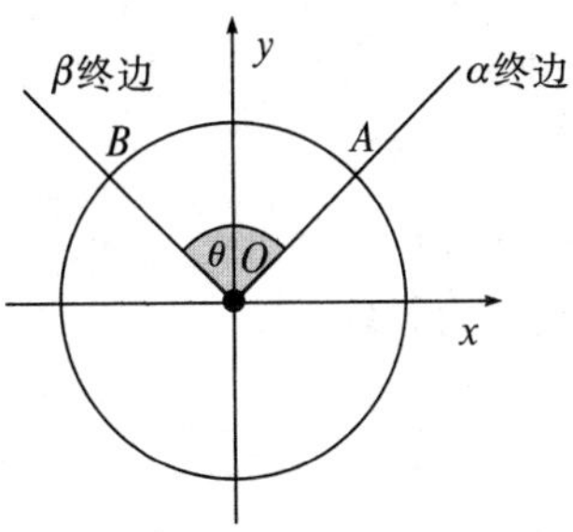

</td><td>

教材的安排是先学习例 10,然后推导向量夹角的公式,为了知识的整体性和连贯性,在此先推导出夹角公式,并对公式以角的取值范围进行了分析并做出了结论。这样与问题 3 形成了夹角问题的完整性讨论。

教材例 10 的选用不仅是应用垂直的条件,而且借助几何画板构图帮助学生建立起代数与几何的结合应用的数学思想。在此也充分体现了向量在解决垂直问题上的方便性与快捷性。

教材例 11 的夹角结果非常用值,为了更好地让学生体会到由数量积变形而来的向量夹角公式的实用性,因此更改了相关数据,方便求解和认知夹角。

</td></tr>
</table>

(续　表)

教学过程	设计意图
证明:如图,在平面直角坐标系 xOy 内作单位圆 O,以 x 轴的非负半轴为始边作角 α,β,它们的终边与单位圆 O 的交点分别为 A,B。则, $\overrightarrow{OA}=(\cos\alpha,\sin\alpha),\overrightarrow{OB}=(\cos\beta,\sin\beta)$ 所以 $\overrightarrow{OA}\cdot\overrightarrow{OB}=\cos\alpha\cos\beta+\sin\alpha\sin\beta\overrightarrow{OA}\cdot\overrightarrow{OB}=\lvert\overrightarrow{OA}\rvert\cdot\lvert\overrightarrow{OB}\rvert\cdot\cos\theta=\cos\theta$ 所以有 $\cos\theta=\cos\alpha\cos\beta+\sin\alpha\sin\beta$ **例 4**　以原点和 $A(5,2)$ 为顶点作等腰直角 $\triangle OAB$,使 $\angle B=90°$,求点 B 和向量 $\overrightarrow{AB}$ 的坐标。 **解**:设 B 点坐标 (x,y),则 $\overrightarrow{OB}=(x,y),\overrightarrow{AB}=(x-5,y-2)$ $\because\overrightarrow{OB}\perp\overrightarrow{AB},\therefore x(x-5)+y(y-2)=0$ 即:$x^2+y^2-5x-2y=0$ 又 $\because\lvert\overrightarrow{OB}\rvert=\lvert\overrightarrow{AB}\rvert,\therefore x^2+y^2=(x-5)^2+(y-2)^2$ 即:$10x+4y=29$, 由 $\begin{cases}x^2+y^2-5x-2y=0\\10x+4y=29\end{cases}\Rightarrow\begin{cases}x_1=\frac{7}{2}\\y_1=-\frac{3}{2}\end{cases}$ 或 $\begin{cases}x_2=\frac{3}{2}\\y_2=\frac{7}{2}\end{cases}$ $\therefore B$ 点坐标 $\left(\frac{7}{2},-\frac{3}{2}\right)$ 或 $\left(\frac{3}{2},\frac{7}{2}\right)$;$\overrightarrow{AB}=\left(-\frac{3}{2},-\frac{7}{2}\right)$ 或 $\left(-\frac{7}{2},\frac{3}{2}\right)\left(-\frac{7}{2},\frac{3}{2}\right)$ **三、及时反馈** **1.** 若向量 $\boldsymbol{a}=(x,2),\boldsymbol{b}=(-1,3),\boldsymbol{a}\cdot\boldsymbol{b}=3$,则 $x=$　(　　) A. -3　　B. 3　　C. $\frac{5}{3}$　　D. $-\frac{5}{3}$ **2.** 已知 $\boldsymbol{a}=(-\sqrt{3},-1),\boldsymbol{b}=(1,\sqrt{3})$,那么 $\boldsymbol{a},\boldsymbol{b}$ 的夹角 $\theta=$　(　　) A. $\frac{\pi}{2}$　　B. $\frac{\pi}{3}$　　C. $\frac{5\pi}{6}$　　D. $\frac{2\pi}{3}$ **3.** 已知向量 $\boldsymbol{a}=(1,n),\boldsymbol{b}=(-1,n)$,若 $2\boldsymbol{a}-\boldsymbol{b}$ 与 $\boldsymbol{b}$ 垂直,则 $\lvert\boldsymbol{a}\rvert$ 等于　(　　) A. 2　　B. $\sqrt{2}$　　C. 1　　D. 4 **4.** 已知向量 $\boldsymbol{b}$ 与向量 $\boldsymbol{a}=(1,-2)$ 的夹角是 $180°$,且 $\lvert\boldsymbol{b}\rvert=3\sqrt{5}$,则 $\boldsymbol{b}=$　(　　) A. $(3,-6)$　　B. $(-3,6)$ C. $(6,-3)$　　D. $(-6,3)$ **答案**:**1.** B　**2.** C　**3.** A　**4.** B **四、课堂小结** **1.** 平面向量数量积的坐标表示; **2.** 用坐标表示两个平面向量的夹角; **3.** 用坐标表示平面向量垂直的充要条件 **五、作业**　习题 6.3　第 8,14 题。	教材例 12 是两角差的余弦公式的另一种推出方法:向量坐标法。借助此题来凸显向量的工具性特征,也说明向量在解决一些实际问题上能带来更加方便简洁的过程。 例 4 的选择是在前 3 个例题的基础上强化向量坐标法在几何垂直、模长相等问题上的综合应用,是对本节知识点应用的补充。 课堂演练的目的是加强数量积的坐标运算,让学生尝试独立完成,通过习题强化本节知识重点,也是数学运算这一核心素养的重要培养。 该题来自于教材课后习题,这个题选用的特征就在于融合了单位向量、垂直问题、向量模运算、向量共线四个方面的知识点,综合性较强,但难度不大,具有代表性。

五、教学反思

结合本节教材浅显易懂，又有前面平面向量的数量积和向量的坐标表示等知识做铺垫的内容特点，因此本节在知识运用和巩固方面可以多花点儿时间，从上述情况来看，主要有以下两个问题：1. 现有的向量运算已经出现了坐标运算体系与非坐标的运算体系，两者都有完整的向量运算公式，学生还不能完全对其区分，出现公式混用或者不知道该用哪一种运算体系进行解题；2. 在已知向量夹角为锐角或者钝角的前提下，求解向量坐标范围时，容易漏掉共线所带来的干扰项，这一点需要在本节内容的基础上进行第二课时或者习题的强化。

1.4

1.4.1　平面几何中的向量方法

一、内容分析

向量有明确的物理背景和几何背景，几何背景是有向线段。可以说向量的概念就是由这些背景中抽象出来的，正因为如此，运用向量可以解决一些物理和几何问题。通过本节课的学习，学生将会感受到向量是解决几何问题的一种重要手段和途径。本节内容通过例 1 来体现向量方法可以证明几何问题中的平行与相等；同时由此例题得出了向量方法解决平面问题的“三部曲”，利用例 2 强化“三部曲”的实际解题步骤，本节的目的是让学生加深对向量的认识，更好地体会向量这个工具的优越性。对于向量方法，就思路而言，几何中的向量方法完全与几何中的代数方法一致，不同的只是用“向量和向量运算”来代替“数和数的运算”。

二、课程目标与素养目标

课程目标	学科素养
1. 会用向量方法解决简单的平面几何问题、力学问题以及其他实际问题，体会向量在解决平面几何问题中的作用； 2. 学会把几何问题转化为向量问题； 3. 掌握向量方法解决平面几何问题的“三步曲”	1. 直观想象：会用向量方法解决某些简单的平面几何问题； 2. 逻辑推理：掌握利用向量方法研究物理中相关问题的步骤； 3. 数学抽象：会将几何问题转化为向量问题解决。

三、教学重点、难点

1. 教学重点：用向量方法解决实际问题的基本方法，向量法解决几何问题的“三步曲”。

2. 教学难点：将几何问题转化为向量问题。

四、教学设计

教学过程	设计意图
一、新课导入 复习:(1)向量加法的三角形法则、平行四边形法则; 向量平行、垂直的判断方法; 平面向量基本定理。 在之前向量的学习中,我们发现,平面几何图形的很多性质都可以用向量表示出来。因此平面几何中的许多问题都可以用向量运算的方法加以解决。下面我们通过例题,探究向量方法在平面几何中的应用。	复习向量的基础知识来帮助同学们更好地利用向量知识解决几何问题。
二、探索新知 **例 1** 如图,DE 是$\triangle ABC$ 的中位线,用向量方法证明:$DE/\!/BC$,$DE=\frac{1}{2}BC$ 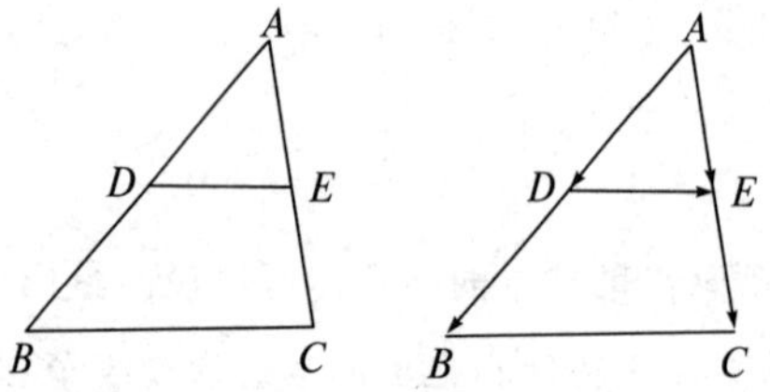 **证明**:如图,因为 DE 是$\triangle$ABC 的中位线, 所以 $\overrightarrow{AD}=\frac{1}{2}\overrightarrow{AB}$,$\overrightarrow{AE}=\frac{1}{2}\overrightarrow{AC}$。 从而 $\overrightarrow{DE}=\overrightarrow{AE}-\overrightarrow{AD}=\frac{1}{2}\overrightarrow{AC}-\frac{1}{2}\overrightarrow{AB}=\frac{1}{2}(\overrightarrow{AC}-\overrightarrow{AB})$。	通过例1来体现向量方法可以证明几何问题中的平行与相等,同时由此例题得出了向量方法解决平面问题的“三步曲”。
又 $\overrightarrow{BC}=\overrightarrow{AC}-\overrightarrow{AB}$,所以 $\overrightarrow{DE}=\frac{1}{2}\overrightarrow{BC}$。 于是 DE$/\!/BC,DE=\frac{1}{2}$BC. **问题 1** 反思一下例 1 的解答过程,同学们能否总结一下用向量方法解决平面几何问题需要哪些重要的转化步骤? 用向量方法解决平面几何问题的“三步曲”: (1)建立平面几何与向量的联系,用向量表示问题中涉及的几何元素,将平面几何问题转化为向量问题; (2)通过向量运算,研究几何元素之间的关系,如距离、夹角等问题; (3)把运算结果“翻译”成几何关系。	由例1进行思考总结,探讨出向量方法解决平面几何问题的步骤,简称为“三步曲”
问题 2 长方形对角线的长度与两条邻边长度之间有何关系? 答:$AB^2+BC^2+CD^2+DA^2=AC^2+BD^2$ 【师生活动】教师设问,学生画图,集体回答,教师教师在多媒体书写公式结论。	问题2的提出是为例2的证明作出理论上的铺垫。

（续　表）

<table>
<tr><th>教学过程</th><th>设计意图</th></tr>
<tr><td>
例 2　平行四边形是表示向量加法与减法的几何模型。如图 $\overrightarrow{AC}=\overrightarrow{AB}+\overrightarrow{AD}$，$\overrightarrow{DB}=\overrightarrow{AB}-\overrightarrow{AD}$，
类比长方形对角线的长度与两条邻边长度之间的上述关系，你能发现平行四边形对角线的长度与两条邻边长度之间的关系吗？
问题 3　题中的几何问题可转化为向量问题吗？
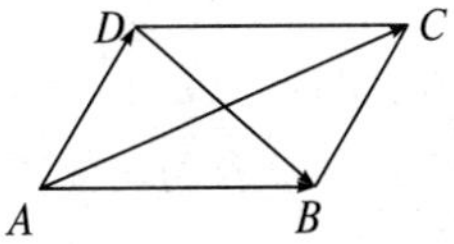

分析：不妨设 $\overrightarrow{AB}=\boldsymbol{a}$，$\overrightarrow{AD}=\boldsymbol{b}$，
（选择这组基底，其它线段对应向量用它们表示。）则
$\overrightarrow{AC}=\boldsymbol{a}+\boldsymbol{b}$，$\overrightarrow{DB}=\boldsymbol{a}-\boldsymbol{b}$，
$|\overrightarrow{AB}|^2=|\boldsymbol{a}|^2$，$|\overrightarrow{AD}|^2=|\boldsymbol{b}|^2$。
涉及长度问题常常考虑向量的数量积，为此，我们计算 $|AC|^2$，$|\overrightarrow{DB}|^2$。
解：$|\overrightarrow{AC}|^2=\overrightarrow{AC}\cdot\overrightarrow{AC}=(\boldsymbol{a}+\boldsymbol{b})(\boldsymbol{a}+\boldsymbol{b})$
$=\boldsymbol{a}\cdot\boldsymbol{a}+\boldsymbol{a}\cdot\boldsymbol{b}+\boldsymbol{b}\cdot\boldsymbol{a}+\boldsymbol{b}\cdot\boldsymbol{b}$
$=|\boldsymbol{a}|^2+2\boldsymbol{a}\cdot\boldsymbol{b}+|\boldsymbol{b}|^2$(1)
同理 $|\overrightarrow{DB}|^2=|\boldsymbol{a}|^2-2\boldsymbol{a}\cdot\boldsymbol{b}+|\boldsymbol{b}|^2$.(2)
观察(1)，(2)两式的特点，我们发现，(1)+(2)得
$|\overrightarrow{AC}|^2+|\overrightarrow{DB}|^2=2(|\boldsymbol{a}|^2+|\boldsymbol{b}|^2)=2(|\overrightarrow{AB}|^2+|\overrightarrow{AD}|^2)$
问题 4　如何用语言描述上述等量关系式？
即平行四边形对角线的平方和等于两条邻边平方和的两倍。
【说明】教师引导学生猜想平行四边形对角线的长度与两邻边长度之间有什么关系，利用类比的思想方法，猜想平行四边形有没有相似关系。指导学生猜想出结论：平行四边形两条对角线的平方和等于四条边的平方和，并运用向量方法进行证明。
问题 5　向量也可以坐标运算，那么本题可以如何建立直角坐标系，设点的坐标转化为向量的坐标进行运算呢？
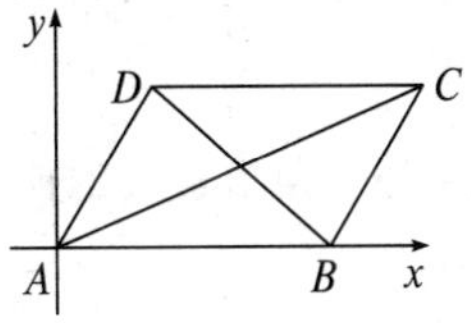

解：如图建立平面直角坐标系，设 $B(a,0)$，$D(b,c)$，则 $C(a+b,c)$
$\overrightarrow{AB}=(a,0)$，$\overrightarrow{AD}=(b,c)$，$\overrightarrow{AC}=(a+b+c)$，$\overrightarrow{DB}=(a-b,-c)$
$AB^2+BC^2+CD^2+DA^2=2(|\overrightarrow{AB}|^2+|AD|^2)=2(a^2+b^2+c^2)$，
$AC^2+BD^2=|\overrightarrow{AC}|^2=|\overrightarrow{DB}|^2=2(a^2+b^2+c^2)$，
$|\overrightarrow{AC}|^2=\sqrt{(a+b)^2+c^2}$，$|\overrightarrow{DB}|=\sqrt{(a-b)^2+c^2}$
$|AB|^2+|BD|^2=2\,\overrightarrow{AB}^2+2\,\overrightarrow{AD}^2=|\overrightarrow{AB}|^2+|\overrightarrow{BC}|^2+|\overrightarrow{DC}|^2+|\overrightarrow{AD}|^2$
</td><td>
例 2 是教材的例题，具有“三步曲”应用的示范作用，引导学生用向量的数量积证明与长度有关的几何问题；同时向量的运算特征极大促进了更一般的几何结论的推导。推导过程也是对学生数学抽象、逻辑推理的核心素养的培养。

长方形是特殊的平行四边形，公式结论是学生已知的，为研究平行四边形这个一般问题奠定了基础，体现了由特殊到一般的数学思想。

问题 5 的提出是帮助学生学会向量坐标化运算在来解决几何问题。
</td></tr>
</table>

（续　表）

<table>
<tr><th>教学过程</th><th>设计意图</th></tr>
<tr><td>

练习 1　已知 AC 为圆 O 的一条直径，$\angle ABC$ 为圆周角。

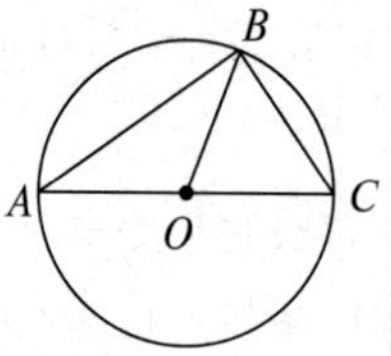

求证：$\angle ABC=90°$。

证明：设 $\overrightarrow{AO}=\boldsymbol{a}=\overrightarrow{OC}$，$\overrightarrow{OB}=\boldsymbol{b}$，$|\boldsymbol{a}|=|\boldsymbol{b}|$

$\overrightarrow{AB}=\overrightarrow{AO}+\overrightarrow{OB}=\boldsymbol{a}+\boldsymbol{b}$，$\overrightarrow{BC}=\boldsymbol{a}-\boldsymbol{b}$，

$\overrightarrow{AB}\cdot\overrightarrow{BC}=(\boldsymbol{a}+\boldsymbol{b})\cdot(\boldsymbol{a}-\boldsymbol{b})=|\boldsymbol{a}|^2-|\boldsymbol{b}|^2=0$

$\therefore\overrightarrow{AB}\perp\overrightarrow{BC}$，$\therefore\angle ABC=90°$。

</td><td>练习 1 的选用是为了让学生学会灵活的利用圆的特性、线段垂直的关系等知识巧妙地将几何问题化归为向量问题。</td></tr>
<tr><td>

练习 2　（教材第 39 页练习第 1 题）用向量法证明：等腰三角形的两底角相等。

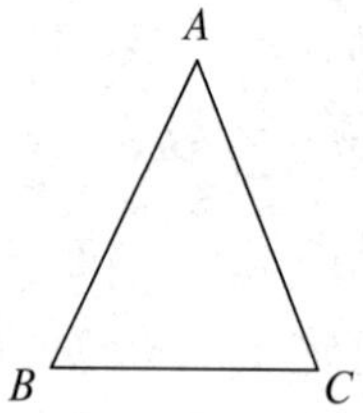

已知：$\triangle ABC$ 的边 $AB=AC$。

求证：$\angle B=\angle C$

证明：$\because\overrightarrow{BA}\cdot\overrightarrow{BC}=-\overrightarrow{AB}(\overrightarrow{AC}-\overrightarrow{AB})=AB^2-\overrightarrow{AB}\cdot\overrightarrow{AC}$

$\overrightarrow{CA}\cdot\overrightarrow{CB}=-\overrightarrow{AC}(\overrightarrow{AB}-\overrightarrow{AC})=\overrightarrow{AC}^2-\overrightarrow{AB}\cdot\overrightarrow{AC}$。

$\because AB=AC$，$\therefore|\overrightarrow{AB}|\cdot|\overrightarrow{CB}|$。

$\because\cos B=\dfrac{\overrightarrow{BA}\cdot\overrightarrow{BC}}{|\overrightarrow{BA}|\cdot|\overrightarrow{BC}|}$，$\cos C=\dfrac{\overrightarrow{CA}\cdot\overrightarrow{CB}}{|\overrightarrow{CA}|\cdot|\overrightarrow{CB}|}$

其中 $|\overrightarrow{BA}|\cdot|\overrightarrow{BC}|=|\overrightarrow{CA}|\cdot|CB|$，$\therefore\cos B=\cos C$，$B,C\in(0,\pi)$，$\therefore\angle B=\angle C$。

</td><td>练习 2 的选用是利用向量法的数量积来证明夹角问题，具有很强的代表性。</td></tr>
<tr><td>

问题 6　类比问题 5 的坐标化证明探讨，练习 2 的向量法证明选用坐标化运算，应如何证明，留此问题为今天作业的一部分。

</td><td>问题 6 的提出与问题 5 形成遥相呼应，同时引出今天的部分作业要求。</td></tr>
<tr><td>

例 3　G 是 $\triangle ABC$ 所在平面内一点，$\overrightarrow{GA}+\overrightarrow{GB}+\overrightarrow{GC}=\vec{0}\Leftrightarrow$ 点 G 是 $\triangle ABC$ 的重心。

证明：作图，图中 $\overrightarrow{GB}+\overrightarrow{GC}=\overrightarrow{GE}$，

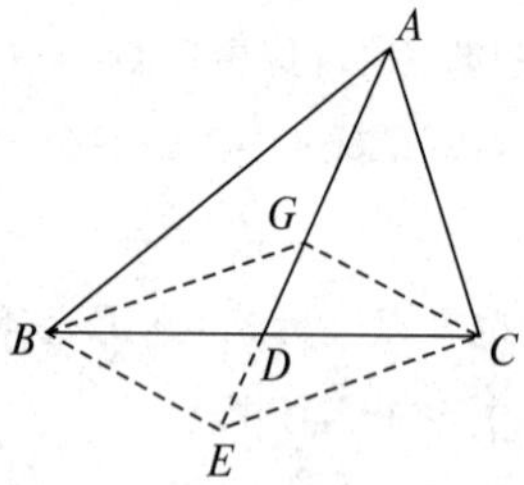

连结 BE 和 CE，则 $CE=GB$，$BE=GC\Leftrightarrow BGCE$ 为平行四边形 $\Rightarrow D$ 是 BC 的中点，AD 为 BC 边上的中线。

将 $\overrightarrow{GB}+\overrightarrow{GC}=\overrightarrow{GE}$ 代入 $\overrightarrow{GA}+\overrightarrow{GB}+\overrightarrow{GC}=\vec{0}$，

得 $\overrightarrow{GA}+\overrightarrow{EG}=\vec{0}\Rightarrow\overrightarrow{GA}=-\overrightarrow{GE}=-2\overrightarrow{GD}$，故 G 是 $\triangle ABC$ 的重心。

问题 7　利用上述三角形重心的向量结论，再结合向量坐标化运算，如何探究出三角形重心的坐标公式？

若 $A(x_1,y_1)$，$B(x_2,y_2)$，$C(x_3,y_3)$ 则 $G\left(\dfrac{x_1+x_2+x_3}{3},\dfrac{y_1+y_2+y_3}{3}\right)$

练习 3　点 P 是 $\triangle ABC$ 所在平面上一点，若 $\overrightarrow{PA}\cdot\overrightarrow{PB}=\overrightarrow{PB}\cdot\overrightarrow{PC}=\overrightarrow{PC}\cdot\overrightarrow{PA}$，则 P 是 $\triangle ABC$ 的（　　）

A. 外心　　B. 内心　　C. 重心　　D. 垂心

</td><td>问题 7 的提出是对向量坐标运算在解决几何问题上的一次应用，借此问题让学生充分掌握坐标运算；同时让学生明白三角形重心的向量结论还有坐标结果。</td></tr>
</table>

（续　表）

<table>
<tr><th>教学过程</th><th>设计意图</th></tr>
<tr><td>
【解析】由 $\overrightarrow{PA}\cdot\overrightarrow{PB}=\overrightarrow{PB}\cdot\overrightarrow{PC}$ 得 $\overrightarrow{PA}\cdot\overrightarrow{PB}-\overrightarrow{PB}\cdot\overrightarrow{PC}=0$。
即 $\overrightarrow{PB}\cdot(\overrightarrow{PA}-\overrightarrow{PC})=0$，即 $\overrightarrow{PB}\cdot\overrightarrow{CA}=0$
则 $PB\perp CA$，同理 $PA\perp BC$，$PC\perp AB$
所以 P 为△ABC 的垂心。故选 D.
三、及时反馈
1. 在四边形 $ABCD$ 中，$\overrightarrow{AB}/\!/\overrightarrow{CD}$，$|\overrightarrow{AB}|\neq|\overrightarrow{CD}|$，则四边形 $ABCD$ 是　（　　）
A. 梯形　B. 平行四边形　C. 矩形　D. 正方形
2. 在△ABC 中，$\overrightarrow{AD}=\frac{2}{3}\overrightarrow{AB}+\frac{1}{3}\overrightarrow{AC}$，则 $\frac{BC}{DC}=$　（　　）
A. $\frac{1}{3}$　B. $\frac{1}{2}$　C. $\frac{2}{3}$　D. 2
3. 已知等边△ABC 的边长为 2，$\overrightarrow{BD}=x\overrightarrow{BA}$，$\overrightarrow{CE}=y\overrightarrow{CA}$，$x>0$，$y>0$，且 $x+y=1$，则 $\overrightarrow{CD}\cdot\overrightarrow{BE}$ 的最大值为　（　　）
A. $\frac{3}{4}$　B. $-\frac{3}{2}$
C. $-\frac{9}{8}$　D. -2
4. 向量 $\overrightarrow{OA}=\boldsymbol{a}$，$\overrightarrow{OB}=\boldsymbol{b}$，且不共线，则∠$AOB$ 的平分线 $\overrightarrow{OM}$ 可表示为　（　　）
A. $\frac{\boldsymbol{a}}{|\boldsymbol{a}|}+\frac{\boldsymbol{b}}{|\boldsymbol{b}|}$　B. $\frac{\boldsymbol{a}+\boldsymbol{b}}{|\boldsymbol{a}+\boldsymbol{b}|}$
C. $\frac{|\boldsymbol{b}|\boldsymbol{a}+|\boldsymbol{a}|\boldsymbol{b}}{|\boldsymbol{a}|+|\boldsymbol{b}|}$　D. $\lambda\left(\frac{\boldsymbol{a}}{|\boldsymbol{a}|}+\frac{\boldsymbol{b}}{|\boldsymbol{b}|}\right)$
5. 已知在等腰△ABC 中，BB'，CC' 是两腰上的中线，且 $BB'\perp CC'$，求顶角 A 的余弦值。
答案：1. A　2. B　3. B　4. D　5. $\frac{4}{5}$
四、课堂小结
用向量法解平面几何问题的基本思路
用向量方法解决平面几何的“三步曲”：
（1）建立平面几何与向量的联系，用向量表示问题中涉及的几何元素，将平面几何问题转化为向量问题；
（2）通过向量运算，研究几何元素之间的关系，如距离、夹角等问题；
（3）把运算结果“翻译”成几何关系。
简述：几何到向量⇒进行向量的运算⇒向量到几何。
五、作业布置　课本第 39 页练习第 2，3 题。
</td><td>
练习 3 本题考查三角形垂心定义等相关知识。也是对例 3 的问题延续探究，将三角形垂心的定义与平面向量有关运算及“数量积为零，则两向量所在直线垂直”等相关知识结合，从而推导出三角形垂心的平面向量表达。

课堂演练的选题针对以下几个内容的练习：利用向量法判定几何图形、利用向量法解决具体几何计算问题、利用向量法解释三角形的内心等。
</td></tr>
</table>

五、教学反思

本节内容是建立在同学们熟练掌握平面向量运算、几何意义的前提下，将向量的应用拓展到几何问题上，培养学生数形结合以及转化的数学思想，也培养数学抽象、逻辑推理、数学运算的核心素养，对学生数学学习的能力提升给予了更高要求，充分体现数学源于生活，也用于生活的特点。

本节内容中涉及初中的几何知识较多，对同学们的初中基础也提出了一定的要求，不仅要知晓初中几何的相关知识，同时还要将平面向量的知识与结合，对同学们来说是一个难点。同学们在上课中多次因几何转化为向量、向量转化为几何的转化中出现思考卡断，还需要老师多多提示和引导思考方向。教材对向量坐标运算在几何中的应用体现不明显，在实际教学中，教师有意识地强化了坐标运算解决几何问题，坐标运算不仅思考难度低，而且运算难度低，但建系难度大一些，两种向量表达各有各的优势与不足。

1.4.2 平面向量在物理中的应用举例

一、内容分析

向量概念有明确的物理背景和几何背景。物理背景是力、速度、加速度等，几何背景是有向线段，可以说向量概念是从物理背景、几何背景中抽象而来的，正因为如此，运用向量可以解决一些物理和几何问题，例如，利用向量计算力沿某方向所做的功，利用向量计算矢量速度的大小和方向等问题。教材的通过例 3 来体现向量在受力分析、做功运算上的应用；例 4 来体现向量在求解物理中速度大小的应用。

二、课程目标与素养目标

课程目标	学科素养
1. 会用平面向量知识解决简单的物理问题的两种方法——向量法和坐标法； **2.** 体会向量在解决速度、力学等一些简单实际问题中的作用；	**1.** 数学运算：两种向量方法在物理问题中的应用； **2.** 数学抽象：通过数学方法解决物理问题。

三、教学重点、难点

1. 教学重点：掌握向量在物理学中的实际应用。

2. 教学难点：如何将物理中的实际问题转化为向量问题。

四、教学设计

教学过程	设计意图
一、新课导入 上节课学习了向量在平面几何中的应用，下面我们在实例中一起来探究向量在物理中的应用。	

（续　表）

教学过程	设计意图
二、探索新知 **问题 1**　例 1 在日常生活中，我们有这样的经验：两个人共提一个旅行包，两个拉力夹角越大越费力；在单杠上做引体向上运动，两臂的夹角越小越省力。你能从数学的角度解释这种现象吗？ **解：**先来看共提旅行包的情况。如图，设作用在旅行包上的两个拉力分别为 $\boldsymbol{F}_1$，$\boldsymbol{F}_2$，为方便起见，不妨设 $\|\boldsymbol{F}_1\|$，$\|\boldsymbol{F}_2\|$。另设 $\boldsymbol{F}_1$，$\boldsymbol{F}_2$ 的夹角为 θ，旅行包所受的重力为 $\boldsymbol{G}$。 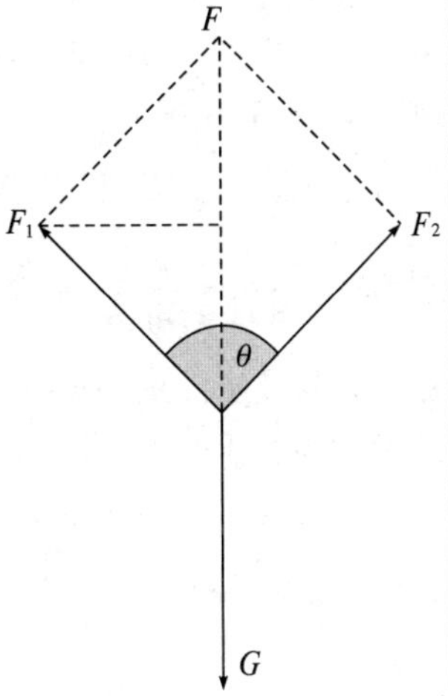 由向量的平行四边形法则、力的平衡以及直角三角形的知识，可以知道 $\|\boldsymbol{F}_1\|=\dfrac{\|\boldsymbol{G}\|}{2\cos\dfrac{\theta}{2}}$ 这里，$\|\boldsymbol{G}\|$ 为定值。分析上面的式子，我们发现，当 θ 由 0 逐渐变大到 π 时，$\dfrac{\theta}{2}$ 由 0 逐渐变大到 $\dfrac{\pi}{2}$，$\cos\dfrac{\theta}{2}$ 的值由大逐渐变小，此时 $\|\boldsymbol{F}_1\|$ 由小逐渐变大；反之，当 θ 由 π 逐渐变小到 0 时，$\dfrac{\theta}{2}$ 由 $\dfrac{\pi}{2}$ 逐渐变小到 0，$\cos\dfrac{\theta}{2}$ 的值由小逐渐变大，此时 $\|\boldsymbol{F}_1\|$ 由大逐渐变小。这就是说，$\boldsymbol{F}_1$，$\boldsymbol{F}_2$ 之间的夹角越大越费力，夹角越小越省力。 同理，在单杠上做引体向上运动，两臂的夹角越小越省力。 **问题 2**　(1)当 θ 为何值时，$\|\boldsymbol{F}_1\|$ 最小？最小值是多少？ (2)$\|\boldsymbol{F}_1\|$ 能等于 $\|\boldsymbol{G}\|$ 吗？为什么？ **解：**(1)要使 $\|\boldsymbol{F}_1\|$ 最小，只需 $\cos\dfrac{\theta}{2}$ 最大，此时 $\cos\dfrac{\theta}{2}=1$，可得 $\theta=0$. 于是 $\|\boldsymbol{F}_1\|$ 的最小值为 $\dfrac{\|\boldsymbol{G}\|}{2}$。 (2)若要使 $\|\boldsymbol{F}_1\|=\|\boldsymbol{G}\|$，只需 $\cos\dfrac{\theta}{2}=\dfrac{1}{2}$， 此时 $\dfrac{\theta}{2}=\dfrac{\pi}{3}$，即 $\theta=\dfrac{2\pi}{3}$。 **问题 3**　你能总结用向量解决物理问题的一般步骤吗？ 用向量解决物理问题的一般步骤是： (1)问题的转化：把物理问题转化为数学问题； (2)模型的建立：建立以向量为主体的数学模型； (3)参数的获得：求出数学模型的有关解； (4)问题的答案：回到问题的初始状态，解决相关物理现象。	从学生身边的熟悉的例子切入主题，学生更有切身体会，有利于激发学生的学习兴趣。 通过借助物理力学知识中受力分析，帮助学生能更容易的理解向量在物理中的应用。 让学生总结解题方法和过程，提升学生对问题的归纳和总结能力，有效地建立知识框架。同时与用向量方法解决平面几何问题的“三步曲”形成呼应关系。

（续 表）

<table>
<tr><th>教学过程</th><th>设计意图</th></tr>
<tr><td>

例 2 如图，一条河两岸平行，河的宽度 $d=500$ m，一艘船从河岸边的 A 地出发，向河对岸航行。已知船的速度 $\boldsymbol{v}_1$ 的大小为 $|\boldsymbol{v}_1|=10$ km/h，水流速度 $\boldsymbol{v}_2$ 的大小为 $|\boldsymbol{v}_2|=2$ km/h，那么当航程最短时，这艘船行驶完全程需要多长时间（精确到 0.1 min）？

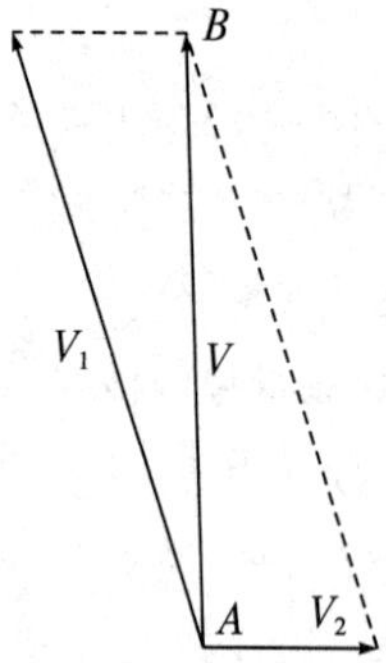

解：设点 B 是河对岸一点，AB 与河岸垂直，那么当这艘船实际沿着 AB 方向行驶时，船的航程最短。

如图，设 $\boldsymbol{v}=\boldsymbol{v}_1+\boldsymbol{v}_2$，则 $|\boldsymbol{v}|=\sqrt{|\boldsymbol{v}_1|^2-|\boldsymbol{v}_2|^2}=\sqrt{96}$（km/h）。

此时，船的航行时间 $t=\frac{d}{|\boldsymbol{v}|}=\frac{0.5}{\sqrt{96}}\times 60\approx 3.1$（min）。

所以，当航程最短时，这艘船行驶完全程需要 3.1 min。

</td><td>体会向量在解决物理问题中的工具性特点，用向量方法解决物理中运动学有关“速度的合成与分解”等问题，加强学生数学的应用意识和逻辑推理及数学运算等核心素养。</td></tr>
<tr><td>

变式训练 长江流域内某地南北两岸平行，如图所示已知游船在静水中的航行速度 v_1 的大小 $|v_1|=10$ km/h，水流的速度 v_2 的大小 $|v_2|=4$ km/h，设 v_1 和 v_2 所成角为 θ?（$0<\theta<\pi$），若游船要从 A 航行到正北方向上位于北岸的码头 B 处，则求 $\cos\theta$ 的值。

解：由题意知 $(\overrightarrow{v_1}+\overrightarrow{v_2})\cdot\overrightarrow{v_2}=0$，有 $|\overrightarrow{v_1}||\overrightarrow{v_2}|\cos\theta+\overrightarrow{v_2}^2=0$，

即 $10\times 4\cos\theta+4^2=0$，所以 $\cos\theta=-\frac{2}{5}$，

答：$\cos\theta$ 的值为 $-\frac{2}{5}$。

</td><td>改变题设条件让学生体会题目的变化所带来的新的思考，培养和考查学生关于知识迁移的意识和能力。</td></tr>
<tr><td>

三、及时反馈

1. 平面上三个力 $\boldsymbol{F}_1$，$\boldsymbol{F}_2$，$\overrightarrow{F_3}$ 作用于一点且处于平衡状态，$|\boldsymbol{F}_1|=1N$，$|\boldsymbol{F}_2|=\sqrt{2}$ N，$\boldsymbol{F}_1$ 与 $\boldsymbol{F}_2$ 的夹角为 45°，则 $\overrightarrow{F_3}$ 的大小为 （　　）

A. $\sqrt{3}$ N　　B. 4 N　　C. $\sqrt{5}$ N　　D. $\sqrt{6}$ N

2. 如图所示，用两根长分别为 $5\sqrt{2}$ m 和 10 m 的绳子，将 100 N 的物体吊在水平屋顶上。平衡后，G 点距离屋顶恰好为 5 m，则 A 处所受力的大小为（绳子的重量忽略不计） （　　）

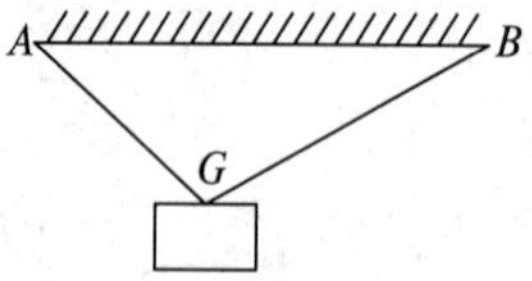

A. $(150\sqrt{2}-50\sqrt{6})$ N　　B. $(150\sqrt{2}+50\sqrt{6})$ N

C. $(150-50\sqrt{3})$ N　　D. $(150+50\sqrt{3})$ N

</td><td>第 1、2 题考查学生利用向量方法解决物理问题（力学问题）的能力和掌握情况</td></tr>
<tr><td>

3. 一艘船以 5 km/h 的速度向垂直于对岸的方向行驶，该船实际的航行方向与水流方向成 30°角，求水流速度大小和船的实际速度大小。

4. 共点力 $F_1=(\lg 2,\lg 2)$，$F_2=(\lg 5,\lg 2)$ 作用在物体 M 上，产生位移 $S=(2\lg 5,1)$，则共点力对物体做的功为 （　　）

A. lg 2　　B. lg 5　　C. 1　　D. 2

</td><td>第 3 题考查学生用向量方法解决物理问题（有关运动学问题）的能力和掌握情况。</td></tr>
</table>

（续　表）

教学过程	设计意图
5. 如图，一个力 F 作用于小车 G，使小车 G 发生了 40 米的位移，F 的大小为 50 牛，且与小车的位移方向（s 的方向）的夹角为 60°，则力做的功为__________牛·米。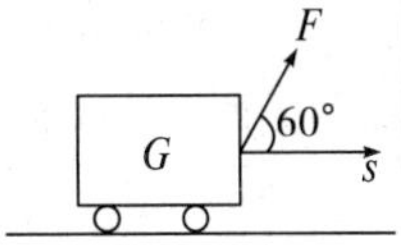 **答案：1**. C　**2**. A　**3**. 水流速度为 $5\sqrt{3}$ km/h，船的实际速度为 10 km/h **4**. D　**5**. 1 000 **四、课堂小结** 向量方法解决物理问题“四步曲”： ①问题转化，即把物理问题转化为数学问题； ②建立模型，即建立以向量为载体的数学模型； ③求解参数，即求向量的模、夹角、数量积等； ④回答问题，即把所得的数学结论回归到物理问题。 **五、作业布置**　教科书第 41 页的练习。习题 6.4 的第 4,5 题。	第 4、5 题主要考察利用向量法解决物理做功的问题，第 4 题是坐标化的运算类型；第 5 题是向量法几何意义的应用。

五、教学反思

通过第一课时“平面几何的向量方法”的学习，同学们已经初步掌握了如何将向量运算应用到几何问题中，为本节向量法在物理中的应用打下了基础，同时通过与向量法解决平面几何问题的“三步曲”类比学习了向量方法解决物理问题“四步曲”，帮助同学们充分认识了向量，以及向量在解决几何问题与物理问题中所体现的工具性特征。

在实际教学中，学生将物理问题转化为向量问题的转化过程存在一定的困难，这是物理与数学的重要结合，也是反映学生对向量物理意义理解的程度，是一个难点，在教学中需要花点儿时间讲明白、讲清晰。习题的选择也是充分考虑了目前向量在物理中的三个重要应用：求合力、求速度、求做功。其他物理方面未涉及。

1.4.3　余弦定理

一、内容分析

本节内容首先通过平面向量推导出余弦定理，以此让学生体会到向量运算的强大工具性特征，同时该定理的推导再次把“SAS”和“SSS”判定三角形全等的方法从数量化的角度进行了刻画，探讨了三角形中三边、三角关系，由此引出了“解三角形”的过程概念。在学习本节课之前，学生已经学习了正弦定理的内容，初步掌握了正弦定理的证明及应用，并明确了用正弦定理可以来解哪些类型的三角形。例 4、例 5 的选择是借助余弦定理中已知两邻边和夹角来解三角形，是余弦定理使用的常用类型，课后练习的第 2 题补充了已知三角形三边解三角形的余弦定理使用。

二、课程目标与素养目标

课程目标	学科素养
1. 借助向量的运算，探索三角形边长与角度的关系，掌握余弦定理及其变形； **2.** 掌握已知边角边、边边边可用余弦定理解三角形的问题。 **3.** 能用余弦定理解决简单的实际问题。	**1.** 逻辑推理：通过运用平面向量的数量积推导余弦定理； **2.** 数学运算：通过余弦定理解三角形。

三、教学重点、难点

1. 教学重点：探究和证明余弦定理的过程。运用余弦定理解三角形；

2. 教学难点：利用向量法证明余弦定理的思路。对余弦定理的熟练应用。

四、教学设计

教学过程	设计意图
一、探索新知 **探究一：余弦定理的推导** **问题 1** 以任意三角形为例探索三角形如何求出第三边。如：在△ABC 中，三个角 A,B,C 所对的边分别是 a,b,c，怎样用 a,b 和 C 表示 c？ 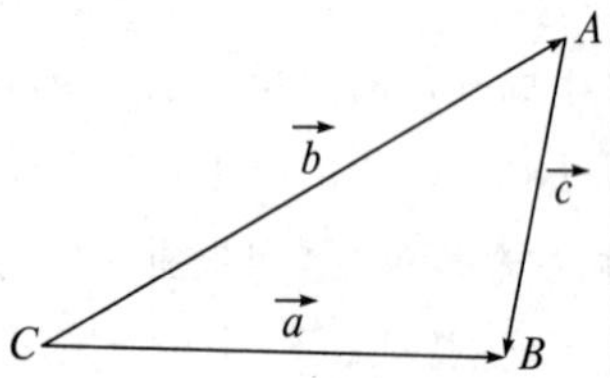 如图，设 $\overrightarrow{CB}=\vec{a},\overrightarrow{CA}=\vec{b},\overrightarrow{AB}=\vec{c}$，那么 $\vec{c}=\vec{a}-\vec{b}$①，我们的研究目标是 $\lvert\vec{a}\rvert,\lvert\vec{b}\rvert$ 和 C 表示 $\lvert\vec{c}\rvert$，联想到数量积的性质 $\vec{c}\cdot\vec{c}=\lvert\vec{c}\rvert^2$，可以考虑用向量 **c**（即 $\vec{a}-\vec{b}$）与其自身作数量积运算。 由①得 $\lvert\vec{c}\rvert^2=\vec{c}\cdot\vec{c}=(\vec{a}-\vec{b})\cdot(\vec{a}-\vec{b})=a\cdot a+b\cdot b-2a\cdot b=a^2+b^2-2\lvert a\rvert\lvert b\rvert\cos C$. 所以 $c^2=a^2+b^2-2ab\cos C$，同理可得：$a^2=b^2+c^2-2bc\cos A b^2=c^2+a^2-2ca\cos B$. **问题 2** 大家能把刚刚推理出来的结论总结一下吗？总结后如何用文字语言描述余弦定理。 由此得出余弦定理：。$c^2=a^2+b^2-2ab\cos C, a^2=b^2+c^2-2bc\cos A, b^2=c^2+a^2-2ca\cos B$ 归纳：三角形中任何一边的平方，等于其他两边平方的和减去这两边与它们夹角的余弦的积的两倍。 概念介绍：一般地，三角形的三个角 A,B,C 和它们的对边 a,b,c 叫作三角形的元素。已知三角形的几个元素求其他元素的过程叫作解三角形。 **问题 3** 同学们还有其它证明余弦定理的方法吗？ 老师给同学们还准备了两种较为简便的证明方法，为学生的集思广益起一个抛砖引玉的作用。	开门见山，首先让学生掌握三角形的基本概念，为认识和了解余弦定理奠定基础。 借助向量知识中的三角形法则和数量积的知识推导余弦定理，培养学生逻辑推理的核心素养。 类比教学，让学生自己总结其中的规律，完善余弦定理。问题 2 也在培养学生的语言归纳能力，由此加深对定理的理解和认识。

（续　表）

教学过程	设计意图
证法一：建立平面直角坐标系（如图 4） 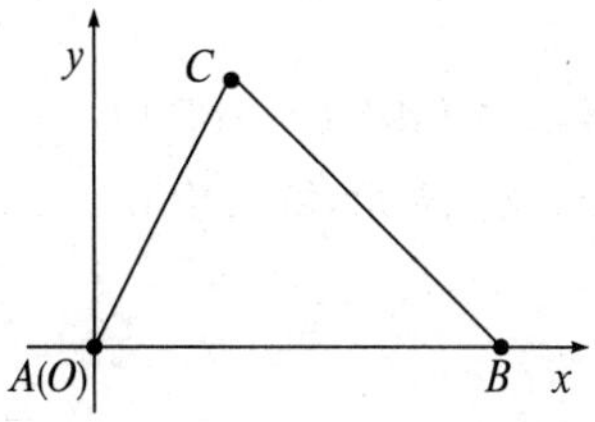 则由题意可得点 $A(0,0)$，$B(c,0)$，$C(b\cos A,b\sin A)$， 再由 $\|\overrightarrow{BC}\|=a$ 可得 $a^2=(c-b\cos A)^2+(b\sin A)^2=c^2-2cb\cos A+b^2$。 即 $a^2=b^2+c^2-2bc\cos A$。 **证法二：**过点 A 作 $AD\perp BC$，交 BC 于点 D，则 在 Rt△ABD 中，$\sin\alpha=\dfrac{BD}{c}$，$\cos\alpha=\dfrac{AD}{c}$。 在 Rt△ACD 中，$\sin\beta=\dfrac{CD}{b}$，$\cos\beta=\dfrac{AD}{b}$。 由 $\cos A=\cos(\alpha+\beta)=\cos\alpha\cos\beta-\sin\alpha\sin\beta$ 可得： $\cos A=\dfrac{AD}{c}\cdot\dfrac{AD}{b}-\dfrac{BD}{c}\cdot\dfrac{CD}{b}=\dfrac{AD^2-BD\cdot CD}{bc}=\dfrac{2AD^2-2BD\cdot CD}{2bc}$ $=\dfrac{c^2-BD^2+b^2-CD^2-2BD\cdot CD}{2bc}=\dfrac{b^2+c^2-(BD+CD)^2}{2bc}=\dfrac{b^2+c^2-a^2}{2bc}$ 整理可得 $a^2=b^2+c^2-2bc\cos A$。 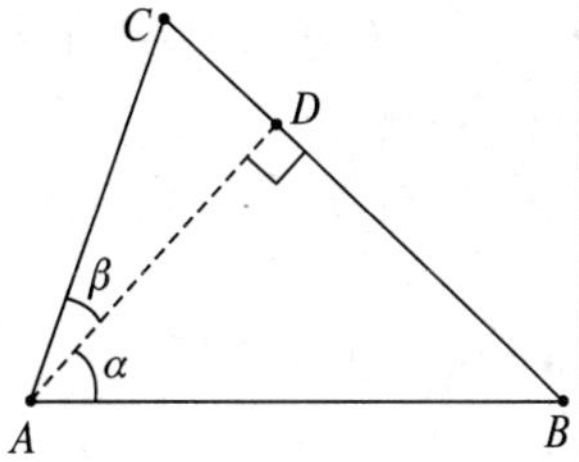 推论： $\cos A=\dfrac{b^2+c^2-a^2}{2bc}$；$\cos B=\dfrac{c^2+a^2-b^2}{2ca}$； $\cos C=\dfrac{a^2+b^2-c^2}{2ab}$ **问题 4**　讨论当 $0<C<90°$，$C=90°$，$90°<C<180°$ 得到什么关系？ 当 $0<C<90°$ 时，则 $a^2+b^2>c^2$ 当 $C=90°$ 时，则 $a^2+b^2=c^2$ 当 $90°<C<180°$ 时，则 $a^2+b^2<c^2$ **问题 5**　当 $C=90°$ 时，则 $a^2+b^2=c^2$，说明勾股定理与余弦定理之间是什么关系？ 说明勾股定理是余弦定理使用时的特殊情况，即勾股定理是在三角形中一角为直角时的余弦定理的化简结果。 **问题 6**　请同学们利用余弦定理来辅助说明判定三角形全等的“SAS”判定定理的合理性，利用余弦定理的推论来辅助说明判定三角形全等的“SSS”判定定理的合理性。 教师归纳：余弦定理及其推论把用“SAS”和“SSS”判定三角形全等的方法从数量化的角度进行了刻画。	问题 3 的目的是培养学生逻辑推理的核心素养；同时也希望学生的思考更加广泛，有助于知识的理解和加深。 法一是向量坐标法的重要体现。 法二是两角和的余弦展开式应用，思路更是新颖，是诸多同学很难想到的，同时也用到了三角函数的相关知识。 分析余弦定理，分析推理余弦定理对三角形的解析作用，培养学生逻辑推理的数学素养。

（续　表）

教学过程	设计意图
二、例题展示 **例 1**　（教材第 43 页改编）在△ABC 中，已知 $b=60,c=34,A=60^{\circ}$，求 $a,\cos B,\cos C$ 备注：已知两边及其夹角，解三角形 **解**：$a^2=b^2+c^2-2bc\cos A=60^2+34^2-2\times60\times34\times\cos 60^{\circ}=2716$ 所以 $a=\sqrt{2716}$ $\cos B=\dfrac{c^2+a^2-b^2}{2ca}=\dfrac{34^2+2\ 716-60^2}{2\times34\times\sqrt{2\ 716}}=\dfrac{\sqrt{2\ 716}}{679}$ $\cos C=\dfrac{a^2+b^2-c^2}{2ab}=\dfrac{2716+60^2-34^2}{2\times\sqrt{2716}\times60}=\dfrac{43\sqrt{2716}}{2716}$ **问题 7**　若题目中的 A 角度数是教材中的 41°时，哪应该如何计算呢？ 可以通过计算器计算出，目前我们不用利用计算器求值的角都是特殊角。	不同已知条件的情况余弦定理应用，规范答题，强化数学运算素养的培养
例 2　（教材第 44 页　例 6 改编）在△ABC 中，已知 $b=8,a=7$，其中 C 角为锐角且 $\sin C=\dfrac{3\sqrt{3}}{14}$，求 $\cos B,\cos A$ 备注：已知两边及其夹角的三角函数值，解三角形 **解**：因为 $\sin C=\dfrac{3\sqrt{3}}{14}$，$C$ 角为锐角，所以 $\cos C>0$ $\cos C=\sqrt{1-\sin^2 C}=\sqrt{1-\left(\dfrac{3\sqrt{3}}{14}\right)^2}=\dfrac{13}{14}$ $\cos C=\dfrac{13}{14}$时，由余弦定理得 $c^2=a^2+b^2-2ab\cos C=49+64-2\times7\times8\times\dfrac{13}{14}=9$ $\cos B=\dfrac{c^2+a^2-b^2}{2ca}=\dfrac{9+49-64}{2\times3\times7}=-\dfrac{1}{7}$ $\cos A=\dfrac{b^2+c^2-a^2}{2bc}=\dfrac{64+9-49}{2\times8\times3}=\dfrac{1}{2}$	该题是教材的例 6，但题设的数据不方便计算，因此对题设进行了调整，既方便计算，也达到了教学目的。
变式训练　在△ABC 中，已知 $a=7,b=10,\overrightarrow{CA}\cdot\overrightarrow{CB}=35$，则 c 和 $\cos A$ **解**：$\overrightarrow{CA}\cdot\overrightarrow{CB}=\lvert\overrightarrow{CA}\rvert\cdot\lvert\overrightarrow{CB}\rvert\cos C=ba\cos C35=10\times2\times\cos C=35$ 则 $\cos C=\dfrac{1}{2}$，由余弦定理，得 $c^2=a^2+b^2-2ab\cos C$ 所以 $c^2=49+100-2\times7\times10\times\dfrac{1}{2}=79$，$c=\sqrt{79}$ $\cos A=\dfrac{b^2+c^2-a^2}{2bc}=\dfrac{100+49-79}{2\times10\times\sqrt{79}}=\dfrac{7\sqrt{79}}{158}$	借助向量只是中的夹角问题，让学生体会向量夹角与三角形夹角的区别与练习。
例 3　在△ABC 中，已知 $a=7,b=10,c=6$，求 $\cos A$、$\cos B$ 和 $\cos C$。 备注：已知三边，解三角形 **解**：$\cos A=\dfrac{b^2+c^2-a^2}{2bc}=\dfrac{100+36-49}{2\times10\times6}=\dfrac{29}{40}$	

（续　表）

教学过程	设计意图
$\cos B=\dfrac{c^2+a^2-b^2}{2ca}=\dfrac{36+49-100}{2\times6\times7}=-\dfrac{5}{28}$ $\cos C=\dfrac{a^2+b^2-c^2}{2ab}=\dfrac{49+100-36}{2\times7\times10}=\dfrac{113}{140}$ **例 4**　已知$\triangle ABC$中，$b=8$，$c=\dfrac{8\sqrt{3}}{3}$，$B=60^\circ$，求a。 备注：已知两边及其其中一边对角，求第三边 **解**：在$\triangle ABC$中，由余弦定理，得$b^2=a^2+c^2-2ac\cos B$ 所以$64=a^2+\left(\dfrac{8\sqrt{3}}{3}\right)^2-2a\cdot\dfrac{8\sqrt{3}}{3}\cdot\dfrac{1}{2}$，解得$a=\dfrac{16\sqrt{3}}{3}$	不同已知条件的情况余弦定理应用，规范答题，强化数学运算素养的培养。
问题 8　根据这几道例题，同学们总结一下利用余弦定理解三角形需要的条件类型。 (1)已知两边及其两边夹角，解三角形； (2)已知两边及其其中一边的对角，解三角形； (3)已知三边，解三角形。 在三角形三边、三角的六个量中，要已知其中三个量方可利用余弦定理解三角形，但至少要已知两边。	问题8的提出是让学生对定理的使用进行总结和整理，梳理出定理使用的使用条件。
例 5　判断下列三角形形状； (1)$a=12$，$b=5$，$c=13$ 因为$c^2=a^2+b^2$，所以$\triangle ABC$为直角三角形 (2)$a=3$，$b=4$，$c=6$ 由余弦定理，得$\cos C=\dfrac{a^2+b^2-c^2}{2ab}=\dfrac{9+16-36}{2\times3\times4}=-\dfrac{11}{24}$ $\cos C<0$，所以C为钝角，所以$\triangle ABC$为钝角三角形 (3)$a=5$，$b=4$，$c=6$ 由余弦定理，得$\cos C=\dfrac{a^2+b^2-c^2}{2ab}=\dfrac{25+16-36}{2\times5\times4}=\dfrac{1}{8}$ 因为C是最大角且其余弦值大于零，所以C为锐角，$\triangle ABC$为锐角三角形 **三、及时反馈** 1. 在$\triangle ABC$中，角A，B，C的对边分别为a，b，c，若$\dfrac{c^2-a^2-b^2}{2ab}>0$，则$\triangle ABC$（　　） A. 一定是锐角三角形　　B. 一定是直角三角形 C. 一定是钝角三角形　　D. 是锐角或直角三角形 2. 若$\triangle ABC$的内角A，B，C所对的边a，b，c满足$(a+b)^2-c^2=4$，且$C=60^\circ$，则ab的值为（　　） A. $\dfrac{4}{3}$　　B. $8-4\sqrt{3}$　　C. 1　　D. $\dfrac{2}{3}$	通过例5深刻理解余弦定理对认识三角形的作用，让学生理解数与形相结合的数学思想。

（续　表）

教学过程	设计意图
3. 在$\triangle ABC$中，$AB=4$，$AC=1$，$A=\frac{\pi}{3}$，则$BC=$　　（　　） A. $2\sqrt{3}$　　B. $\sqrt{6}$ C. $\sqrt{13}$　　D. 5 **4.** 在$\triangle ABC$中，角A，B，C所对的边分别为a，b，c，若$a=2\sqrt{2}$，$b=5$，$c=\sqrt{13}$，则角C的大小为________。 **5.** 在$\triangle ABC$中，$BC=a$，$AC=b$，a，b是方程$x^2-2\sqrt{3}x+2=0$的两个根，且$2\cos(A+B)=1$.求：(1)角C的度数；(2)AB的长度。 **答案：1.** C　**2.** A　**3.** C　**4.** $\frac{\pi}{4}$　**5.** $C=120°$，$AB=\sqrt{10}$ **四、课堂小结** **1.** 余弦定理及其余弦定理的推论 **2.** 余弦定理的证明：三种方法 **3.** 余弦定理从数量化上刻画了三角形全等判定定理“SAS”和“SSS”，余弦定理解三角形及其常见类型。 **五、课后作业**　教材44页　练习第1,2,3,4题教材52页　习题6.4　第5题。	课堂练习分别从余弦定理使用的三个方面的条件类型、三角形形状判定考查学生知识掌握的情况。

五、教学反思

余弦定理是解三角形的重要依据，要给予足够重视。本节内容安排两节课适宜。第一节，余弦定理的引出、证明和简单应用；第二节复习定理内容，加强定理的应用。

当已知两边及一边对角需要求第三边时，可利用方程的思想，引出含第三边为未知量的方程，间接利用余弦定理解决问题，此时应注意解的不唯一性。但是这个问题在本节课讲给学生，学生不易理解，可以放在第二课时处理。

本节课的重点首先是定理的证明；其次才是定理的应用。我们传统的定理概念教学往往采取的是“掐头去尾烧中段”的方法，忽视了定理、概念的形成过程，只是一味地教给学生定理概念的结论或公式，让学生通过大量的题目去套用这些结论或形式，大搞题海战术，加重了学生的负担，效果很差。学生根本没有掌握住这些定理、概念的形成过程，不明白知识的来龙去脉，怎么会灵活的应用呢？事实已经证明，这种生搬硬套、死记硬背式的教学方法和学习方法已经不能适应新课标教育的教学理念。新课标课程倡导：强调过程，重视学生探索新知识的经历和获得的新知的体会，不能再让教学脱离学生的内心感受，把“发现、探究知识”的权利还给学生。

1.4.3　正弦定理

一、内容分析

本节内容是建立在余弦定理及其推论能解决已知两边及其夹角、已知三边、已知两边及其其中一边对角的条件下解三角形，但余弦定理及其推论难以解决已知两角及其一边的条件下解三角形，此时正弦定理的产生为新的问题给出明确的解惑方向。本节内容先从直角三角形探讨出了正弦定理的定理结果，然后再利用向量法对锐角三角形和钝角三角形中蕴含的正弦定理进行了推导和证明。例 7 的选用主要是体现如何在已知两角及其第 3 边的条件下利用正弦定理解三角形，此等情形下只有唯一解。例 8 的选用主要是体现如何和在已知两角及其其中一角的对边下利用正弦定理解三角形，此种情形下会出现两种解。同时由正弦定理探讨出了三角形的重要边角关系：大边对大角、边角运算互化、三角形的新面积公式等。正弦定理再次丰富了解三角形的条件适用范围。

二、课程目标与素养目标

课程目标	学科素养
1. 通过由特殊到一般的过程认识正弦定理，而使学生感觉数学的生成过程，能够体验数学的过程，从而获得学习经验； **2.** 掌握正弦定理及其向量法推导过程； **3.** 掌握用正弦定理与三角形内角和定理解斜三角形的两类基本问题。	**1.** 数学抽象：掌握正弦定理的内容及其证明方法； **2.** 数学运算：会运用正弦定理和三角形内角和定理解三角形的两类基本问题； **3.** 逻辑推理：掌握正弦定理的内容及其证明方法。

三、教学重点、难点

1. 教学重点：正弦定理的内容及其基本应用。

2. 教学难点：正弦定理的探索及证明。

四、教学设计

教学过程	设计意图
一、情境导入 **问题 1**　余弦定理及其推论分别给出了已知哪些条件可以解三角形？ 已知两边及其夹角、已知三边直接解三角形公式。 **问题 2**　如果已知两角和一边，或两边一对角是否也有相应的直接解三角形的公式呢？ 猜想：可以，接下来我们进行验证	回顾余弦定理解三角形，确认余弦定理能解部分条件下的三角形，为问题 2 的提出做出了铺垫。

(续　表)

教学过程	设计意图
二、探索新知 在△ABC中,设A的对边为a,B的对边为b,讨论A,B,a,b的关系: 如图,Rt△ABC中, ①$\sin A = \dfrac{a}{c}$;$\sin B = \dfrac{b}{c}$ ②那么斜边$c = \dfrac{a}{\sin A} = \dfrac{b}{\sin B}$ ③此时$C = 90°$;所以有:$\dfrac{c}{\sin C} = \dfrac{c}{\sin 90°} = c$, ④所以可以得到:$\dfrac{a}{\sin A} = \dfrac{b}{\sin B} = \dfrac{c}{\sin C}$ **问题3**　那么对于锐角三角形和钝角三角形,以上关系是否成立? 成立,接下来进行验证 法一:如图,(1)当△ABC是锐角三角形时,设边AB上的高是CD,根据任意角三角函数的定义,有$CD = a\sin B = b\sin A$,则$\dfrac{a}{\sin A} = \dfrac{b}{\sin B}$, 同理可得,$\dfrac{c}{\sin C} = \dfrac{b}{\sin B}$,从而$\dfrac{a}{\sin A} = \dfrac{b}{\sin B} = \dfrac{c}{\sin C}$ 当△ABC是钝角三角形时,以上关系式仍然成立。 **问题4**　同学们思考一下,刚刚推导过程中充分利用了三角形的高,那么与高相关的三角形面积公式是否可以在现有的公式基础上进行一定的变形,形成新的三角形面积公式? 由法一图可得:$S_{\triangle ABC} = \dfrac{1}{2} AB \cdot CD = \dfrac{1}{2} ch = \dfrac{1}{2} cb\sin A$ 同理:$S_{\triangle ABC} = \dfrac{1}{2} ac\sin B = \dfrac{1}{2} ab\sin C$ **问题5**　用文字语言描述一下新推导的三角形面积公式。 三角形面积公式等于三角形两边及其两边夹角正弦的乘积的一半。 法二:(1)如图,在锐角△ABC中,过A作单位向量j垂直于$\overrightarrow{AC}$,则j与$\overrightarrow{AB}$的夹角为$90° - A$,j与$\overrightarrow{CB}$的夹角为$90° - C$。 由向量的加法可得$\overrightarrow{AC} + \overrightarrow{CB} = \overrightarrow{AB}$ 对上面向量等式两边同取与向量j的数量积运算,得到 $j \cdot (\overrightarrow{AC} + \overrightarrow{CB}) = j \cdot \overrightarrow{AB}$ ∴$\|j\|\|\overrightarrow{AC}\|\cos 90° + \|j\|\|\overrightarrow{CB}\|\cos(90° - C) = \|j\|\|\overrightarrow{AB}\|\cos(90° - A)$ ∴$a\sin C = c\sin A$	从特殊的直角三角形入手探讨问题,更容易让学生接受知识点,同时从特殊的三角形特征探讨更一般三角形特征,体现了特殊到一般的数学学习思想。 法一利用三角形的高来证明正弦定理也适用于锐角三角形和钝角三角形,让学生尽快建立起对正弦定理的认识。培养了数学推理的核心素养。 借助法一的推导过程引导学生推导新的三角形面积公式,趁热打铁,培养学生逻辑推理的核心素养。 法二利用向量法及其平面向量数量积推导正弦定理,首先是对锐角三角形为载体进行证明推导。

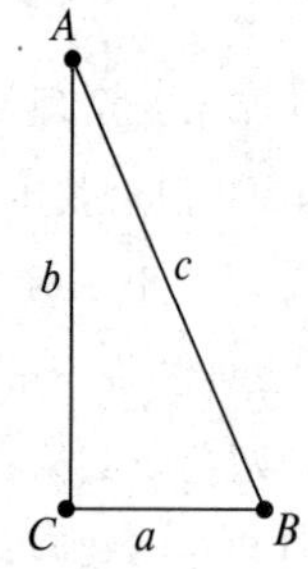

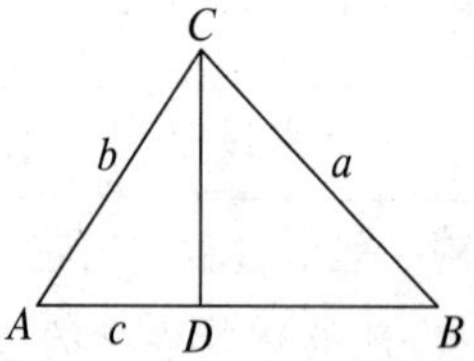

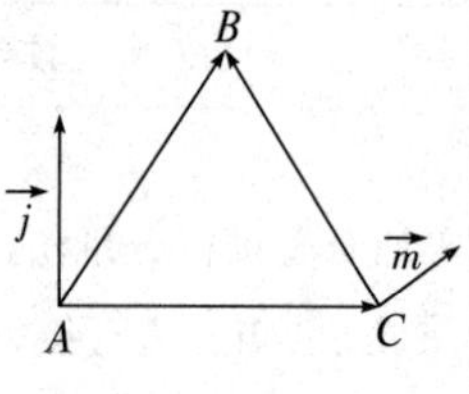

（续　表）

教学过程	设计意图
同理，过点 C 作与 $\overrightarrow{CB}$ 垂直的单位向量 $\boldsymbol{m}$，可得 $\frac{c}{\sin C}=\frac{b}{\sin B}$ 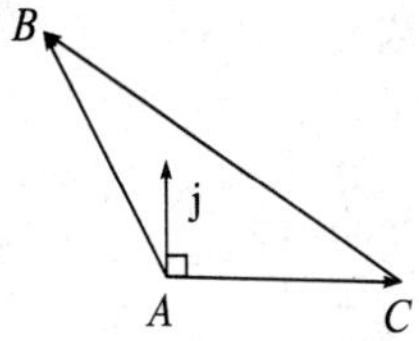 $\therefore \frac{a}{\sin A}=\frac{b}{\sin B}=\frac{c}{\sin C}$ (2)当△ABC 为钝角三角形时，设 $A>90°$，如图，过点 A 作与 $\overrightarrow{AC}$ 垂直的向量 $\boldsymbol{j}$ 则 $\boldsymbol{j}$ 与 $\overrightarrow{AB}$ 的夹角为 $A-90°$，$\boldsymbol{j}$ 与 $\overrightarrow{CB}$ 的夹角为 $90°-C$， 同样可证得 $\frac{a}{\sin A}=\frac{b}{\sin B}=\frac{c}{\sin C}$	然后以钝角三角形为载体推导正弦定理。
问题 6　请同学们观察正弦定理，利用正弦定理可以解什么类型的三角形问题？ 已知两角和任意一边，可以求出其它两边和一角； 已知两边和其中一边的对角，可以求出三角形的其他的边和角。 **三、例题演练**	问题 6 是强化学生对正弦定理的理解，同时也是在对正弦定理解三角形的适用范围上作出总结。
例 1　（教材第 47 页例 7）在△ABC 中，已知 $c=3+\sqrt{3}$，$B=45°$，$A=15°$，求 a 备注：已知两角及其第三边，解三角形 **解**：有三角形内角和定理，得 $C=180°-(A+B)=180°-(15°+45°)=120°$ 由正弦定理，得 $a=\frac{c\sin A}{\sin C}=\frac{(3+\sqrt{3})\sin 15°}{\sin 120°}=\frac{(3+\sqrt{3})\sin(45°-30°)}{\sin 120°}$ $=\frac{(3+\sqrt{3})(\sin 45°\cos 30°-\cos 45°\sin 30°)}{\sin 120°}$ $=\frac{(3+\sqrt{3})\left(\frac{\sqrt{2}}{2}\times\frac{\sqrt{3}}{2}-\frac{\sqrt{2}}{2}\times\frac{1}{2}\right)}{\frac{\sqrt{3}}{2}}=\sqrt{2}$	通过例 1 强化正弦定理应用，规范答题，培养数学运算、逻辑推理的核心素养能力
变式训练　已知△ABC 中，$\cos A=\frac{4}{5}$，$B=\frac{\pi}{3}$，$b=\sqrt{3}$，求 a，c。 **解**：$\because \cos A=\frac{4}{5}$，$\therefore \sin A=\frac{3}{5}$，$\sin C=\sin(A+B)=\frac{3+4\sqrt{3}}{10}$。 由正弦定理得，$a=\frac{b\sin A}{\sin B}=\frac{6}{5}$，$c=\frac{b\sin C}{\sin B}=\frac{3+4\sqrt{3}}{5}$ **例 2**　（教材 47 页例 8）在△ABC 中，已知 $B=30°$，$b=\sqrt{2}$，$c=2$，解这个三角形。 备注：已知三角形两边及其一边的对角求解三角形的问题，可以利用正弦定理。 **解**：由正弦定理，得 $\sin C=\frac{c\sin B}{b}=\frac{2\sin 30°}{\sqrt{2}}=\frac{\sqrt{2}}{2}$ 因为 $c>b$，$B=30°$，所以 $30°<C<180°$。	变式训练的选择让学生区分实际题目中角的表达，深入理解正弦定理的应用。

（续　表）

教学过程	设计意图
于是 $C=45°$，或 $C=135°$， 当 $C=45°$时，$A=105°$， $a=\frac{b\sin A}{\sin B}=\frac{\sqrt{2}\sin 105°}{\sin 30°}=\frac{\sqrt{2}\sin(60°+45°)}{\sin 30°}$ $=\frac{\sqrt{2}(\sin 60°\cos 45°+\cos 60°\sin 45°)}{\sin 30°}$ $=\frac{\sqrt{2}\times\left(\frac{\sqrt{2}}{2}\times\frac{\sqrt{3}}{2}+\frac{\sqrt{2}}{2}\times\frac{1}{2}\right)}{\frac{1}{2}}=\sqrt{3}+1$ 当 $C=135°$时，$A=15°$ 此时 $a=\frac{b\sin A}{\sin B}=\frac{\sqrt{2}\sin 15°}{\sin 30°}=\frac{\sqrt{2}\sin(45°-30°)}{\sin 30°}$ $=\frac{\sqrt{2}(\sin 45°\cos 30°-\cos 45°\sin 30°)}{\sin 30°}=\frac{\sqrt{2}\times\left(\frac{\sqrt{2}}{2}\times\frac{\sqrt{3}}{2}-\frac{\sqrt{2}}{2}\times\frac{1}{2}\right)}{\frac{1}{2}}=\sqrt{3}-1$	例2的选择帮助学生区分不同条件下如何应用正弦定理解三角形，通过分析三角形的边角关系，此题 C 角呈现出两个解，需要分类讨论，帮助同学们理解解三角形。
例3　判断满足下列条件的三角形形状： (1)$a\cos B=b\cos A$ (2)$a\cos A=b\cos B$ **解**：在三角形 ABC 中，设$\frac{a}{\sin A}=\frac{b}{\sin B}=\frac{c}{\sin C}=r$ $\therefore a=r\sin A, b=r\sin B, c=r\sin C$ (1)$\because a\cos B=b\cos A$ $\therefore r\sin A\cos B=r\sin B\cos A$ $\therefore \sin A\cos B=\cos A\sin B$ $\therefore \sin A\cos B-\cos A\sin B=0$ $\therefore \sin(A-B)=0$，又$-\pi<B-A<\pi$ $\therefore B-A=0$，即 $B=A$ $\therefore \triangle ABC$ 为等腰三角形。 (2)$\because a\cos A=b\cos B$ $\therefore \sin A\cos A=\sin B\cos B$ 可得$\therefore 2\sin A\cos A=2\sin B\cos B$ 即 $\sin 2A=\sin 2B$，且 $0<A<\pi, 0<B<\pi$，可得 $0<2A<2\pi, 0<2B<2\pi$ $\therefore 2A=2B$，或 $2A+2B=\pi$ 即 $A=B$　或 $A+B=\frac{\pi}{2}$ $\therefore \triangle ABC$ 为等腰三角形或直角三角形。	例3通过三角形形状判定升华正弦定理在解三角形的实际应用，帮助学生更好地理解正弦定理。同时也是利用正弦定理进行边角关系推导的重要体现。

（续　表）

<table>
<tr><th>教学过程</th><th>设计意图</th></tr>
<tr><td>

练习　教材第 54 页第 17 题

证明：设三角形的外接圆的半径是 R，则 $a=2R\sin A$，$b=2R\sin B$，$c=2R\sin C$

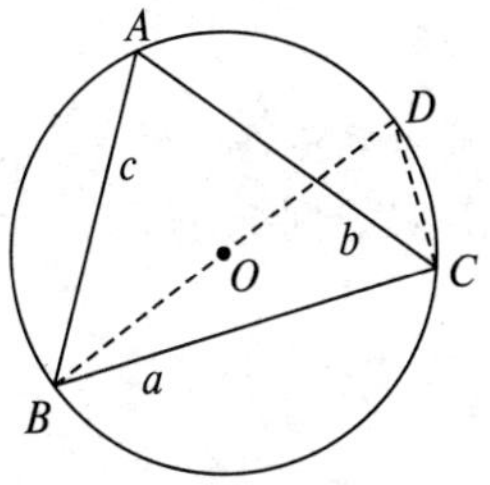

证明：连接 OB 延长交圆 O 于点 D，连接 DC。

则 BD 为直径 $2R$，$\angle BCD=\frac{\pi}{2}$。

弦 BC 所对的圆周角 A 和圆周角 D 相等，即 $\angle A=\angle D$。

在直角三角形 $\triangle BCD$ 中：$\sin D=\frac{BC}{BD}=\frac{a}{2R}$

$\therefore \sin A=\frac{a}{2R}\Leftrightarrow a=2R\sin A$

同理可得：$b=2R\sin B$，$c=2R\sin C$

例 4　在 $\triangle ABC$ 中，若 $A=\frac{\pi}{3}$，$b=2a\cos B$，$c=1$，求 $\triangle ABC$ 的面积。

解：由正弦定理得 $\sin B=2\sin A\cos B$

故 $\tan B=2\sin A=2\sin\frac{\pi}{3}=\sqrt{3}$

又 $B\in(0,\pi)$，所以 $B=\frac{\pi}{3}$，

又 $A=B=\frac{\pi}{3}$，则 $\triangle ABC$ 是正三角形

所以 $S_{\triangle ABC}=\frac{1}{2}bc\sin A=\frac{1}{2}\times1\times1\times\frac{\sqrt{3}}{2}=\frac{\sqrt{3}}{4}$。

变式训练　在 $\triangle ABC$ 中，$B=\frac{\pi}{3}$，$AB=2$，D 为 AB 的中点，$\triangle BCD$ 的面积为 $\frac{3\sqrt{3}}{4}$，则 AC 等于　（　　）

A. 2　　B. $\sqrt{7}$　　C. $\sqrt{10}$　　D. $\sqrt{19}$

【解析】因为 $S_{\triangle BCD}=\frac{1}{2}BD\cdot BC\sin B=\frac{1}{2}\times1\times BC\sin\frac{\pi}{3}=\frac{3\sqrt{3}}{4}$，所以 $BC=3$。

由余弦定理得 $AC^2=4+9-2\times2\times3\cos\frac{\pi}{3}=7$，所以 $AC=\sqrt{7}$，故选 B.

</td><td>

练习的证明是对正弦定理使用的再一次探讨和研究，与三角形外接圆的结合充分体现了正弦定理的使用广泛性。

例 4 不仅突出了正弦定理的边角互化的特征，同时也将推导出的三角形面积公式通过此例题呈现出来。

变式训练结合三角形面积公式与余弦定理，体现了正余弦定理与三角形面积公式之间的关联。

</td></tr>
</table>

（续　表）

<table>
<tr><th>教学过程</th><th>设计意图</th></tr>
<tr><td>
四、及时反馈
1. 在△ABC 中，$A=60°$，$a=4\sqrt{3}$，$b=4\sqrt{2}$，则 $B=$（　　）
A. 45°　　B. 135°
C. 45°或 135°　　D. 以上答案都不对
2. 若△ABC 的三角 $A:B:C=1:2:3$，则 A、B、C 分别所对边 $a:b:c=$（　　）
A. $1:2:3$　　B. $1:\sqrt{2}:\sqrt{3}$
C. $1:\sqrt{3}:2$　　D. $1:2:\sqrt{3}$
3. 在△ABC 中，已知 $b=40$，$c=20$，$C=60°$，则此三角形的解的情况是（　　）
A. 有一解　　B. 有两解
C. 无解　　D. 有解但解的个数不确定
4. 锐角△ABC 中，若 $\sin A=\frac{2\sqrt{2}}{3}$，$a=2$，$S_{\triangle ABC}=\sqrt{2}$，则 b 的值为（　　）
A. $\sqrt{3}$　　B. $\frac{3\sqrt{2}}{2}$　　C. $2\sqrt{2}$　　D. $2\sqrt{3}$
5. 在△ABC 中，已知 $AB=10\sqrt{2}$，$A=45°$，在 BC 边的长分别为 20，$\frac{20}{3}\sqrt{3}$，5 的情况下，求相应角 C.
答案：1. A　2. C　3. C　4. A　5. 60°或 120°
五、课堂小结
1. 正弦定理及其推导
2. 正弦定理解三角形适用条件类型：(1)角角边(2)边边角
3. 三角形面积公式
4. 三角形边角互化
六、作业布置　教材第 52 页　习题 6.4　第 5 题。
</td><td>通过课堂演练强化本节内容的基础知识。课堂演练的内容涉及正余弦定理使用、三角形面积求解和公式使用、三角形边角关系及互化、正弦定理解三角形解的个数的探讨。</td></tr>
</table>

五、教学反思

本节课的重点在于用两种方法证明正弦定理，以及正弦定理推导过程中的三角形面积公式，以及正弦定理解三角形等。正弦定理的学习和探讨放在余弦定理之后是充分考虑了正弦定理在解三角形上存在一定的局限性，可以作为解三角形的补充定理，解三角形的主导定理还是余弦定理。但正弦定理在三角形三边关系的探讨、三角形外接圆知识的结合体现了正弦定理的使用广泛性。

本节课在实际教学中，同学们对讨论三角形解的个数问题上还是有一定的学习困难，主要体现在代数的理论推导能了解，但几何图形的绘制存在困难。

1.4.3　余弦定理、正弦定理应用举例

一、内容分析

在本节课前，同学们已经学习了正弦定理、余弦定理的公式及基本应用。本节课的设计，意在复习前面所学两个定理的同时，加深对其的了解，以便能达到在实际问题中熟练应用的效果。本节内容分别从“距离测量”“高度测量”“角度测量”这三个方面来说明正余弦定理在实际问题中的应用。同时借助三个例题帮助学生明确在实际问题中哪些条件要已知才能帮助我们达到测量目的。这样，学生既学习了知识又培养了数学抽象和数学运算、数学建模的能力。

二、课程目标与素养目标

课程目标	学科素养
1. 能够运用正弦定理、余弦定理等知识和方法解决一些有关测量距离、解决一些有关底部不可到达的物体高度测量以及测量角度的实际问题，了解常用的测量相关术语； 2. 能用余弦定理、正弦定理解决简单的实际问题。	1. 数学抽象：通过对实际问题的分析，建立相应的数学模型，把实际问题数学化，即把实际问题化为数学问题； 2. 数学运算：能够运用正弦定理和余弦定进行运算。

三、教学重点、难点

1. 教学重点：用余弦定理、正弦定理解决简单的实际问题；由实际问题中抽象出一个或几个三角形，然后逐个解决三角形，得到实际问题的解；

2. 教学难点：根据题意画出示意图；观察图形，从中找到解决问题的关键条件建立数学模型。

四、教学设计

教学过程	设计意图
一、探索新知 **情形 1**　两点在河对岸 **例 1**　如图所示，A，B 两点都在河的对岸(不可到达)，设计一种测量 A，B 两点间的距离的方法。并求出 A，B 间的距离。 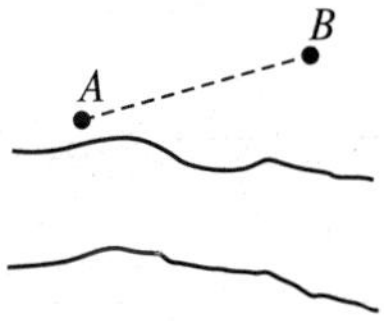 教师提出本节课解决的问题：应用余弦定理、正弦定理解决实际问题	由生活实例引入，让同学们体会到数学源于生活，同时引出今天的学习内容。例 1 创设实景，培养学生如何建立数学模型的能力，也是数学建模的核心素养要求之一。

（续　表）

教学过程	设计意图
问题1　你能把它转化成数学问题，写出已知量和要求的量吗？ 测量者可以在河岸边选定两点 C，D，测得 $CD=a$，并且在 C，D 两点分别测得 $\angle BCA=\alpha$，$\angle ACD=\beta$，$\angle CDB=\gamma$，$\angle BDA=\delta$， 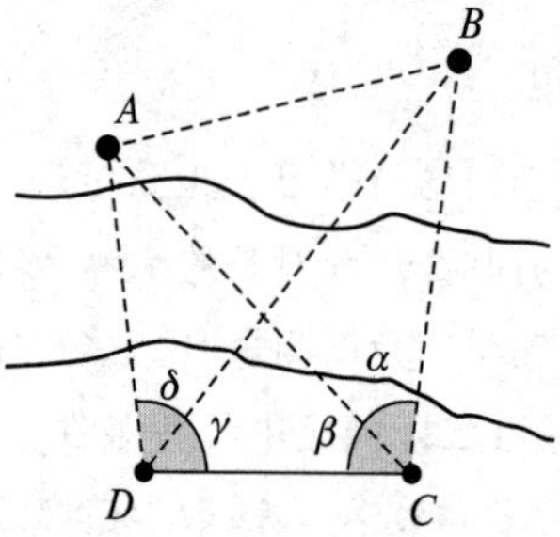 **问题2**　如何求 AB 间的距离？ **解**：在$\triangle ADC$ 和$\triangle BDC$ 中，应用正弦定理得 $AC=\dfrac{a\sin(\gamma+\delta)}{\sin[180^\circ-(\beta+\gamma+\delta)]}=\dfrac{a\sin(\gamma+\delta)}{\sin(\beta+\gamma+\delta)}$ $BC=\dfrac{a\sin\gamma}{\sin[180^\circ-(\alpha+\beta+\gamma)]}=\dfrac{a\sin\gamma}{\sin(\alpha+\beta+\gamma)}$ 于是，在$\triangle ABC$ 中，应用余弦定理可得 A，B 两点间的距离 $AB=\sqrt{AC^2+BC^2-2AC\times BC\cos\alpha}$	应用所学正余弦定理解决实际问题，加深同学们对两个定理的认识。
问题3　还没有其它的方法呢？师生一起对不同方法进行对比、分析。 可见，在研究三角形时，灵活根据两个定理可以寻找到多种解决问题的方案，但有些过程较繁复，如何找到最优的方法，最主要的还是分析两个定理的特点，结合题目条件来选择最佳的计算方式。	提醒同学们还有其他解法，培养他们逻辑推理的素养要求。
几个基本概念 **1.** 基线的概念 在测量中，根据测量需要适当确定的线段叫作基线。 **2.** 测量中的有关角的概念 仰角和俯角 如下图所示，与目标视线在同一铅垂平面内的水平视线和目标视线的夹角，目标视线在水平视线上方时叫仰角，目标视线在水平视线下方时叫俯角。 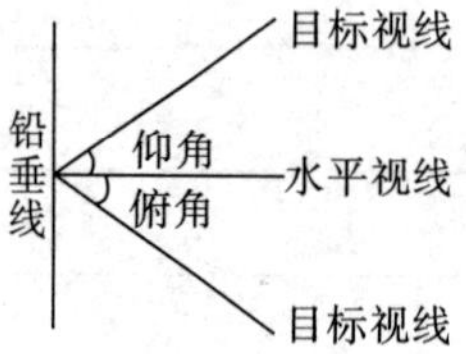 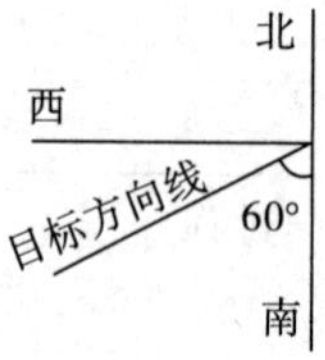 方向角 如下图所示，从指定方向线到目标方向线所成的水平角。如南偏西 60°，即以正南方向为始边，顺时针方向向西旋转 60°。	基础概念介绍，帮助同学们理解专业术语，有助于听课易懂。同时为测量高度、测量角度的实际问题做前期准备和铺垫。
情形2　两点在河两岸 **变式训练**　如图，设 A，B 两点在河的两岸，在 A 所在河岸边选一定点 C，测量 AC 的距离为 $50\sqrt{2}$ m，$\angle ACB=30^\circ$，$\angle CAB=105^\circ$，则 A，B 两点间的距离是______ m。 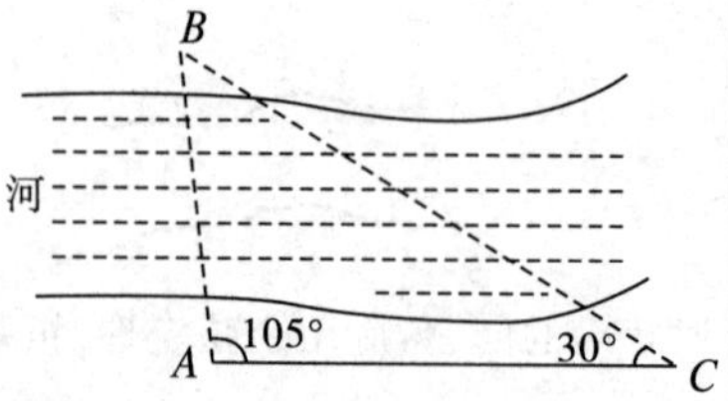 	变式训练的选择在已知条件上与例题相比有点小变化，但核心还是要利用正弦定理解题。

（续 表）

<table>
<tr><th>教学过程</th><th>设计意图</th></tr>
<tr><td>

解：∵$\angle ACB=30^\circ$，$\angle CAB=105^\circ$，∴$\angle ABC=45^\circ$，

在三角形 ABC 中，由正弦定理，得$\dfrac{AB}{\sin\angle ACB}=\dfrac{AC}{\sin\angle ABC}$，

$$\therefore AB=\frac{AC\cdot\sin\angle ACB}{\sin\angle ABC}=\frac{50\sqrt{2}\cdot\sin 30^\circ}{\sin 45^\circ}=\frac{50\sqrt{2}\cdot\frac{1}{2}}{\frac{\sqrt{2}}{2}}=50,$$

∴A、B 两点的距离为 50 m，

例 2 （教材第 50 页例 10）如图，AB 是底部不可到达的一座建筑物，A 为建筑物的最高点，设计一种测量建筑物的高度方法，并求出建筑物的高度。

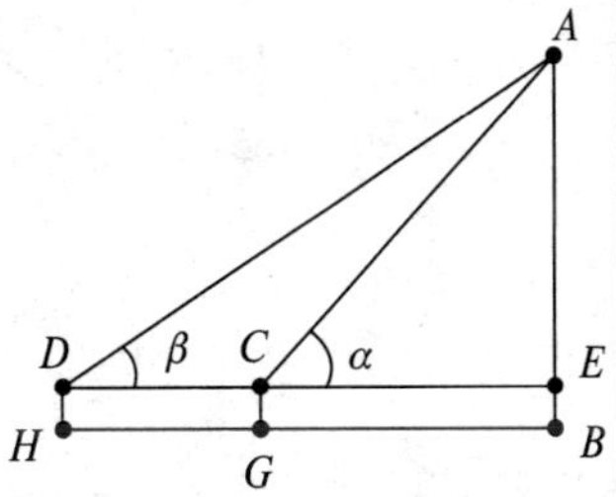

分析：求 AB 长的关键是先求 AE，在$\triangle ACE$ 中，如能求出 C 点到建筑物顶部 A 的距离 CA，再测出由 C 点观察 A 的仰角，就可以计算出 AE 的长。

解：选择一条水平基线 HG，使 H、G、B 三点在同一条直线上。由在 H、G 两点用测角仪器测得 A 的仰角分别是 α、β，$CD=a$，测角仪器的高是 h，那么，在$\triangle ACD$ 中，根据正弦定理可得

$$AC=\frac{a\sin\beta}{\sin(\alpha-\beta)}\quad AB=AE+h=AC\sin\alpha+h=\frac{a\sin\alpha\sin\beta}{\sin(\alpha-\beta)}+h$$

练习 如图，在 A 点和 B 点测得淮安电视塔塔顶 P 的仰角分别为 45°和 60°（点 A、B 与塔底 O 在同一直线上）又测得 $AB=135$ 米，根据所测数据可求淮安电视塔 PO 的高度。

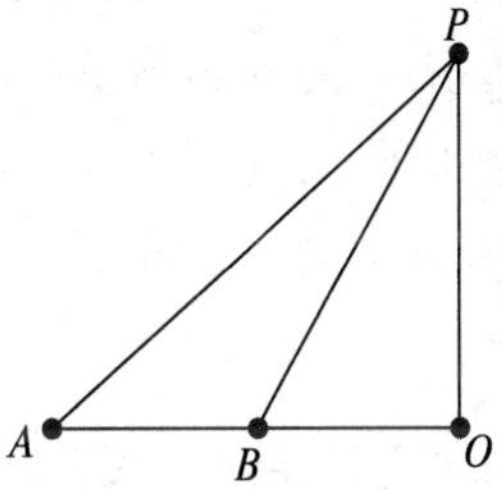

解：∵$\angle ACB=30^\circ$，$\angle CAB=105^\circ$，∴$\angle ABC=45^\circ$，

在三角形 ABC 中，由正弦定理，

得$\dfrac{AB}{\sin\angle ACB}=\dfrac{AC}{\sin\angle ABC}$，

$$\therefore AB=\frac{AC\cdot\sin\angle ACB}{\sin\angle ABC}=\frac{50\sqrt{2}\cdot\sin 30^\circ}{\sin 45^\circ}=\frac{50\sqrt{2}\cdot\frac{1}{2}}{\frac{\sqrt{2}}{2}}=50,$$

∴A、B 两点的距离为 50 m，

答：淮安电视塔 PO 的高度 50 m。

问题 4 前面我们学习了如何测量距离和高度，这些实际上都可转化已知三角形部分边、角求其余边的问题。然而在实际的航海生活中，人们又会遇到新的问题，在浩瀚无垠的海面上如何确保轮船不迷失方向，保持一定的航速和航向呢？今天我们接着探讨这方面的测量问题。

</td><td>

例 2 的选择是正弦定理使用的一个重要例证。说明测量高度的问题也非常需要正弦定理。该例题的条件选择以及几何特征与例 1 有加大区别，该例可以帮助学生认识测量高度与测量距离两者之间的区别和联系。

练习的选择是强化例 2 的解题思路，培养数学运算的核心素养。

</td></tr>
</table>

（续　表）

教学过程	设计意图
例 3　（教材第 50 页例 11）位于某海域 A 处的甲船获悉，再起正东方向相距 20 n mile 的 B 处有一艘渔船遇险后抛锚等待营救，甲船立即前往救援，同时把消息告知位于甲船南偏西 30°。且与甲船相距 7 n mile 的 C 处的乙船。那么乙船前往营救遇险渔船时的目标方向线（有观测点看目标的实现）的方向是北偏东多少？需要航行的距离是多少海里？ 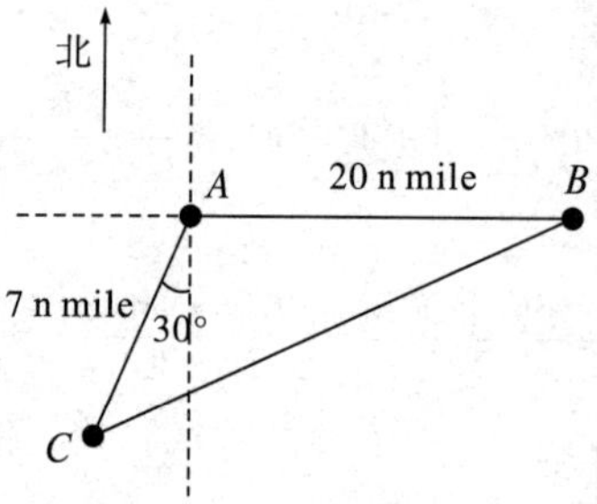 **解：**根据题意可以画出图，由余弦定理，得 $BC^2=AB^2+AC^2-2AC\cdot AB\cos 120°=20^2+7^2-2\times 20\times 7\cos 120°$ 于是 $BC\approx 24$(n mile)，有正弦定理得 $\frac{\sin C}{20}=\frac{\sin 120°}{24}$，$\sin C=\frac{20\times\frac{\sqrt{3}}{2}}{24}=\frac{5\sqrt{3}}{12}$ 由于 $0°<C<90°$，所以 $C\approx 46°$ 因此乙船前往营救遇难渔船时的方向约是北偏东 70°，大约需要航行 24 n mile。	例 3 既是方向角度问题，同时也是余弦定理在实际问题中使用的一个重要例证。
变式训练　如图，A、B 是海面上位于东西方向相距 $5(3+\sqrt{3})$ 海里的两个观测点，现位于 A 点北偏东 45°，B 点北偏西 60°的 D 点有一艘轮船发出求救信号，位于 B 点南偏西 60°且与 B 点相距 $20\sqrt{3}$ 海里的 C 点的救援船立即前往营救，其航行速度为 30 海里/小时，试求救援船到达 D 点所需要的时间。 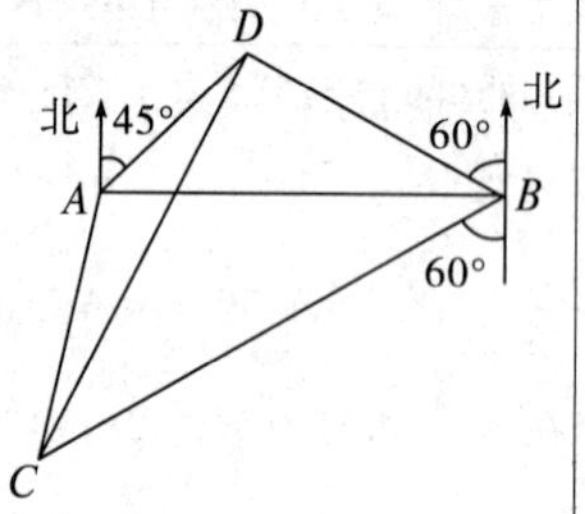 **【解析】**由题意可知：在△ADB 中，$\angle DAB=45°$，$\angle DBA=30°$， 则 $\angle ADB=105°$， 由正弦定理 $\frac{AB}{\sin\angle ADB}=\frac{DB}{\sin\angle DAB}$ 得：$\frac{5(3+\sqrt{3})}{\sin 105°}=\frac{DB}{\sin 45°}$， $\sin 105°=\sin(45°+60°)=\sin 45°\cos 60°+\cos 45°\sin 60°=\frac{\sqrt{6}+\sqrt{2}}{4}$ 代入上式得：$DB=10\sqrt{3}$，轮船 D 与观测点 B 的距离为 $10\sqrt{3}$ 海里。 在△BCD 中，$BC=20\sqrt{3}$，$DB=10\sqrt{3}$，$\angle CBD=60°$， 由余弦定理得：$CD^2=BC^2+BD^2-2BC\cdot BD\cdot\cos 60°$ $=(20\sqrt{3})^2+(10\sqrt{3})^2-2\times 20\sqrt{3}\times 10\sqrt{3}\times\frac{1}{2}=30^2$ $\therefore CD=30$，$\therefore t=\frac{s}{v}=\frac{30}{30}=1$，即该救援船到达 D 点所需的时间 1 小时。	例 3 的侧重点是求方向角，该变式训练的侧重点是在已知方向角的条件下求时间，或者是求距离，对例 3 是一个题型上的补充。

（续　表）

<table>
<tr><th>教学过程</th><th>设计意图</th></tr>
<tr><td>

二、及时反馈

1. 如图，地面四个 5G 中继站 A、B、C、D，已知 $CD=(\sqrt{6}+\sqrt{2})$ km，$\angle ADB=\angle CDB=30^\circ$，$\angle DCA=45^\circ$，$\angle ACB=60^\circ$，则 A、B 两个中继站的距离是　　（　　）

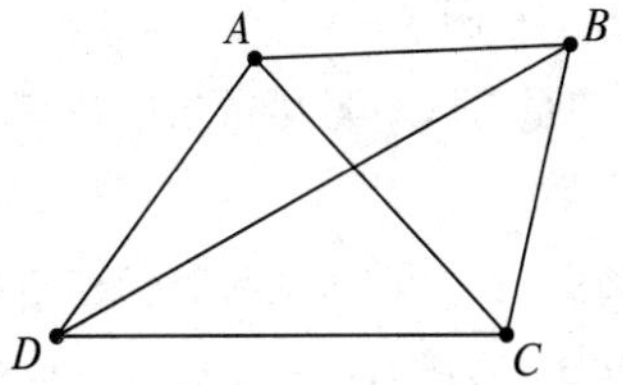

A. $4\sqrt{3}$ km　　B. $2\sqrt{10}$ km　　C. $\sqrt{10}$ km　　D. $6\sqrt{2}$ km

2. 如图，一艘海轮从 A 出发，沿北偏东 75°的方向航行 67.5 n mile 后到达海岛 B，然后从 B 出发，沿北偏东 32°的方向航行 54.0 n mile 后达到海岛 C. 如果下次航行直接从 A 出发到达 C，此船应该沿怎样的方向航行，需要航行多少距离？（角度精确到 0.1°，距离精确到 0.01 n mile）

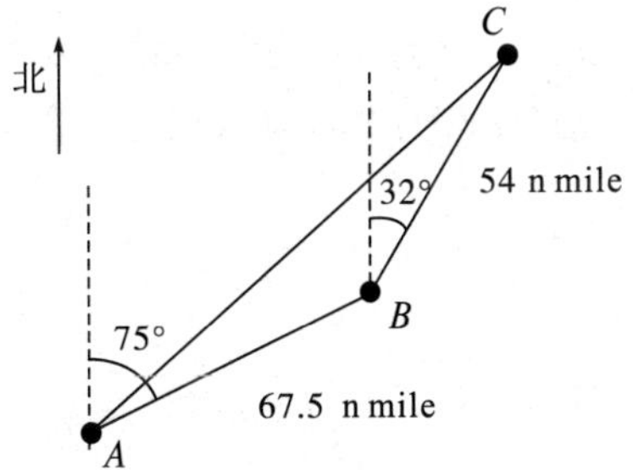

3. 一辆汽车在一条水平的公路上向正东行驶，到 A 处时测得公路南侧远处一山顶 D 在东偏南 15°的方向上，行驶 5 km 后到达 B 处，测得此山顶在东偏南 25°的方向上，仰角为 8°，求此山的高度 CD。

4. 一艘船向正北航行，航行速度的大小为 32.2 n mile/h，在 A 处看灯塔 S 在船的北偏东 20°的方向上。30 min 后，船航行到 B 处，在 B 处看灯塔在船的北偏东 65°的方向上。已知距离此灯塔 6.5 n mile 以外的海域为航行安全区域，这艘船可以继续沿正北航行吗？

5. 如图，在山脚 A 测得山顶 P 的仰角为 α，眼倾斜角为 β 的斜坡向上走 a m 到达 B 处，在 B 处测得山顶 P 的仰角为 γ，求山高 $h=\dfrac{a\sin\alpha\sin(\gamma-\beta)}{\sin(\gamma-\alpha)}$。

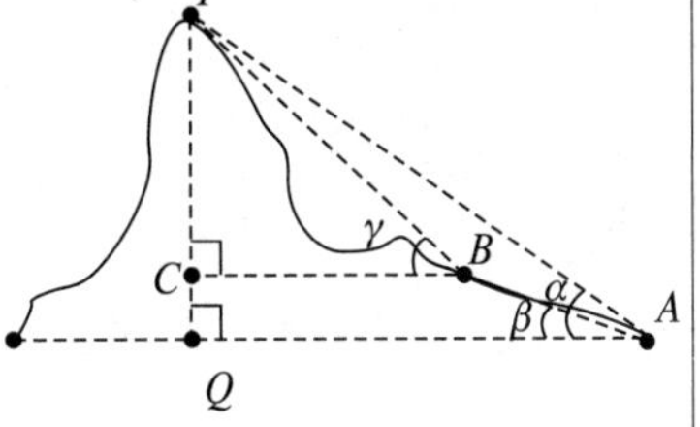

答案：1. C　**2.** 北偏东 56.1°，113.15 n mile

3. 1 047 米　**4.** 能　**5.** 略

</td><td>

及时反馈的选择既是培养学生运算能力的核心素养要求，也是强化如何运用正余弦定理解决实际问题。

及时反馈选择了一道测量距离、两道测量高度、两道测量角度的题型，其中测量高度中有一题跟立体几何有知识关联。通过课堂演练达到知识互补与巩固的效果。

</td></tr>
</table>

(续　表)

教学过程	设计意图
三、课堂小结 1. 通过本节的学习，你做了哪些？你的最大收获是什么？ 解斜三角形应用题的一般步骤： (1)分析：理解题意，分清已知与未知，画出示意图 (2)建模：根据已知条件与求解目标，把已知量与求解量尽量集中在有关的三角形中，建立一个解斜三角形的数学模型 (3)求解：利用正弦定理或余弦定理有序地解出三角形，求得数学模型的解 (4)检验：检验上述所求的解是否符合实际意义，从而得出实际问题的解。 **四、作业布置**　教材第 52 页习题 6.4 第 5,8,9 题。	

五、教学反思

本节课的内容特征就是正余弦定理在实际问题中的应用，既凸显了正余弦定理的实用性，也体现了正余弦定理的广泛性，通过三个测量距离、高度、角度的例题的学习，让学生充分认识了数学如何用于生活，也让学生体会到了数学就在身边。因此，通过这节的学习不仅强化了数学知识，也培养了学生对数学学习的认知，同时培养了如何在实际问题中抽象出数学模型解决问题的核心素养，是具有很强代表性的内容。

第二章

复 数

一、全章内容简析

中学阶段最后一次数系的扩充就是复数的引入，作为一类重要的运算对象，复数有着广泛应用。教材在章头语中介绍了复数是因何而起（数学家在研究实系数一元三次方程的求根公式时遇到无法回避的问题）、引入复数的意义何在（解决实系数方程求根问题，体会“数”与“形”的融合，感受人类理性思维的作用等）。新课标要求本章通过方程求解，帮助学生理解引入复数的必要性，了解复数系扩充的历史过程；掌握复数的表示、运算及其几何意义；同时体会数系扩充中理性思维的作用。在核心素养方面，通过复数的学习，提升学生数学运算、直观想象和逻辑推理能力。

本章知识结构框图：

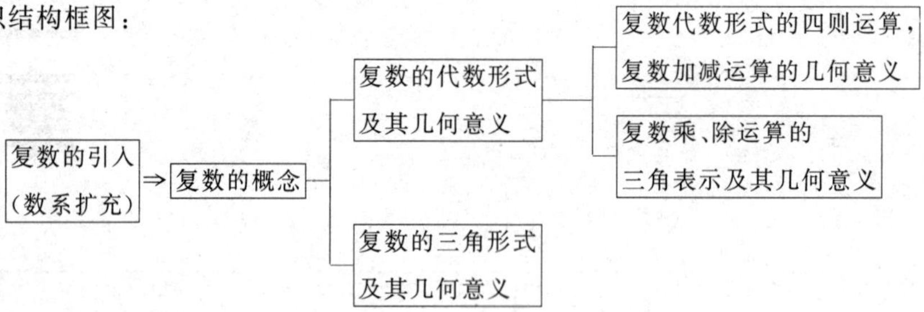

二、学习目标要求

2.1 复数的概念

(1)通过方程的解，认识复数；

(2)理解复数的代数表示及其几何意义，理解两个复数相等的含义。

2.2 复数的运算

掌握复数代数表示式的四则运算，了解复数加、减运算的几何意义。

2.3 复数的三角形式

通过复数的几何意义，了解复数的三角表示，了解复数的代数表示与三角表示之间的关系，了解复数乘、除运算的三角表示及其几何意义。

三、教学问题诊断分析

3.1 问题诊断

学生在初中阶段所建立的数系扩充经验，其理性程度并不高，特别是难以体会数系的扩充中所蕴含的思想方法。数系从自然数扩充到有理数，再到实数，不是从解方程的角度，而是解决实际问题的需要。复数的引入，是为了方程求解的需要。数系的扩充过程，经历了几百年的跨度，这个过程充满了曲折，在教学中将数学史适当引入课堂，有助于学生理性认识数系扩充。

复数也是一类运算对象（同实数一样），应当按照研究运算对象的思路去理解复数的运算法则与运算律，强调运算性质的重要性，复数是满足运算律的最大数集。在教学中往往认为本节内容“容易”，其实更加重要的是让学生体会复数的引入和复数运算中所蕴含的理性思维“味道”。

3.2 教学难点

建立复数与向量、复数与三角函数之间的联系及复数的几何意义是本章的难点。复数是一个“二元数”，其运算具有明确的几何意义，其几何表示、几何意义也是本章的重点所在。

四、本章设计思路

4.1 数系的扩充，做到心中有“数”

本章教材安排了三个小单元，分别是复数的概念、复数的四则运算及复数的三角表示。

数系中的两个要素，第一要素是组成数系的“数”。复数的概念一节重点解决“数”的问题，包含7.1.1节——数系的扩充、复数的概念和7.1.2节——复数的几何意义两个小节，在7.1.1节教学设计中，注重复数是“怎么来的”，即为什么会有数系的扩充、为什么会有“复数”。教材从方程 $x^2+1=0$ 在实系数中无解出发，通过类比有理数系扩充到实数系的过程和方法，对实数系进行扩充，从而引出“复数”，这个过程比较自然合理。同时在教学中可以引入一些数学史料，如教材边框中介绍的欧拉的故事、1545年意大利数学家卡尔丹在《重要的艺术》中求解一元三次方程时的困惑等，以激发学生学习兴趣，为数系的扩充提供一些有趣的材料。在7.1.2节复数的几何意义教学设计中，重点关注有序实数对与复平面内的点的一一对应关系，强调数与形的结合。

数系的另外一个要素是数的运算及运算律，有了“数”，当然就有数的运算，本章第二节就是解决复数的四则运算问题，教材安排了7.2.1节——复数的加、减运算及其几何意义和7.2.2节——复数的乘、除运算，复数的四则运算遵循多项式运算法则，不同在于复数的加、减运算中赋予了几何意义的特征，强调了数形结合的思想。

4.2 教学设计结构

本章各小节设计分为内容分析、课程目标与素养目标、教学重点与难点、教学过程设计和教学反思等五项，涵盖了一节课的基本流程，重点在于教学过程设计，既要考虑复数的概念如何引入，又要考虑引入复数后复数的四则运算“规则”与有理数运算“规则”的相同点与不同点，还必须考虑如何让学生熟悉运用“规则”，所以要设计部分练习题和及时反馈题，用较少的时间去熟悉教学内容和检测教学效果。根据教材安排，在小节设计中会有思考、归纳、练习、探究、例题讲解等师生互动环节，将数学学科核心素养培养贯穿于整个教学活动中。关于教学反思环节，一般是在教师完成本节教学(包括讲课、批改作业、作业讲评、学生反馈等)后，对本节课的一些思考，它包括在教学设计、教学过程、教学效果以及个人经验方面的反思，它包含了个人情感在内，也包含了学情在内，所以教学反思不会统一的内容，因此，本设计在这方面相对简单。

4.3 各节教学，各有侧重

第7.1.1节，数系的扩充与复数的概念一节，重在把握复数从何而来，理解“从方程的角度看，负实数能不能开平方，就是方程 $x^2+a=0(a>0)$ 有没有解，进而可以归结为方程 $x^2+1=0$ 有没有解”的含义，结合部分数学史实，解决复数是“怎么来”的问题。关于复数的概念，重点在于虚数单位 i 与实数间的运算及复数与复数相等的定义，特别要注意的是，要将复数看成是一个有序实数对，虚数间是不能比较大小的(其原因教学参考中有解释)。

第7.1.2节，复数的几何意义一节，把握几个关键词——有序实数对、复平面、模。复数的一种几何意义就是有序实数对与平面直角坐标系中的点一一对应关系，得到复数的一种几何表示：复数与平面上的点一一对应，即复数 $z=a+b\mathrm{i}\xleftrightarrow{\text{一一对应}}$复平面内的点 $Z(a,b)$。

第7.2.1节，复数的加、减运算及其几何意义一节，强调复数的加法法则与实数的加法法则一致，让学生体会复数加法法则的合理性，进一步探究复数加法与向量的加法的相同点，得出复数的另一种几何意义：复数 $z=a+b\mathrm{i}\xleftrightarrow{\text{一一对应}}$平面向量 $\overrightarrow{OZ}$。复数的减法是加法的逆运算，在解题过程中，要让学生明白，待定系数法是确定复数的一般性方法。

第 7.2.2 节，复数的乘、除运算一节，主要考虑复数的乘法与多项式乘法的共同点与不同点，一个是“换”，即将 i^2 换成－1；一个是“并”，即实部与虚部分别合并。强调复数乘法的交换律、结合律、乘法对加法的分配律。复数的除法运算，思路简单但运算麻烦，容易出错，教学中鼓励探索找到适合自己的简便方法，如先把两个复数相除写成“分数”形式，然后分子与分母同乘分母的共轭复数，让运算变得容易一些，可以减少出错。关于实数系方程求根的问题，教材用两道题即例 6 中的两小题，分别以具体的方程($x^2+2=0$)和一般性一元二次方程(判别式小于 0)来回答引入复数“干什么”，复数概念是因方程而“起”，又因方程而“立”，让学生明白，一个数学概念的建立，是为了解决问题，复数的引入是必要的，也是十分重要的，同时提升学生对复数的兴趣。

第 7.3 节，复数的三角形式，包含复数的三角表示，复数的乘、除运算的三角表示及其几何意义，沟通了复数与平面向量、三角函数等数学分支之间的联系，有利于学生进一步认识复数，为进入高校学习复数的指数形式、复变函数等打下基础，有利于提升学生的直观想象、逻辑推理和数学运算等核心素养。

阅读与思考是教学内容之一，本章“阅读与思考”主题是“代数基本定理”，弄清代数基本定理——任何一元 $n(n\in \mathbf{N}^*)$ 次复系数多项式方程 $f(x)=0$ 至少有一个复数根，对于后续的学习是大有帮助的，建议适当重视，引导学生阅读，并思考讨论，逐步养成阅读的习惯，主动思考问题的习惯，在阅读与思考中拓宽视野，提高素养。

4.4 教学过程，注重引入，关注数学史

本章开头，教材用了近 300 字作为章头语，介绍了本章的主要内容，概述了历史上数学家的困扰，为解决困扰而引入复数的必要性，让学生“了解从实数系到时复数系的扩充过程和方法”，同时用火箭升空作为章头图来比喻学习复数是对数系认识的一次大的飞跃。其实，章头语就是本章的总引入，为本章学习埋下伏笔，教学中应给予重视。

在复数的概念引入一节，教材中让学生“探究“——方程 $x^2+1=0$ 在实数中无解，联系从自然数集到实数集的扩充过程，你能给出一种方法，适当扩充实数集，使这个方程有解吗？陈省身在 1992 年在庆祝中国自然科学基金会成立十周年学术会上讲到“那么什么是好的数学呢？比如，解方程就是。搞数学都要解方程，一次方程容易解，二次方程就不同。$x^2-1=0$ 有实数解，而 $x^2+1=0$ 就没有实数解，后来就加进复数，讨论方程的复数解……”这句话深刻表明编者设置此探究的用意。

接下来的两节(除开复数的三角形式)，复数的概念节头语“在解决求判别式小于 0 的实系数一元二次方程根的问题时，一个自然的想法是，能否像引进无理数而把有理数集扩充到实数集那样，通过引进新的数而使实数集得到扩充，从而使方程变得可解呢?”用了一句疑问句，包含有类比的思想方法，以激发学生对新知识的学习兴趣，并说明为了解决实际问题而引入复数概念。复数的四则运算节头语则比较直接，“我们把实数扩充到了复数集，引入新数集后，就要研究其中的数之间的运算”，意在说明有“数”了，当然就有相应的运算法则。数系中的两个要素——数和数中的运算、运算律，在本节就都得以解决。

教材中有练习题、习题和复习参考题，练习题一般用于课堂当堂练习，以简单题为主，主要是通过解题初步熟悉所学概念、公式，而习题和复习参考题则更进一步，分为复习巩固、综合运用、拓广探索几个板块，逐层递进，起到巩固提高的作用，其中复习参考题还有一定的综合性。在教学可根据学情或练或讲或思考，在本设计中每个教学案例中也安排了五道及时反馈小题，作用等同教材习题，建议合理安排课内课外作业。只有积累一定的解题经验，才能在数学运算、直观想象、逻辑推理等核心素养上得以提升。

2.1

2.1.1 数系的扩充和复数的概念

一、内容分析

复数的引入是中学阶段数系的又一次扩充，也是最后一次扩充。数系的扩充过程体现了数学的发现和创造过程，也是数学产生、发展的客观需求。

复数是一类重要的运算对象，有着广泛的应用，在教学中要引导学生从数学发展史的视角并通过方程求解，了解引入复数的必要性，了解数系的扩充，掌握复数的表示方法。

二、课程目标与素养目标

课程目标	学科素养
1. 通过方程求解，理解引入复数的必要性，认识复数，了解数系的扩展； **2.** 掌握复数的概念、复数的表示(字母表示)，掌握什么是复数的实部，什么是复数的虚部； **3.** 掌握复数的分类及复数相等的条件。	**1.** 数学抽象：i 的规定以及复数的有关概念； **2.** 逻辑推理：复数相等； **3.** 数学运算：复数相等求字母的值； **4.** 直观想象：数系的扩充。

三、教学重点与难点

1. 教学重点：对 i 的规定以及复数的有关概念；

2. 教学难点：复数概念的理解。

四、教学设计

教学过程	设计意图
一、复习思考 **1. 问题** 请求出方程 $x^2-1=0$ 和 $x^2+1=0$ 实数根？ **2. 思考 1** 解一元三次方程 $x^3=15x+4$ 时，用两种方法，一是因式分解法：$(x-4)(x^2+4x+1)=(x-4)[(x+2)^2-3]$，从而得到三个根 $x=4$ 和 $x=-2\pm\sqrt{3}$；另外一各种方法是求根分式法也得到三个根 $x=-2\pm\sqrt{3}$ 和 $x=\sqrt[3]{2+\sqrt{-121}}+\sqrt[3]{2-\sqrt{-121}}$，如何解释这种现象？	在解实系数方程时，有的方程有实数根，有的没有实数根，但是在学生回答第二个问题时，会引起思考，这也是数学家在

（续　表）

<table>
<tr><th>教学过程</th><th>设计意图</th></tr>
<tr><td>
二、新知引入
（一）复数的概念
思考 2　我们知道，对于实系数一元二次方程 $x^2+1=0$，没有实根。我们能否将实数集进行扩充，使得在新的数集中，该问题能得到圆满解决呢？
【分析】引入新数 i，并规定：
(1)$i^2=-1$
(2)实数可以与它进行四则运算，进行四则运算时，原有的加、乘运算律仍然成立。i 叫作虚数单位。
复数：形如 $a+bi(a,b\in\mathbf{R})$ 的数叫作复数，全体复数所组成的集合叫作复数集，一般用字母 C 表示。
（二）复数的代数表示
复数通常用字母 z 表示，即 $z=a+bi(a,b\in\mathbf{R})$
其中 a 叫复数 z 的<u>实部</u>，b 叫复数 z 的<u>虚部</u>。
练习 1　把下列式子化为 $a+bi(a,b\in\mathbf{R})$ 的形式，并分别指出它们的实部和虚部
(1)$4-i=$________；(2)$-3i=$________；(3)$5=$________；(4)$0=$__________。
答案：(1)$4-i=4+(-1)i$，实部 4，虚部 -1；
(2)$-3i=0+(-3)i$，实部 0，虚部 -2；
(3)$5=5+0i$，实部 5，虚部 0. (4)$0=0+0i$，实部 0，虚部 0。
思考 3　根据上述几个例子，复数 $z=a+bi$ 可以是实数吗？满足什么条件？($b=0$ 时，复数为实数)。
（三）复数相等
如果两个复数的实部和虚部分别相等，那么我们就说这两个复数相等。
$a+bi=c+di(a,b,c,d\in\mathbf{R})$ 当且仅当 $a=c$ 且 $b=d$。
注意：两个复数只能说相等或不相等，而不能比较大小。但两个实数可以比较大小。
（四）复数集 C 与实数集 R 的关系
1. 实数集 R 是复数集 C 的真子集，即 $R\subsetneqq C$。
2. 对于复数 $z=a+bi(a,b\in\mathbf{R})$，
$b=0$ 时，z 为实数；
$b\neq0$ 时，z 为虚数；特别地，当 $a=0$ 时，z 为纯虚数。
练习 2　判断下列命题是否正确：
(1)若 a、b 为实数，则 $Z=a+bi$ 为虚数。
(2)若 b 为实数，则 $Z=bi$ 必为纯虚数。
(3)若 a 为实数，则 $Z=a$ 一定不是虚数。
答案：(1)错　(2)　错　(3)对
</td><td>
研究实系数一元三次方程时遇到的困惑，让学生明白“复数”概念是怎么来的。

关于因式分解与求根公式可作简要介绍，以拓展知识面。

复数的概念、表示是新知识，以讲解为主，而 i 的引入，要求学生理解其平方为－1。
复数的实部、虚部是比较容易弄错的知识点，特别是“虚部”要反复练习，反复试错才会记忆深刻。

练习用于强化学生对复数代数表示形式的理解，为后续学习打好基础。
</td></tr>
</table>

（续 表）

<table>
<tr><th>教学过程</th><th>设计意图</th></tr>
<tr><td>

例 1 实数 m 分别取什么值时，复数 $z=m+1+(m-1)i$ 是下列数？
(1)实数；(2)虚数；(3)纯虚数。
解：(1)当 $m-1=0$，即 $m=1$ 时，复数 z 是实数。
(2)当 $m-1\neq 0$，即 $m\neq 1$ 时，复数 z 是虚数
(3)当 $m+1=0$，且 $m-1\neq 0$，即 $m=-1$ 时，复数 z 是纯虚数。
练习 3 当 m 为何实数时，复数 $z=m^2+m-2+(m^2-1)i$，且 $m\in\mathbf{R}$ 是下列数？(1)实数；(2)虚数；(3)纯虚数；(4)零
解析：(1)当 $m^2-1=0$ 即 $m=\pm 1$ 时，复数 Z 为实数；
(2)当 $m^2-1\neq 0$ 即 $m\neq\pm 1$ 时，复数 Z 为虚数；
(3)当 $\begin{cases}m^2+m-2=0\\m^2-1\neq 0\end{cases}$ 即 $m=-1$ 时，复数 Z 为纯虚数；
(4)当 $\begin{cases}m^2+m-2=0\\m^2-1=0\end{cases}$ 即 $m=1$ 时，复数 Z 为零。
例 2 已知 $2x-1+(y+1)i=x-y+(-x-y)i$，求实数 x,y 的值。
解：由复数相等的充要条件可得 $\begin{cases}2x-1=x-y,\\y+1=-x-y,\end{cases}$ 解得 $\begin{cases}x=3,\\y=-2.\end{cases}$
三、及时反馈
1. 设集合 $A=\{$实数$\}$，$B=\{$纯虚数$\}$，$C=\{$复数$\}$，若全集 $S=C$，则下列结论正确的是 ( )
A. $A\cup B=C$ B. $A=B$
C. $A\cap(\complement_S B)=\varnothing$ D. $(\complement_S A)\cup(\complement_S B)=C$
2. 已知复数 $z_1=1+3i$ 的实部与复数 $z_2=-1-ai$ 的虚部相等，则实数 a 等于 ( )
A. -3 B. 3 C. -1 D. 1
3. 已知复数 $z_1=a+2i$，$z_2=3+(a^2-7)i$，$a\in\mathbf{R}$，若 $z_1=z_2$，则 $a=$ ( )
A. 2 B. 3 C. -3 D. 9
4. 若 $4-3a-a^2i=a^2+4ai$，则实数 a 的值为________。
5. 设复数 $z=\lg(m^2-2m-2)+(m^2+3m+2)i(m\in\mathbf{R})$，试求 m 取何值时？(1)z 是实数；(2)z 是纯虚数；(3)z 对应的点位于复平面的第一象限。
答案：**1.** D **2.** C **3.** B **4.** $a=-4$。
5. (1)$m=-1$ 或 $m=-2$ (2)$m=3$ (3)$m<-2$ 或 $m>3$
四、课堂小结
由学生小结本节课复数的概念、数系的分类及解题方法。
五、课外作业 教材第 73 页习题 7.1 复习巩固第 1—3 题。

</td><td>

对于复数的分类，首先要从形式区别实数与虚数，虚数与纯虚数。然后结合复数的概念作出判断。

通过判断复数是实数、虚数、纯虚数等，加强对复数概念的理解，同时训练数学运算能力。

复数相等的充要条件即实部与虚部分别相等，这里以例题的形式进行强化。

及时反馈训练，意在强化学生对复数的理解，可用于课堂，也可用于课外练习，结合教材上的练习同步完成，以检测课堂效果。

</td></tr>
</table>

五、教学反思

1. 复数的引入与解实系数一元二次、一元三次方程紧密相关，作为复数一章的第一节课，要引导学生预习章引言，初步了解为什么有数系的扩充，负实数到底能不能开平方？如何开平方？负实数开平方的意义是什么？

2. 本节内容相对容易理解，重在介绍“i”和复数的概念，以讲练结合侧重练。对于复数的分类问题，可以让学生总结复数、有理数、无理数）、虚数、纯虚数、非纯虚数之间的关系。

2.1.2　复数的几何意义

一、内容分析

经过第一节的学习，学生对于数的概念有一个初步的、完整的认知，也为进一步学习数学打下基础。通过本节课学习，要使学生在问题情境中了解数系扩充的过程以及引入复数的必要性，学习复数的一些基本知识，体会人类理性思维在数系扩充中的作用。

二、课程目标与素养目标

课程目标	学科素养
1. 理解的几何表示，即复数可以用复平面内的点表示，也可以用原点为起点的向量来表示； 2. 理解复数与有序实数对之间的一一对应关系； 3. 掌握复平面、实轴、虚轴、复数的模等概念； 4. 掌握用向量的模来表示复数的模的方法。	1. 数学抽象：复平面及复数的几何意义的理解； 2. 逻辑推理：根据平面与向量的关系推出复数与向量的一一对应及复数模公式； 3. 数学运算：根据复数与复平面的点一一对应求参数和求复数的模并比较大小； 4. 直观想象：通过建立形与数的联系，进一步了解复数的几何意义，探索解决问题。

三、教学重点与难点

重点：理解复数的代数形式及其几何意义，根据复数的代数形式找出其对应的点及向量。

难点：根据复数的代数形式找出其对应的点及向量。

四、教学设计

教学过程	设计意图
一、情境导入 **问题1**　实数可以与数轴上的点一一对应，类比实数，复数有什么几何意义呢？ **二、新知探究** **问题2**　阅读课本，思考并完成以下问题	引导学生运用类比思想，通过观察与研探，思考复数的几何意义并引出新知内容。

（续　表）

<table>
<tr><th>教学过程</th><th>设计意图</th></tr>
<tr><td>

思考 1　什么是复平面，复数的模如何求出？

思考 2　复数与复平面内的点及向量的关系如何？复数的模是实数还是虚数？

1. 复平面

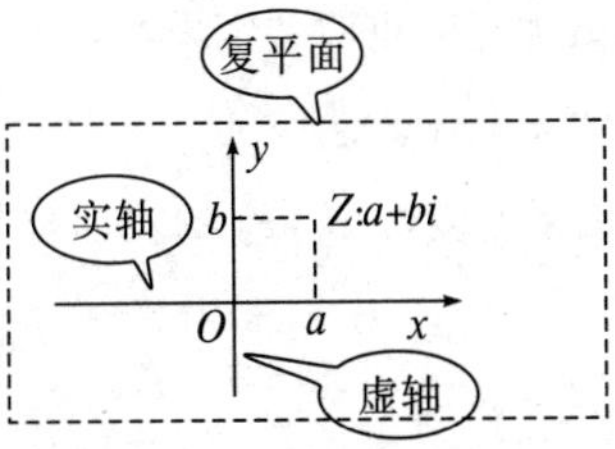

2. 复数的几何意义

(1)复数 $z=a+bi(a,b\in\mathbf{R})\xleftrightarrow{\text{一一对应}}$复平面内的点 $Z(a,b)$。

(2)复数 $z=a+bi(a,b\in\mathbf{R})\xleftrightarrow{\text{一一对应}}$平面向量 $\overrightarrow{OZ}$。

归纳小结：实轴、虚轴上的点与复数的对应关系

实轴上的点都表示实数；除了原点外，虚轴上的点都表示纯虚数，原点对应的有序实数对为(0,0)，它所确定的复数是 $z=0+0i=0$，表示的是实数。

3. 复数的模

(1)定义：向量 $\overrightarrow{OZ}$ 的模 r 叫作复数 $z=a+bi(a,b\in\mathbf{R})$的模。

(2)记法：复数 $z=a+bi$ 的模记为 $|z|$ 或 $|a+bi|$。

(3)公式：$|z|=|a+bi|=r=\sqrt{a^2+b^2}(r\geq 0,r\in\mathbf{R})$

三、例题分析

例 1　设复数 $z_1=4+3i,z_2=4-3i$。

在复平面内画出复数 z_1,z_2 对应的点和向量；

求复数 z_1,z_2 的模，并比较它们的模的大小。

解：(1)如下图，复数 z_1,z_2 对应的点分别为 Z_1,Z_2，对应的向量分别为 $\overrightarrow{OZ_1},\overrightarrow{OZ_2}$。

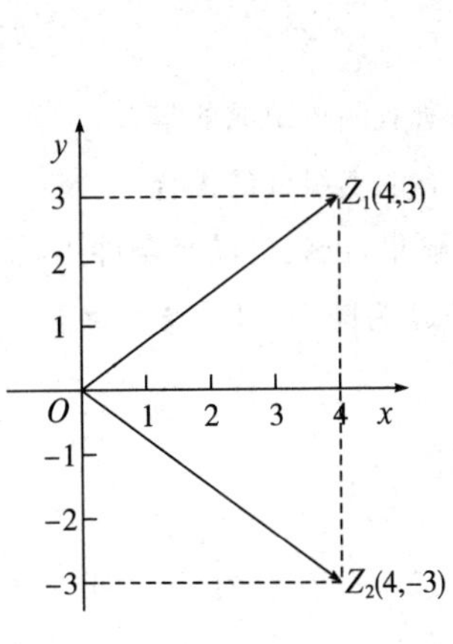

</td><td>

培养学生阅读教材的习惯，并学会从教材中归纳新知，思考新问题。

建立直角坐标系与复平面的对应关系，指出原点不在虚轴上。

将复平面、复数的几何意义及复数的模放在一起学习，有利于学生理解复数的几何意义，理解复数的模即复数对应的点到原点的距离，学会用数形结合的思想思考问题。

通过例 1 中引出共轭复数的定义及其几何意义，并说明互为共轭复数的模相等。

</td></tr>
</table>

（续　表）

<table>
<tr><th>教学过程</th><th>设计意图</th></tr>
<tr><td>(2) $|z_1|=|4+3i|=\sqrt{4^2+3^2}=5$，$|z_2|=|4-3i|=\sqrt{4^2+(-3)^2}=5$。
所以 $|z_1|=|z_2|$
共轭复数：一般地，当两个复数的实部相等，虚部互为相反数时，这两个复数叫作互为共轭复数。特别的，虚部不为0的两个共轭复数也叫共轭虚数。
共轭复数的表示：$z=a+bi$ 与 $\overline{z}=a-bi$ 互为共轭复数。
问题3　两点 Z_1，Z_2，在复平面上有什么关系？复数 z_1，z_2 的实部与虚部又有什么关系？模有什么关系</td><td>问题3在于引导学生学会观察，学会“回头看”，学会用数形结合的思想思考问题。</td></tr>
<tr><td>练习　求实数 a 分别取何值时，复数 $z=\dfrac{a^2-a-6}{a+3}+(a^2-2a-15)i(a\in\mathbf{R})$ 对应的点 Z 满足下列条件：
(1)在复平面的第二象限内。
(2)在复平面内的 x 轴上方。</td><td>练习强化学生对复数的几何意义的理解，同时培养学生数学运算素养。</td></tr>
<tr><td>解：(1)点 Z 在复平面的第二象限内，则 $\begin{cases}\dfrac{a^2-a-6}{a+3}<0,\\ a^2-2a-15>0,\end{cases}$ 解得 $a<-3$。
点 Z 在 x 轴上方，则 $\begin{cases}a^2-2a-15>0,\\ a+3\neq 0,\end{cases}$
即 $(a+3)(a-5)>0$，解得 $a>5$ 或 $a<-3$。</td><td>理解复数的实部就是该点的横坐标，虚部就是该点的纵坐标。</td></tr>
<tr><td>例2　设 $z\in\mathbf{C}$，在复平面内 z 对应的点为 Z，那么满足下列条件的点 Z 的集合是什么图形？
(1) $|z|=1$；(2) $1<|z|<2$。
解：(1)由 $|z|=1$ 得，向量 $\overrightarrow{OZ}$ 的模等于1，所以满足条件 $|z|=1$ 的点 Z 的集合是以原点 O 为圆心，以1为半径的圆。
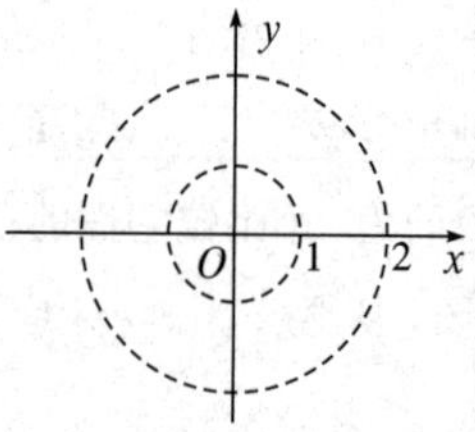

(2)不等式 $1<|z|<2$ 可化为不等式 $\begin{cases}|z|<2,\\ |z|>1.\end{cases}$
不等式 $|z|<2$ 的解集是圆 $|z|=2$ 的内部所有的点组成的集合，
不等式 $|z|>1$ 的解集是圆 $|z|=1$ 外部所有的点组成的集合，</td><td>学会在求参数取值范围时，可根据复数与点的对应关系，建立复数的实部与虚部满足的条件，然后解方程(组)或不等式(组)求解。</td></tr>
<tr><td>这两个集合的交集，就是上述不等式组的解集，也就是满足条件 $1<|z|<2$ 的点 Z 的集合。容易看出，所求的集合是以原点 O 为圆心，以1及2为半径的两个圆所夹的圆环，但不包括圆环的边界。
四、及时反馈
1. 向量 $\boldsymbol{a}=(-2,1)$ 所对应的复数是　　（　　）
A. $z=1+2i$　　B. $z=1-2i$　　C. $z=-1+2i$　　D. $z=-2+i$</td><td>强调理解复平面内复数对应的点表示的图形，从动态的视角理解复数几何意义。</td></tr>
</table>

（续　表）

教学过程	设计意图
2. 已知 $0<a<2$，复数 $z=a+\mathrm{i}$（i 是虚数单位），则 $\|z\|$ 的取值范围是　（　　） A. $(1,\sqrt{3})$　　B. $(1,\sqrt{5})$ C. $(1,3)$　　D. $(1,5)$ **3.** 设 O 为原点，向量 $\overrightarrow{OA}$，$\overrightarrow{OB}$ 对应的复数分别为 $2+3\mathrm{i}$，$-3-2\mathrm{i}$，那么向量 $\overrightarrow{BA}$ 对应的复数为　（　　） A. $-1+\mathrm{i}$　　B. $1-\mathrm{i}$ C. $-5-5\mathrm{i}$　　D. $5+5\mathrm{i}$ **4.** 已知复数 z 满足 $\|z\|^2-2\|z\|-3=0$，则复数 z 对应点的轨迹为　（　　） A. 一个圆　　B. 线段　　C. 两点　　D. 两个圆 **5.** 复数 $z=x-2+(3-x)\mathrm{i}$ 在复平面内的对应点在第四象限，则实数 x 的取值范围是__________。 **答案：1.** D　**2.** B　。**3.** D　**4.** A　**5.** $(3,+\infty)$ **五、课堂小结** **1.** 复平面的定义、实轴与虚轴、复数的模的计算，复平面上点的轨迹等。运用计算公式 $\|a+b\mathrm{i}\|=\sqrt{a^2+b^2}$ 解决实际问题。 **2.** 解题方法与解题思路。 **3.** 复数是否可以比较大小：复数的模是非负实数，因此复数的模可以比较大小。 **六、课外作业**　教材第 73 页习题 7.1 复习巩固和综合运用，第 4—9 题。	及时反馈在于检测当堂学习效果，强化训练。 课外作业给足学生思考时间，重点在于检查学生解题思路和是否正确完整的书写表达。

五、教学反思

1. 教学中应当注意复平面上复数 $z=a+b\mathrm{i}$ 对应的点是 (a,b) 而不是 $(a,b\mathrm{i})$，在这个问题上学生有时会搞错。

2. 教学参考上明确指出，不宜强调复平面与一般坐标平面的区别，但要重点指出原点不在虚轴上。

3. 以数形结合的思想引导学生对复数模的理解，指明实数的模即其绝对值。

2.2

2.2.1　复数的加、减法运算及其几何意义

一、内容分析

将数系扩充到复数后，复数的四则运算就成为重点之一。复数四则运算也是本章的重点，复数代数形式的加法运算法则是一种规定，复数的减法运算法则是通过转化为加法运算而得出的，这样安排渗透了转化的数学思想方法。

二、课程目标与素养目标

课程目标	学科素养
1. 掌握复数代数形式的加、减运算法则； **2.** 了解复数代数形式的加、减运算的几何意义。	**1.** 逻辑推理：根据复数与平面向量的对应关系推导其几何意义； **2.** 数学运算：复数加、减运算及其几何意义，求解相关问题； **3.** 数学建模：结合复数加、减运算的几何意义和平面图形，数形结合，综合应用。

三、教学重点与难点

1. 重点：复数的代数形式的加、减运算及其几何意义；

2. 难点：复数的加、减运算及其几何意义。

四、教学设计

教学过程	设计意图
一、情境导入 **问题 1**　试判断下列复数 $z_1=5-6\mathrm{i}$，$z_2=-2-\mathrm{i}$，$z_3=7$，$z_4=1+3\mathrm{i}$，$z_5=-1+8\mathrm{i}$ 在复平面中落在哪象限？并画出其对应的向量。 **问题 2**　同时用坐标和几何形式表示复数 $z_1=5-6\mathrm{i}$，$z_2=-2-\mathrm{i}$ 所对应的向量，并计算 $\overrightarrow{OZ_1}+\overrightarrow{OZ_2}$。	学生动手探讨，复习向量的几何意义，初步体会向量的加、减运算。
二、新课引入 **思考 1**　向量的加法、减法运算满足什么运算法则？ **思考 2**　复数加法、减法的几何意义如何？ **思考 3**　复数的加、减法与向量间的加减运算是否相同？ **三、新知探究** **1.** 复数加法与减法的运算法则 (1)设 $z_1=a+b\mathrm{i}$，$z_2=c+d\mathrm{i}$ 是任意两个复数，则 ①$z_1+z_2=(a+c)+(b+d)\mathrm{i}$； ②$z_1-z_2=(a-c)+(b-d)\mathrm{i}$。 (2)对任意 $z_1,z_2,z_3\in\mathbf{C}$，有 ①$z_1+z_2=z_2+z_1$； ②$(z_1+z_2)+z_3=z_1+(z_2+z_3)$。 **2.** 复数加减法的几何意义  如图所示，设复数 z_1，z_2 对应向量分别为 $\overrightarrow{OZ_1}$，$\overrightarrow{OZ_2}$，四边形 OZ_1ZZ_2 为平行四边形，向量 $\overrightarrow{OZ_1}$ 与复数 z_1+z_2 对应，向量 $\overrightarrow{Z_2Z_1}$ 与复数 z_1-z_2 对应。	小组讨论后由代表回答。 引导学生由特殊问题想到一般问题，用数学的思维方法去思维。 $\lvert z-z_0\rvert$ $(z,z_0\in\mathbf{C})$ 的几何意义是复平面内点 Z 到点 Z_0 的距离。

（续 表）

<table>
<tr><th>教学过程</th><th>设计意图</th></tr>
<tr><td>
思考 5 类比绝对值$|x-x_0|$的几何意义，$|z-z_0|(z,z_0\in\mathbf{C})$的几何意义是什么？
复数的加减运算
例 1 计算：
(1)$(2+4i)+(3-4i)$；
(2)$(5-6i)+(-2-2i)-(3+4i)$；
(3)$(a+bi)+(2a-3bi)+4i(a,b\in\mathbf{R})$。
解：(1)$(2+4i)+(3-4i)=(2+3)+(4-4)i=5$；
(2)$(5-6i)+(-2-2i)-(3+4i)=(5-2-3)+(-6-2-4)i=-12i$；
(3)$(a+bi)+(2a-3bi)+4i(a,b\in\mathbf{R})=(a+2a)+(b-3b+4)i=3a+(-2b+4)i$，
练习 1 计算：(1)$5-(3+2i)$；
(2)$(-3-4i)+(2+i)-(1-5i)$；
(3))$(2-i)-(2+3i)+4i$；
(4)$(a+2bi)-(3a-4bi)-5i(a,b\in\mathbf{R})(-2a+(6b-5)i)$
复数加减运算的几何意义
例 2 根据复数及其运算的几何意义，求复平面内的两点$Z_1(x_1,y_1)$，$Z_2(x_2,y_2)$间的距离。
解：因为复平面内的点$Z_1(x_1,y_1)$，$Z_2(x_2,y_2)$对应的复数分别为$Z_1=x_1+y_1i$，$Z_2=x_2+y_2i$。
所以Z_1，Z_2之间的距离为$|Z_1Z_2|=|\overrightarrow{Z_1Z_2}|=|Z_1-Z_2|$
$=|(x_1-x_2)+(y_1-y_2)|=\sqrt{(x_1-x_2)^2+(y_1-y_2)^2}$
归纳：向量加法、减法运算的平行四边形法则和三角形法则是复数加法、减法几何意义的依据。利用加法“首尾相接”和减法“指向被减数”的特点，在三角形内可求得第三个向量及其对应的复数。注意向量对应的复数是z_B-z_A（终点对应的复数减去起点对应的复数）。
练习 1 在复平面内，复数$1+i$与$1+3i$分别对应向量$\overrightarrow{OA}$和$\overrightarrow{OB}$，其中O为坐标原点，则$|\overrightarrow{AB}|=$________。
答案：由题意$\overrightarrow{AB}=\overrightarrow{OB}-\overrightarrow{OA}$，∴$\overrightarrow{AB}$对应的复数为$(1+3i)-(1+i)=2i$，
∴$|\overrightarrow{AB}|=2$
练习 2 $\triangle ABC$的三个顶点所对应的复数分别为z_1,z_2,z_3，复数z满足$|z-z_1|=|z-z_2|=|z-z_3|$，则z对应的点是$\triangle ABC$的 （ ）
A. 外心B. 内心C. 重心D. 垂心
答案：选 A 条件可知复数z的对应点P到$\triangle ABC$的顶点A,B,C距离相等，∴P为$\triangle ABC$的外心。故选 A.
</td><td>
让学生从实例中体会到复数代数形式的加、减运算其实就是实部与实部、虚部与虚部的加减运算。

由复数加、减法几何意义，导出两点距离公式。

熟悉复数加、减运算，理解复数模及复数减法运算的几何意义。

利用复数加、减法的几何意义求最值问题，是一种常见的数形结合解题方法，为学生解题打开新的思路。
</td></tr>
</table>

（续　表）

教学过程	设计意图

复数加、减运算几何意义的应用

例 3　已知 $z\in\mathbf{C}$，且 $|z+3-4\mathrm{i}|=1$，求 $|z|$ 的最大值与最小值。

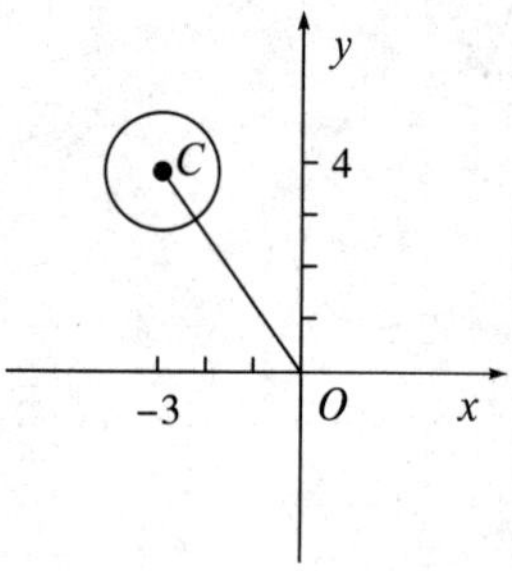

解：由于 $|z+3-4\mathrm{i}|=|z-(-3+4\mathrm{i})|=1$，所以在复平面上，复数 z 对应的点 Z 与复数 $-3+4\mathrm{i}$ 对应的点 C 之间的距离等于 1，故复数 z 对应的点 Z 的轨迹是以 $C(-3,4)$ 为圆心，半径等于 1 的圆。而 $|z|$ 表示复数 z 对应的点 Z 到原点 O 的距离，又 $|OC|=5$，所以点 Z 到原点 O 的最大距离为 $5+1=6$，最小距离为 $5-1=4$。

即 $|z|_{max}=6$，$|z|_{\min}=4$。

归纳　(1) $|z-z_0|$ 表示复数 z，z_0 的对应点之间的距离，在应用时，要把绝对值号内变为两复数差的形式。

(2) $|z-z_0|=r$ 表示以 z_0 对应的点为圆心，r 为半径的圆。

(3)涉及复数模的最值问题以及点的轨迹问题，均可从两点间距离公式的复数表达形式入手进行分析判断，然后通过几何方法进行求解。

四、及时反馈

1. 已知 $z_1,z_2\in\mathbf{C}$，$|z_1+z_2|=2\sqrt{2}$，$|z_1|=2$，$|z_2|=2$，则 $|z_1-z_2|$ 等于　（　　）

A. 1B. $\dfrac{1}{2}$C. 2D. $2\sqrt{2}$

2. 已知复数 z 满足 $z+2\mathrm{i}-5=7-\mathrm{i}$，则 $|z|=$　（　　）

A. 12B. 3C. $3\sqrt{17}$D. 9

3. 设向量 $\overrightarrow{OP}$，$\overrightarrow{PQ}$，$\overrightarrow{OQ}$ 对应的复数分别为 z_1，z_2，z_3，那么　（　　）

A. $z_1+z_2+z_3=0$B. $z_1-z_2-z_3=0$

C. $z_1-z_2+z_3=0$D. $z_1+z_2-z_3=0$

4. 若 $|z|+z=3+\mathrm{i}$，则 z 等于　（　　）

A. $1-\dfrac{4}{3}\mathrm{i}$B. $1+\dfrac{4}{3}\mathrm{i}$C. $\dfrac{4}{3}+\mathrm{i}$D. $-\dfrac{4}{3}+\mathrm{i}$

5. 已知四边形 $ABCD$ 是复平面上的平行四边形，顶点 A，B，C 分别对应于复数 $-5-2\mathrm{i}$，$-4+5\mathrm{i}$，2，求点 D 对应的复数及对角线 AC，BD 的长。

参考答案：1. D　**2.** C　**3.** D　**4.** C　**5.** $|\overrightarrow{AC}|=\sqrt{53}$，$|\overrightarrow{BD}|=13$。

五、课堂小结

复数加、减运算(代数形式)；复数加、减运算的几何意义与向量的加、减法相统一，联系平面向量加、减运算三角形法则、平行四边形法则。可由学生总结归纳。

六、课外作业　课本第 77 页练习，第 80 页习题 7.2 的第 1，2，5 题。思考第 6，7 题。

五、教学反思

本节课主要是在学生了解复数的概念及其几何意义的基础上，类比实数的加减运算法则，经过探讨得出复数的加减运算法则；类比平面向量的加减运算法则，探讨得出复数加减的几何意义，使学生对知识更加融会贯通。

2.2.2　复数的乘、除运算

一、内容分析

复数代数形式的乘法与多项式乘法“规则”是相同的，只是在所得结果中把 i^2 换成-1，再把实部、虚部分别合并。复数的除法运算法则是通过分子分母同时乘分母的共轭复数，将分母实数化转化为乘法运算而得出的。体现出化归与转化的数学思想。

二、课程目标与素养目标

课程目标	学科素养
1. 掌握复数代数形式的乘法和除法运算； 2. 理解复数乘法的交换律、结合律和乘法对加法的分配律； 3. 理解并会求复数范围内的方程根。	1. 数学抽象：复数乘法、除法运算法则； 2. 逻辑推理：复数乘法运算律的推导； 3. 数学运算：复数四则运算； 4. 数学建模：结合实数范围内求根公式和复数四则运算，解决复数范围内的方程根问题。

三、教学重点与难点

重点：复数代数形式的乘法和除法运算。

难点：求复数范围内的方程根。

四、教学设计

教学过程	设计意图
一、情境导入 前几节课学习了复数的加法和减法运算及其几何意义，类比多项式的乘法、除法运算法则，猜想复数的乘法、除法满足何种运算法则？ **二、引入新课** （研读教材第 77—79 页） **思考 1**　复数乘法是否满足交换律、结合律？乘法对加法是否满足分配律？除法的运算法则是什么？	引导学生用类比的思维方式去思考问题，同时引出复数的乘、除运算法则。

（续　表）

<table>
<tr><th>教学过程</th><th>设计意图</th></tr>
<tr><td>

思考 2　复数乘法的多项式运算与实数的多项式运算法则是否相同？如何应用共轭复数解决问题？

三、新知探究

1. 复数的乘法法则

已知 $z_1=a+bi$，$z_2=c+di$，$a,b,c,d\in\mathbf{R}$，则 $z_1\cdot z_2=(a+bi)(c+di)=(ac-bd)+(ad+bc)i$。

</td><td>引导学生独立思考，小组合作，找出规律。</td></tr>
<tr><td>

归纳　两个复数相乘，类似于两个多项式相乘，只要在所得结果中把 i^2 换成 -1，并且把实部与虚部分别合并即可。

</td><td>对应回答前面思考 1。</td></tr>
<tr><td>

2. 复数乘法的运算律

对于任意 $z_1,z_2,z_3\in\mathbf{C}$，有

<table>
<tr><td>交换律</td><td>$z_1\cdot z_2=z_2\cdot z_1$</td></tr>
<tr><td>结合律</td><td>$(z_1\cdot z_2)\cdot z_3=z_1\cdot(z_2\cdot z_3)$</td></tr>
<tr><td>乘法对加法的分配律</td><td>$z_1(z_2+z_3)=z_1\cdot z_2+z_1\cdot z_3$</td></tr>
</table>

例 1　计算 $(1-2i)(3+4i)(-2+i)$。

解：$(1-2i)(3+4i)(-2+i)=(11-2i)(-2+i)=-20+15i$

例 2　计算（1）$(2+3i)(2-3i)$；（2）$(1+i)^2$。

解：（1）$(2+3i)(2-3i)=2^2-(3i)^2=4-(-9)=13$；

（2）$(1+i)^2=1+2i+i^2=1+2i-1=2i$

归纳 1　两个复数代数形式乘法的一般方法是：（1）首先按多项式的乘法展开。（2）再将 i^2 换成 -1.（3）然后再进行复数的加、减运算，化简为复数的代数形式。

常用公式及结论：（1）$(a+bi)^2=a^2-b^2+2abi(a,b\in\mathbf{R})$。（2）$(a+bi)(a-bi)=a^2+b^2(a,b\in\mathbf{R})$。（3）$(1\pm i)^2=\pm 2i$。

练习 1　计算 $(1-i)^2-(2-3i)(2+3i)=(-13-2i)$

</td><td>用实例说明复数乘法运算规律，同时说明多项式运算中平方差公式及完全平方公式也适用于复数运算，其他公式也一样可用。</td></tr>
<tr><td>

探究　类比实数的除法是乘法的逆运算，我们规定复数的除法是乘法的逆运算，请探究复数除法的运算法则。

3. 复数的除法法则

$$(a+bi)\div(c+di)=\frac{ac+bd}{c^2+d^2}+\frac{bc-ad}{c^2+d^2}i(c+di\neq 0)$$

例 3　计算 $(1+2i)\div(3-4i)$。

解：$(1+2i)\div(3-4i)=\dfrac{1+2i}{3-4i}$

$$=\frac{(1+2i)(3+4i)}{(3-4i)(3+4i)}=\frac{3-8+6i+4i}{3^2+4^2}=\frac{-5+10i}{25}=-\frac{1}{5}+\frac{2}{5}i$$

练习 2　计算 $\dfrac{1+i}{1-i}-\dfrac{4+3i}{2-i}(-1-i)$

</td><td>类比的思想方法是一种自然的常见的思想方法，在数学活动中时常提醒学生运用这种方法去思考问题。</td></tr>
</table>

（续　表）

<table>
<tr><th>教学过程</th><th>设计意图</th></tr>
<tr><td>

归纳 2　两个复数相除（除数不为 0），所得结果（商）是一个确定的复数。

归纳 3　两个复数代数形式的除法运算步骤：(1)将除式写为分式；(2)将分子、分母同乘以分母的共轭复数；(3)将分子、分母分别进行乘法运算，并将其化为复数的代数形式。

4. 复数范围内的方程根

例 4　在复数范围内解下列方程：

(1)$x^2+2=0$；

(2)$ax^2+bx+c=0$，其中 $a,b,c\in\mathbf{R}$，且 $a\neq0$，$\Delta=b^2-4ac<0$

解：(1)因为$(\sqrt{2}\mathrm{i})^2=(-\sqrt{2}\mathrm{i})^2=-2$，所以方程 $x^2+2=0$ 的根为 $x=\pm\sqrt{2}\mathrm{i}$。

(2)将方程 $ax^2+bx+c=0$ 的二次项系数体化为 1，得 $x^2+\frac{b}{a}x+\frac{c}{a}=0$。

配方，得$\left(x+\frac{b}{2a}\right)^2=\frac{b^2-4ac}{4a^2}$，即$\left(x+\frac{b}{2a}\right)^2=-\frac{-(b^2-4ac)}{(2a)^2}$。

由 $\Delta<0$，知$\frac{-(b^2-4ac)}{(2a)^2}=-\frac{\Delta}{(2a)^2}>0$。

类似(1)，可得 $x+\frac{b}{2a}=\pm\frac{\sqrt{-(b^2-4ac)}}{2a}\mathrm{i}$，

所以原方程的根为 $x=-\frac{b}{2a}\pm\frac{\sqrt{-(b^2-4ac)}}{2a}\mathrm{i}$。

归纳 4　与复数方程有关的问题，一般是利用复数相等的充要条件，将复数问题转化为比较熟悉的实数问题进行求解。根与系数的关系仍适用。在复数范围内，实系数方程 $ax^2+bx+c=0(a\neq0)$ 的求要公式是：当 $\Delta\geq0$ 时，$x=\frac{-b\pm\sqrt{b^2-4ac}}{2a}$；当 $\Delta<0$ 时，$x=-\frac{b}{2a}\pm\frac{\sqrt{-(b^2-4ac)}}{2a}\mathrm{i}$。

四、及时反馈

1. 若复数 $z_1=1+\mathrm{i}$，$z_2=3-\mathrm{i}$，则 $z_1z_2=$__________。

2. i 是虚数单位，若复数 z 满足 $z\mathrm{i}=1+\mathrm{i}$，则 $z^2=$__________。

3. 复数$\frac{(1+2\mathrm{i})^2}{3-4\mathrm{i}}=$__________

4. $(1+\mathrm{i})^{20}-(1-\mathrm{i})^{20}$ 的值是（　　）

A. $-1\ 024$　　B. $1\ 024$　　C. 0　　D. 512

5. 已知复数 $z=-3+2\mathrm{i}$（i 为虚数单位）是关于 x 的方程 $2x^2+px+q=0$（p,q 为实数）的一个根，求 $p+q$ 的值。

答案：**1.** $4+2\mathrm{i}$　**2.** $-2\mathrm{i}$　**3.** -1　**4.** C　**5.** $p+q=38$

</td><td>

例 3 用比较详实的解题步骤说明如何运用复数除法法则解题，一是解题的方法；二是呈现的方式与结果都要符合数学规律。

例 4(1)回应本章开头提出的复数范围内解方程 $x^2+2=0$ 的问题；(2)则将初中解实系数一元二次方程判别式大于等于 0 扩充到小于 0 的情形，解决了在复数范围内求方程根的一般方法。

归纳 4，可以由学生（小组）来总结归纳，形成一般性结论。

及时反馈设计了五道小题，主要在于让学生在熟悉复数的乘法与除法运算基础上，掌握一些解题的基本方法与一般结论。

</td></tr>
</table>

（续　表）

教学过程	设计意图
五、课堂小结 本节有三个主要内容：一是复数的乘法运算及其法则，二是复数的除法运算及法则，三是在复数范围内求方程的根，要求理解与掌握一般规律，并学会正确书写解题过程。 **六、课外作业**　习题 7.2 中第 3，4，6，7 题。	

五、教学反思

本节课主要是在学生了解复数的加减运算及共轭复数的基础上，类比多项式的乘除运算法则探讨得出复数的乘除运算法则，使学生对知识更加融会贯通。尤其在例 4 使学生对方程的根有了更深刻的认识。

第三章

立体几何初步

一、单元内容与内容解释

(一)单元内容

《普通高中数学课程标准(2017 年版)》提出:立体几何研究现实世界中物体的形状、大小与位置关系。本章是高中数学学习的重点之一,通过研究空间几何体的结构特征、直观图、表面积和体积等,运用直观感知、操作确认、度量计算等方法,认识和探索空间图形及其性质,使学生建立空间概念,思考和掌握空间几何体的分类方法,掌握空间几何体的表面积和体积的度量计算。在认识空间点、直线、平面位置的过程中,进一步提高学生的空间想象能力,发展推理论证能力。通过对实际模型的认识,学会将文字语言转化为图形语言和符号语言,学会准确地使用数学语言表述几何对象的位置关系;以具体的长方体中的点、线、面之间的关系作为载体,使学生在直观感知的基础上,认识空间中点、线、面之间的位置关系;通过对图形的观察和实验,使学生进一步了解平行、垂直关系的判定方法以及基本性质,并能解决一些简单的推理论证及应用。

(二)内容分析

本章的内容有基本立体图形、基本图形位置关系、平行与垂直关系。

1. 基本立体图形的结构特征

基本立体图形结构特征的学习,主要研究内容是基本图形的形状和大小,对理性思维的要求不高,以直观感知、操作确认的方式为主,通过对基本立体图形的分类,教学的重点是掌握对柱、锥、台、球结构特征的认识,难点是柱、锥和台的侧面展开图问题。在直观图的教学内容中,水平放置的平面图形的直观图画法,是画空间几何体直观图的基础。教学的重点和难点是会用斜二测画法画出一些简单平面图形和立体图形的直观图。在从结构特征和直观图两个方面认识了基本立体图形后,进一步从度量的角度认识基本立体图形,主要包括表面积和体积。其重点是掌握柱、锥、台、球的表面积和体积计算公式和应用,难点是台体的体积公式的理解。

2. 基本图形的位置关系

在研究了基本图形的形状和大小后,便开始研究基本图形的位置关系。空间点、直线、平面之间的位置关系是立体几何中最重要的位置关系。直线与直线、直线与平面、平面与平面的位置关系是本节的重点和难点。这些位置关系是根据交点个数来定义的,重点是结合图形判断空间中直线与直线、直线与平面、平面与平面的位置关系。难点是会用符号语言表示直线与直线、直线与平面、平面与平面之间的位置关系。

3. 空间直线、平面的平行与垂直关系

空间直线、平面的位置关系之所以将研究聚焦在平行和垂直上,是因为平行和垂直是整个定量几何的基础所在,当然也就是学生学习立体几何的起点和要点所在。

在直线与直线平行中,通过观察和结合实例得到基本事实 4,之后从平面几何与空间几何类比的角度推导和证明等角定理,教学的重点是基本事实 4 和等角定理的理解和运用,难点是运用。在直线与直线垂直中,类比直线与直线平行,通过观察得到异面直线的概念,进而得到直线与直线垂直,教学的重点是直线与直线垂直的证明,难点是异面直线所成角的计算。

在直线与平面、平面与平面的平行垂直中,通过观察或探究让学生以直观感知和操作确认的方式得到直线与平面、平面与平面的平行和垂直的判定定理。对于直线与平面、平面与平面的平行和垂直的性

质，通过结合图形进行简单的证明。教学的重点是空间中的直线与平面、平面与平面的平行和垂直的判定和性质。难点是建立空间概念，培养学生的空间想象，进而进行判定和性质的应用。

另外，在判定定理和性质定理的教学中，要通过长方体等模型再结合生活中的实例进行讲解，进而突破难点。

二、单元目标与目标解释

（一）单元目标

能够通过直观图理解空间图形，掌握基本空间图形及其简单组合体的概念和基本特征，了解一些简单几何体的表面积与体积的计算方法，解决简单的实际问题。能够运用图形的概念描述图形的基本关系和基本结构，理解空间点、线、面的位置关系，并会用数学语言表述空间有关平行、垂直的判定与性质，能运用这些结论对有关空间图形位置关系的简单命题进行推理论证。重点提升直观想象、逻辑推理、数学运算和数学抽象素养。

1. 知识目标

（1）基本立体图形

①利用实物、计算机软件等观察空间图形，认识柱、锥、台、球及简单组合体的结构特征，能运用这些特征描述现实生活中简单物体的结构。

②知道球、棱柱、棱锥、棱台的表面积和体积的计算公式，能用公式解决简单的实际问题。

③能用斜二测法画出简单空间图形（长方体、球、圆柱、圆锥、棱柱及其简单组合）的直观图。

（2）基本图形位置关系

①借助长方体，在直观认识空间点、直线、平面的位置关系的基础上，抽象出空间点、直线、平面的位置关系的定义，了解基本事实 1—4 和等角定理。

②从上述定义和基本事实出发，借助长方体，通过直观感知，了解空间中直线与直线、直线与平面、平面与平面的平行和垂直的关系，归纳出判定定理，并加以证明。

③从上述定义和基本事实出发，借助长方体，通过直观感知，了解空间中直线与直线、直线与平面、平面与平面的平行和垂直的关系，归纳出性质定理，并加以证明。

④能用已获得的结论证明空间基本图形位置关系的简单命题。

（3）几何学的发展

收集、阅读几何发展的历史资料，撰写小论文，论述几何发展的过程、重要结果、主要人物、关键事件及其对人类文明的贡献。

2. 素养目标

（1）数学抽象：在基本立体图形结构特征等学习中，对物体或其关系进行数学抽象，再以此为出发点，研究其他特性，获得几何体的性质。

（2）数学运算：在基本立体图形表面积和体积的计算和异面直线所成角、二面角等计算中，逐步培养学生的数学运算核心素养。

（3）直观想象：在画直观图、平行与垂直的判定定理的观察和探究中，培养学生直观想象的数学核心素养。

（4）逻辑推理：在运用基本事实 4、等角定理、平行与垂直的判定定理和性质定理等结论对有关空间图形位置关系的简单命题进行推理论证的教学中，培养学生的逻辑推理核心素养。

（二）目标解释

达成上述目标的标志是：学生能对本章内容的研究思路、过程及重要的思想方法有清晰的认识，能计算简单立体图形的表面积和体积，能解决简单的异面直线夹角和二面角问题，能运用基本事实4、等角定理、平行与垂直的判定定理和性质定理等结论对有关空间图形位置关系的简单命题进行推理论证，对本章重要知识的研究能深入本质，能积极思考如何解决问题。

三、单元教学问题诊断分析

本章内容是义务教育阶段“空间与图形”课程的延续与发展，重点是帮助学生逐步形成空间想象能力，但是初中几何课程主要以平面图形为研究对象。教学中会有以下问题：首先，立体几何的概念具有层次性；其次，在二维平面上画三维的直观图，需要在逻辑推理的基础上进行空间想象。会存在以下障碍：识图障碍、画图障碍、数学语言障碍、表达障碍；最后，立体几何的条件判断有若干个，结论判断也有若干个，有时条件用不上，不知该由哪儿入手，有时由条件推出别的结论而不是你需要的结论。所以为了符合学生的认知规律，培养学生对几何学习的兴趣，增进学生对几何本质的理解。单元教学过程与方法如下：

(1)由于是从运动变化的观点来认识柱、锥、台、球的几何特点，因此教学时要通过大量的柱、锥、台、球实物模型进行演示，有条件的可以使用计算机演示柱、锥、台、球的生成过程，以帮助学生认识空间简单几何体的结构特征，并逐步形成空间观念。

(2)关于斜二测法作图中，要重视画图，通过画图来培养学生的空间观念，发展学生的直观想象素养。

(3)关于“柱、锥、台、球的表面积和体积”一节的教学，对一些简单组合体的表面积和体积计算，重在通过分析得到它是由哪些简单几何体组合而成。在介绍求柱、锥、台、球的表面积和体积的方法时，应着重让学生体会祖暅原理和积分思想在表面积与体积计算中的应用。

(4)在研究直线与直线、直线与平面、平面与平面的位置关系时，首先应强调位置关系的分类标准，然后引导学生给出正确分类。由于是通过直观感知、操作确认，探索关于“垂直”“平行”的判定定理，所以教学中要给出大量的空间图形，可用信息技术工具演示，让学生通过观察、实验，确认“垂直”“平行”的判定方法，注意判定定理不需要证明，但在“垂直”“平行”性质定理的教学中需要对性质定理进行简单的证明，培养学生逻辑推理的核心素养。关于“垂直”“平行”的判定与性质定理的应用，教学时应先让学生理解定理成立的条件，着重引导学生创设定理成立的条件。并逐渐让学生感悟到：空间中直线与直线、直线与平面、平面与平面的垂直或平行问题常常相互转化，将空间问题化归为平面问题是处理立体几何问题的重要思想，对空间中“角”与“距离”的度量问题，教学中不必拓展延伸，随意地提高教学要求。

(5)本章教学中要注意联系平面图形的知识，利用类比、引申、联想等方法，理解平面图形和立体图形的异同，以及两者的内在联系，逐步培养学生的空间想象能力。

(6)强调长方体、正四面体、正方体等典型图形的模型作用。典型图形具有模型的作用，如教师可以使用具体的长方体的点、线、面关系作为载体，使学生在直观感知的基础上，认识空间中一般的点、线、面之间的位置关系，抽象出空间线、面位置关系的定义；通过对图形的观察、实验和说理，使学生进一步了解平行、垂直关系的基本性质以及判定方法，学会准确地使用数学语言表述几何对象的位置关系，并能解决一些简单的推理论证及应用问题。

四、单元教学支持条件分析

1. 立体几何教学必须使用信息技术。例如，利用信息技术工具(几何画板，GGB 等)画出长方体，通过动态演示，观察其结构特征，观察其中的点、直线、平面的位置关系；在长方体的棱长上取某些特殊点，连接出一些线段、截面，探索它们与长方体的棱、面之间的关系；同时通过动态演示，也可以发现一些隐藏的直线、平面的位置关系，等等。

2. 几何教学应注意引导学生通过对实际模型的认识。提供丰富的实物模型呈现空间几何体，可以帮助学生认识柱、锥、台、球及其简单组合体等空间几何体的结构特征，并能运用这些特征描述现实生活中简单物体的结构。

3.1　基本的立体图形

第 1 课时

一、内容分析

空间几何体是立体几何的主要研究对象，几何体按照其类型可以分为多面体和旋转体。在第一课时我们认识基本多面体中的棱柱、棱锥和棱台的结构特征。教学中要充分探究棱柱、棱锥和棱台、球每个几何体的生成过程，利用其生成过程引导学生探究及认识其中的几何结构特征，得出顶点、棱、侧棱、底面、侧面等概念，借助模型或动画从整体和联系的观点看，分析棱柱、棱锥和棱台的结构特征的联系与区别。最后借助信息技术补充多面体相截问题和展开图问题，提升学生的数学抽象、直观想象素养。

二、课程目标与素养目标

课程目标	学科素养
1. 了解多面体和旋转体的结构特征，理解棱柱、棱锥和棱台的结构特征； **2.** 经历从物体到几何体的抽象过程，体验研究几何体的方法，提升直观想象和数学抽象素养。	**1.** 数学抽象：多面体与旋转体等概念的理解，探究棱柱、棱锥和棱台、球每个几何体的生成过程，总结出顶点、棱、侧棱、底面、侧面等概念； **2.** 逻辑推理：棱柱、棱锥、棱台的结构特点； **3.** 直观想象：判断空间几何体； **4.** 数学建模：通过平面展开图将空间问题转化为平面问题解决，体现了转化的思想方法。

三、教学重点、难点

1. 教学重点：多面体、旋转体以及基本几何体的结构特征；

2. 教学难点：几何体结构特征的抽象概括。

四、教学设计

<table>
<tr><th>教学过程</th><th>设计意图</th></tr>
<tr><td>

一、情境引入

我们知道在我们周围存在着各种各样的物体，它们都占据着空间的一部分。环顾四周，我们生活的空间是三维的空间，触摸到的物体几乎都和几何体相关，在小学和初中我们都接触过一些特殊的立体几何体，在生活中我们也常见到一些建筑物，它们实际上是由几种空间几何体组合在一起而形成的。

</td><td>引出本节研究内容，给出几何体的概念以及认识几何体的角度。</td></tr>
<tr><td>

二、探索新知

问题 1 观察教科书图 8.1-1 中的图片，这些图片中的物体具有怎样的形状？如何描述它们的形状？在日常生活中，我们把这些物体的形状叫作什么？

师生活动：教师呈现教科书图 8.1-1 的图片，指出观察的方法（从物体表面图形的形状入手），组织引导学生进行逐一观察与归纳。

问题 2 它们分别类似于哪种我们知道的空间几何体？（准备好实物模型）按照围成几何体的面的特点，上述图片反映的几何体可以分为哪几类？各类几何体具有什么样的结构特征？

师生活动：引导学生将上述几何体分为两类：多面体和旋转体的概念，并结合教科书图 8.1-2 给出多面体的面、棱、顶点等概念。

1. 空间几何体、多面体与旋转体定义：如果只考虑物体的形状和大小，而不考虑其它因素，那么这些由物体抽象出来的空间图形就叫作空间几何体。由若干平面多边形围成的几何体叫作多面体(polyhedron)，围成多面体的各个多边形叫作多面体的面；相邻两个面的公共边叫作多面体的棱；棱与棱的公共点叫作多面体的顶点。由一个平面图形绕它所在的平面内的一条定直线旋转所形成的封闭几何体叫作旋转体(rotating solid)。

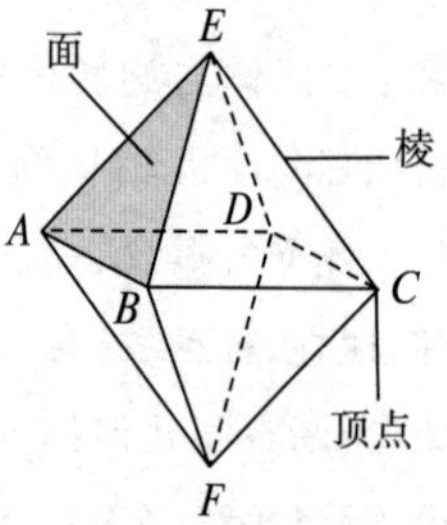

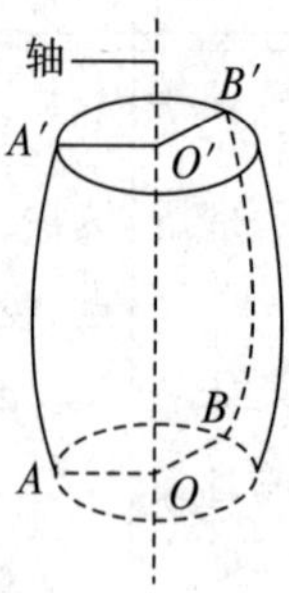

问题 3 观察图 8.1-4 中的长方体还有大家桌面上的笔盒，它的每个面是什么样的多边形？不同的面之间有什么位置关系？

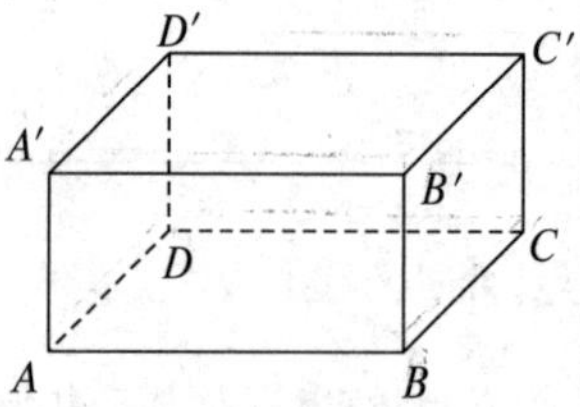

</td><td>借助具体的实物图片及模型，引导学生对图形进行观察、分析、比较，并按照围成几何体的面的特点进行分类，抽象概括出多面体和旋转体的概念。</td></tr>
</table>

（续　表）

<table>
<tr><th>教学过程</th><th>设计意图</th></tr>
<tr><td>

师生活动：教师引导学生得到三个特征：①有两个面互相平行；②其余各面都是四边形；③每相邻两个四边形的公共边都互相平行。

问题 4　观察图中的棱柱，你能从它们的底面多边形的边数或侧面与底面的关系的角度对它们进行分类吗？

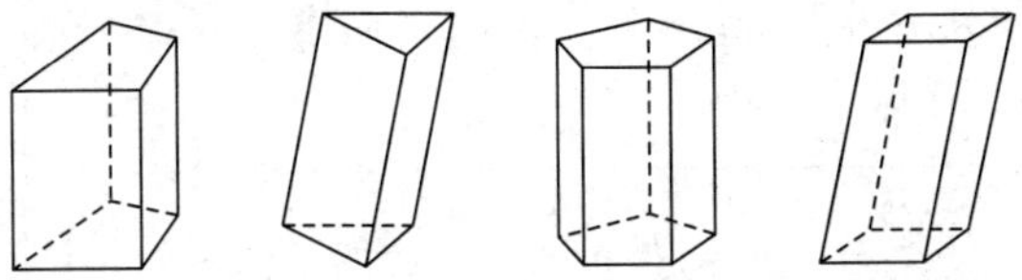

(1)　(2)　(3)　(4)

师生活动：教师引导学生从底面多边形的边数和侧棱是否与底面垂直的角度对棱柱进行分类，并给出直棱柱、斜棱柱、正棱柱、平行六面体等概念。

2. 棱柱的定义：有两个面互相平行，其余各面都是四边形，并且每相邻两个四边形的公共边都互相平行，由这些面所围成的多面体是棱柱(prism)。

棱柱中，两个互相平行的面叫作棱柱的底面；其余各面叫作棱柱的侧面；相邻侧面的公共边叫作棱柱的侧棱；侧面与底面的公共顶点叫作棱柱的顶点。底面是三角形、四边形、五边形……的棱柱分别叫作三棱柱、四棱柱、五棱柱，等等。用各顶点字母表示棱柱，如棱柱 $ABCDEF\text{-}A'B'C'D'E'F'$，侧棱垂直于底面的棱柱叫作直棱柱，侧棱不垂直于底面的棱柱叫作斜棱柱，底面是正多边形的直棱柱叫作正棱柱。

问题 5　观察教科书图 8.1－1 中的金字塔，它的每个面是什么样的多边形？不同的面之间有什么位置关系？你能再举出一些生活中与它们具有相同结构特征的例子吗？

师生活动：类比棱柱学习过程，引导学生讲出棱锥的特点。

3. 棱锥的定义：有一个面是多边形，其余各面都是有一个公共顶点的三角形，由这些面所围成的多面体叫作棱锥(*pyramid*)。

底面是三角形、四边形、五边形……的棱锥分别叫作三棱锥、四棱锥、五棱锥……其中，三棱锥又叫四面体。

棱锥也用顶点和底面各顶点字母表示，如棱锥 $S\text{-}ABCD$。

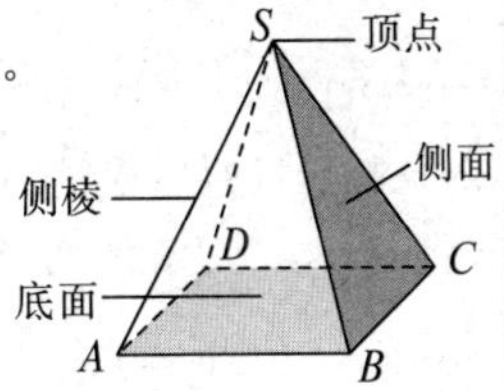

问题 6　观察章节图中的棱台建筑物，棱台可以看作是由截棱锥形成的。观察由棱锥截得棱台的动画，你可以给出棱台的特征吗？

师生活动：通过动画，类比棱柱学习过程，引导学生探究棱台的定义和特征。

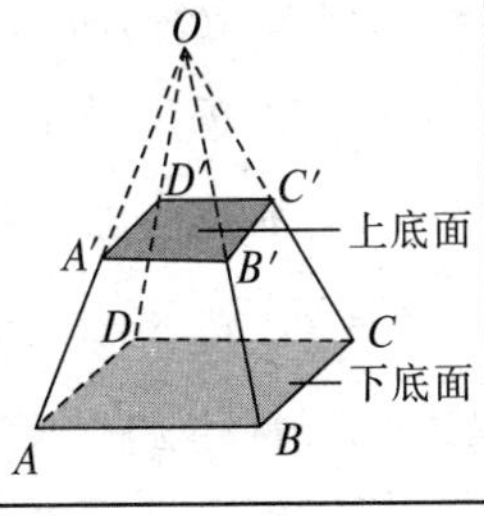

4. 棱台的定义：用一个平行于棱锥底面的平面去截棱锥，底面于截面之间的部分叫作棱台(frustum of a pyramid)。原棱锥的底面和截面分别叫作棱台的下底面和上底面，棱台也有侧面、侧棱、顶点。

</td><td>

认识一个几何体，主要从其结构特征，从组成这个几何体的要素以及要素之间的位置关系的角度进行。除把握几何体的结构特征外，一般我们还要弄清其相关概念，表示以及分类。在认识几何体的过程中，要注意实物以及立体模型的作用，在这一过程中，发展学生的数学抽象、直观想象素养。

类比棱柱的学习，在把握棱锥的结构特征的基础上，了解棱锥及其相关概念、表示和分类。

</td></tr>
</table>

（续　表）

<table>
<tr><th>教学过程</th><th>设计意图</th></tr>
<tr><td>

由三棱锥、四棱锥、五棱锥……截得的棱台分别叫作三棱台、四棱台、五棱台……用各顶点字母表示棱柱，如棱台 $ABCDEF\text{-}A'B'C'D'E'F'$。

棱柱、棱锥、棱台都是多面体，当棱台的上底面扩大，使上下底面全等，就得到棱柱；当棱台的上底面缩小为一个点，就得到棱锥。（利用动画演示）

例 1　将下列各类几何体之间的关系用 Venn 图表示出来：多面体，长方体，棱柱，棱锥，棱台，直棱柱，四面体，平行六面体。

解：

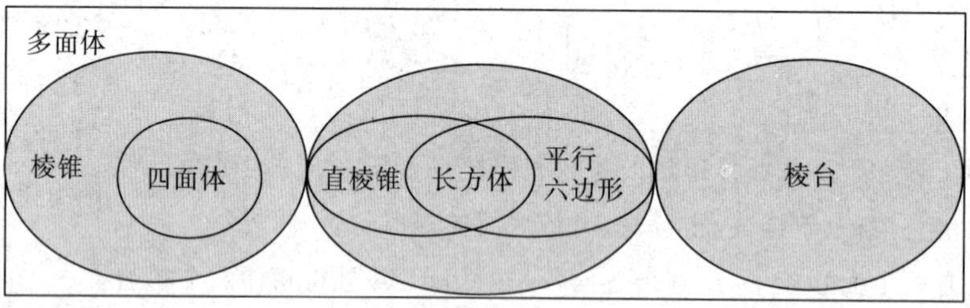

例 2　如图所示，长方体-$A_1B_1C_1D_1$。

(1)这个长方体是棱柱吗？如果是，是几棱柱？为什么？

(2)用平面 $BCFE$ 把这个长方体分成两部分后，各部分形成的几何体还是棱柱吗？如果是，是几棱柱？如果不是，说明理由。

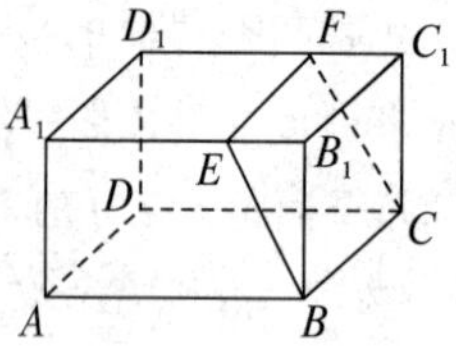

解：(1)该长方体是棱柱，并且是四棱柱，因为以长方体相对的两个面作底面都是四边形，其余各面都是矩形，当然是平行四边形，并且四条侧棱互相平行。

(2)截面 $BCFE$ 上方部分是棱柱，且是三棱柱 $BEB_1\text{-}CFC_1$，其中$\triangle BEB_1$ 和$\triangle CFC_1$ 是底面。截面 $BCFE$ 下方部分也是棱柱，且是四棱柱 $ABEA_1\text{-}DCFD_1$，其中四边形 $ABEA_1$ 和 $DCFD_1$ 是底面。

例 3　长方体 $A_1B_1C_1D_1$ 中，$AB=4$，$BC=3$，$BB_1=5$，一只蚂蚁从点 A 出发沿表面爬行到点 C_1，求蚂蚁爬行的最短路线。

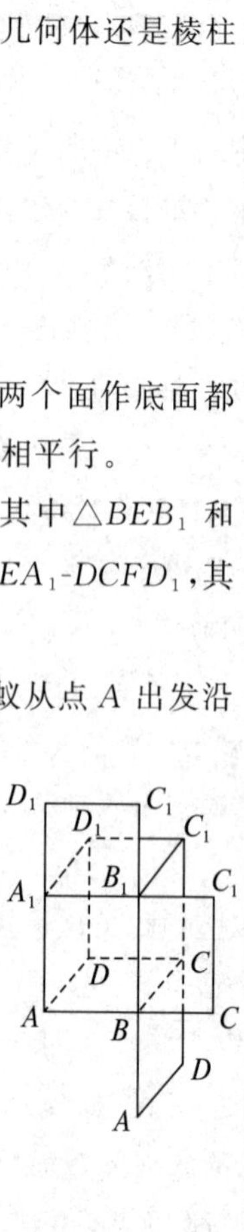

解：如图：(1)若将 C_1D_1 剪开，使面 AB_1 与面 A_1C_1 共面，可求得 $AC_1=\sqrt{4^2+(5+3)^2}=\sqrt{80}=4\sqrt{5}$。

(2)若将 AD 剪开，使面 AC 与面 BC_1 共面，

可求得 $AC_1=\sqrt{3^2+(5+4)^2}=\sqrt{90}=3\sqrt{10}$。

(3)若将 CC_1 剪开，使面 BC_1 与面 AB_1 共面，

可求得 $AC_1=\sqrt{(4+3)^2+5^2}=\sqrt{74}$。

相比较可得蚂蚁爬行的最短路线长为$\sqrt{74}$。

</td><td>

可利用动画或者模型图呈现截棱锥得到棱台的过程，让学生自行类比归纳出棱台的特征和定义，发展学生的直观想象和数学抽象素养。

引导学生用运动、变化、联系的观点去看棱柱、棱锥、棱台，强化学生直观想象核心素养。

通过例题、练习巩固本节知识，深化对相关概念的理解。

考查学生对棱柱的结构特征的理解以及空间想象能力。

</td></tr>
</table>

(续　表)

教学过程	设计意图
三、及时反馈 **1**. 棱台不具备的特点是　　　　(　　) A. 两底面相似 B. 侧面都是梯形 C. 侧棱都相等 D. 侧棱延长后都交于一点 **2**. 给出下列几个命题，其中错误的命题是　　　　(　　) A. 棱柱的侧面都是平行四边形 B. 棱锥的侧面为三角形，且所有侧面都有一个公共顶点 C. 多面体至少有四个面 D. 用一个平面去截棱锥，底面与截面之间的部分组成的几何体叫棱台 **3**. 下列命题中正确的是__________。(填序号) ①有两个面平行，其余各面都是四边形的几何体叫棱柱 ②棱柱的一对互相平行的平面均可看作底面 ③三棱锥的任何一个面都可看作底面 ④棱台各侧棱的延长线交于一点 **4**. 关于如图所示几何体的正确说法的序号为__________。 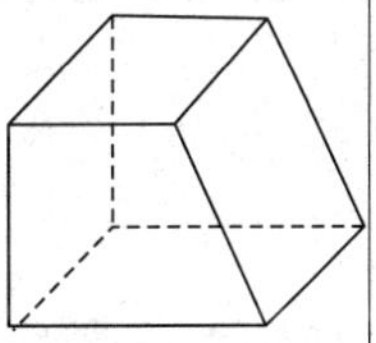 ①这是一个六面体 ②这是一个四棱台 ③这是一个四棱柱 ④此几何体可由三棱柱截去一个三棱柱得到 ⑤此几何体可由四棱柱截去一个三棱柱得到	通过练习巩固本节所学知识，提高学生解决问题的能力，感悟其中蕴含的数学思想，增强学生的应用意识。
5. 水平放置的正方体的六个面分别用“前面、后面、上面、下面、左面、右面”表示，如图是一个正方体的表面展开图(图中数字写在正方体的外表面上)，若图中“0”上方的“2”在正方体的上面，则这个正方体的下面是　　　　(　　) 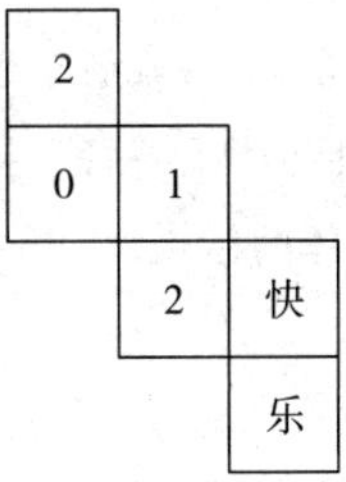 A. 1　　　　B. 2 C. 快　　　　D. 乐 **答案：1**. C　**2**. D　**3**. ③④　**4**. ①③④⑤　**5**. B **四、课堂小结** **1**. 多面体和旋转体的定义和区别； **2**. 棱柱、棱锥和棱台的定义和特征； **3**. 研究立体几何的数学思想和方法。 **五、课外练习**　习题 8.1　第 1,2,6,7 题。	通过总结，让学生进一步巩固本节所学内容，提高概括能力，提高学生的数学运算能力和逻辑推理能力。

五、教学反思

本节课作为立体几何的第一节，概念比较多，理解起来需要一定的空间想象力，从物体到几何体的抽象过程，需要解决看什么、怎么看、怎么表示等问题。在几何体中，面、棱和顶点是基本元素，这些基本元素的形状、位置关系就反映了几何体的结构特征。认识这些结构特征，需要从实物和模型出发，直观感知、操作确认、思辨论证，这也是学习立体几何的基本方法。因此，上课的时候提前准备模型或者动画，提高学生对棱柱、棱锥、棱台结构特征的理解，加强学生的直观想象力。

第 2 课时

一、内容分析

在第 2 课时我们认识基本旋转体中的圆柱、圆锥、圆台和球的结构特征以及简单组合体。教学中要充分探究圆柱、圆锥、圆台和球每个旋转体的生成过程，利用其生成过程引导学生探究及认识其中的几何结构特征，得出轴、底面、侧面、母线、球心、半径、直径等概念，借助模型或动画从整体和联系的观点看，分析圆柱、圆锥、圆台的结构特征的联系与区别。最后借助信息技术展示介绍简单组合体的概念，让学生掌握不同的组合体是有哪些简单几何体组合而成，提升学生的数学抽象、直观想象素养。最后补充几何体相截问题，提高学生的空间想象能力。

二、课程目标与素养目标

课程目标	学科素养
1. 了解旋转体的概念，掌握圆柱、圆锥、圆台、球的生成过程及结构特征； **2.** 认识柱、锥、台、球及其简单组合体的结构特征，并能运用这些特征描述现实生活中简单物体的结构。	**1.** 数学抽象：借助于实物模型或信息技术，在圆柱、圆锥、圆台、球的生成过程中抽象出其结构特征，能从联系的角度认识圆柱、圆锥、圆台的联系与区别； **2.** 逻辑推理：类比棱柱、棱锥和棱台，认识探究圆柱、圆锥、圆台、球的结构特征； **3.** 直观想象：判断空间几何体，几何体的截面问题； **4.** 数学建模：通过平面展开图将空间问题转化为平面问题解决，体现了转化的思想方法。

三、教学重点、难点

1. 教学重点：圆柱、圆锥、圆台以及球的生成过程，并结合其生成过程，认识它们的结构特征以及相关概念；

2. 教学难点：圆柱、圆锥、圆台的结构特征的抽象。

四、教学设计

<table>
<tr><th>教学过程</th><th>设计意图</th></tr>
<tr><td>

一、复习回顾

1. 多面体与旋转体：由若干平面多边形围成的几何体叫作多面体(polyhedron)，围成多面体的各个多边形叫作多面体的面；相邻两个面的公共边叫作多面体的棱；棱与棱的公共点叫作多面体的顶点。由一个平面图形绕它所在的平面内的一条定直线旋转所形成的封闭几何体叫作旋转体(rotating solid)。

2. 棱柱：有两个面互相平行，其余各面都是四边形，并且每相邻两个四边形的公共边都互相平行，由这些面所围成的多面体是棱柱(prism)。

3. 棱锥：有一个面是多边形，其余各面都是有一个公共顶点的三角形，由这些面所围成的多面体叫作棱锥(pyramid)。

4. 棱台：用一个平行于棱锥底面的平面去截棱锥，底面于截面之间的部分叫作棱台(frustum of a pyramid)。

二、探索新知

上一节课我们学习了棱柱、棱锥、棱台等多面体的结构特征及相关概念。除了多面体，现实生活中的很多物体，如奶粉罐、铅锤、纸杯等，围成它们的面不全是平面，还有些面是曲面，我们称之为旋转体。

问题1 同学们观察保温杯和奶粉罐的结构，思考它可由什么样的平面图形绕其所在平面的一条定直线旋转形成？

师生活动：教师引导学生观察、讨论，得出它可以视作矩形以其一边所在的直线为旋转轴，其余三边旋转一周形成的面所围成的旋转体。辅以信息技术手段，以动画的形式向学生直观地展示这一旋转生成过程。

问题2 我们把旋转轴叫作圆柱的轴，旋转过程中，矩形其余的三边与旋转轴成何位置关系？由这些边旋转而成的面有何特征？除了以矩形的一边为旋转轴，旋转矩形可得圆柱外，圆柱还可以视作矩形以怎样的直线为轴旋转生成？

师生活动：教师引导学生分析旋转过程中矩形的边与旋转轴的位置关系，给出圆柱的底面、侧面、母线等概念，并给出圆柱的表示方法。

1. 圆柱：以矩形的一边所在的直线为旋转轴，其余三边旋转形成的面所围成的旋转体，叫作圆柱(circular cylinder)。

旋转轴叫作圆柱的轴；垂直于轴的边旋转而成的圆面叫作圆柱的底面；平行于轴的边旋转而成曲面叫作圆柱的侧面；无论旋转到什么位置，不垂直于轴的边都叫作圆柱侧面的母线。

圆柱用表示它的轴的字母表示，如圆柱 $O'O$。

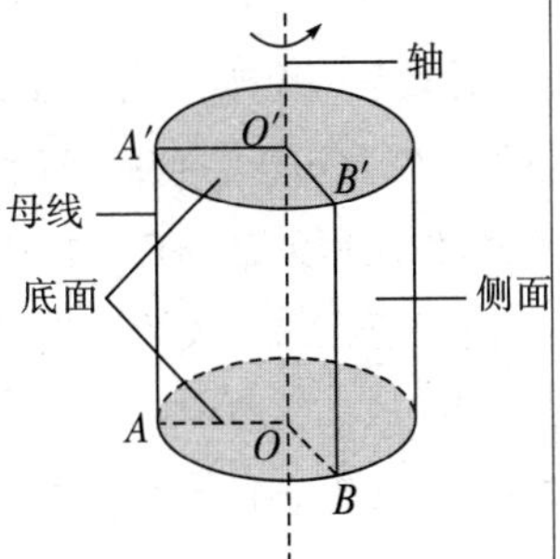

</td><td>

师生共同研究矩形旋转过程中涉及的组成元素以及位置关系，并由此给出相关概念、表示方法等。

进一步加深对圆柱结构的理解，结合信息技术手段，抽象出圆柱的概念。并用生活中成圆柱状的物体来进一步巩固认识。

</td></tr>
</table>

（续　表）

教学过程	设计意图
问题 3　观察铅锤和陀螺这样的旋转体，这是圆锥，类比圆柱的生成过程，思考它可以由什么样的平面图形绕轴旋转而成？能否给出圆锥的轴、底面、侧面、母线的定义？ **师生活动**：通过模型和动画，与学生共同讨论圆锥的结构特征，进而给出圆锥的概念。并类比圆柱给出其底面、侧面、母线等圆锥的相关概念及表示。	类比圆柱学习方式，认识圆锥的生成方式及结构特征，了解圆锥的相关概念和表示。
问题 4　若是将直角三角形绕其斜边所在的直线旋转，其余的两条直角边旋转一周形成的面所围成的旋转体是什么样的几何体？你能叙述其形状吗？ **师生活动**：一起探究得到是两个三棱锥底面相接的组合体。 **2.** 圆锥：以直角三角形的一条直角边所在直线为旋转轴，其余两边旋转形成的面围成的旋转体叫作圆锥(circular cone)。圆锥也有轴、底面、侧面和母线，圆锥也用表示它的轴的字母表示，如圆锥 SO。 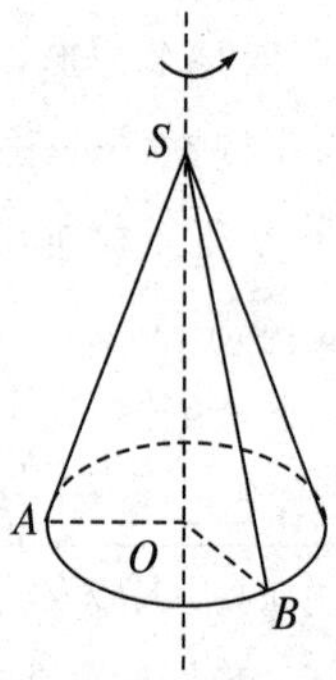 	问题 4 进一步加深学生对圆锥结构的理解，加强学生的直观想象素养。
问题 5　正如棱台可以看作是由平行于底面的平面截棱锥形成的。你能否类比给出圆台的定义？能否给出圆台的相关概念(轴、底面、侧面、母线)吗？ **师生活动**：通过动画，引导学生发现圆锥与圆台的关系，给出圆台的定义和相关概念。 **3.** 圆台：用平行于圆锥底面的平面去截圆锥，底面和截面之间的部分叫作台(frustum of a cone)。圆台也有轴、底面、侧面、母线，也用表示它的轴的字母表示，如圆台 $O'O$。 **问题 6**　圆柱可由矩形旋转得到，圆锥可由直角三角形旋转得到，圆台是否也可以由平面图形旋转生成？如果可以，可由什么平面图形，如何旋转得到？ 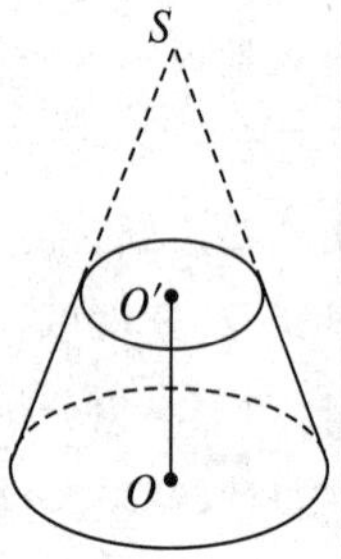 **师生活动**：通过动画，引导学生发现直角梯形绕着直角边旋转也可以得到圆台。	圆台除了可以通过旋转直角梯形或是等腰梯形生成，还可以用一个平行于圆锥底面的平面去截圆锥得到。教学中要注意到这种差别，利用信息技术设计动画呈现截圆锥得到圆台的过程。
圆台与圆柱、圆锥都是旋转体，从相互联系的观点看：圆台的上底面扩大，使上下底面全等，就得到圆柱；棱台的上底面缩小为一个点，就得到圆锥。 **问题 7**　球可以看做是一个半圆绕其直径旋转得到，我们称半圆的圆心叫作球的球心。连接球心与球面上任意一点的线段有何特点？若将球面视为空间中满足一定条件的点的集合，你能用集合语言来描述球面的概念吗？ **5.** 球：以半圆的直径所在的直线为旋转轴，半圆面旋转一周形成的旋转体叫作球体(solid sphere)，简称球。半圆的圆心叫作球心，半圆的半径叫作球的半径，半圆的直径叫作球的直径，球常用球心字母 O 表示，如球 O。	帮助学生用运动、变化、联系的观点去看圆柱、圆锥、圆台，体会从量变到质变的过程，渗透辩证的观点。

（续　表）

教学过程	设计意图
棱柱、棱锥、棱台、圆柱、圆锥、圆台、球是常见的简单几何体，其中，棱柱和圆柱统称为柱体，棱锥和圆锥统称为锥体，棱台和圆台统称为台体。 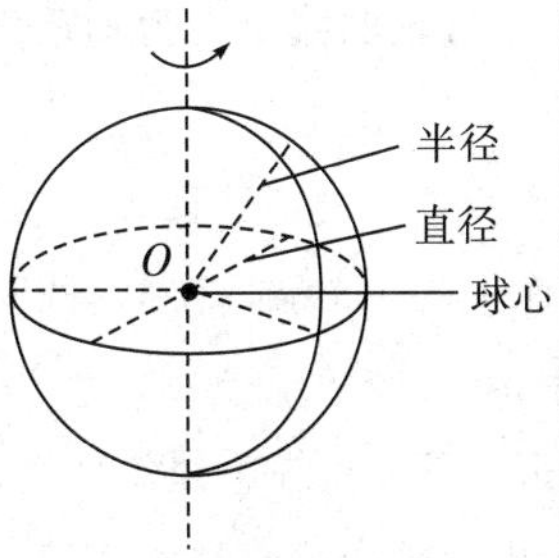 **问题 8**　观察下列四个几何体，它们是常见的柱、锥、台、球等简单几何体吗？如果不是，它们与常见简单几何体有何区别和联系？ **5.** 简单组合体：由简单几何体组合而成的，这些几何体称作简单几何体，一种可由简单几何体拼接而成；另一种是由简单几何体截取或挖去一部分而成。 **例 1**　如图所示的几何体是以直角梯形 $ABCD$ 的下底 AB 所在的直线为轴，其余三边旋转一周形成的面围成的一个几何体。说出这个几何体的结构特征。 **解：**几何体如图所示，其中 $DE\perp AB$，垂足为 E。这个几何体是由圆柱 BE 的底面分别是$\odot B$ 和$\odot E$，侧面是由梯形的上底 CD 绕轴 AB 旋转形成的；圆锥 AE 的底面是$\odot E$，侧面是由梯形的边 AD 绕轴 AB 旋转而成的。 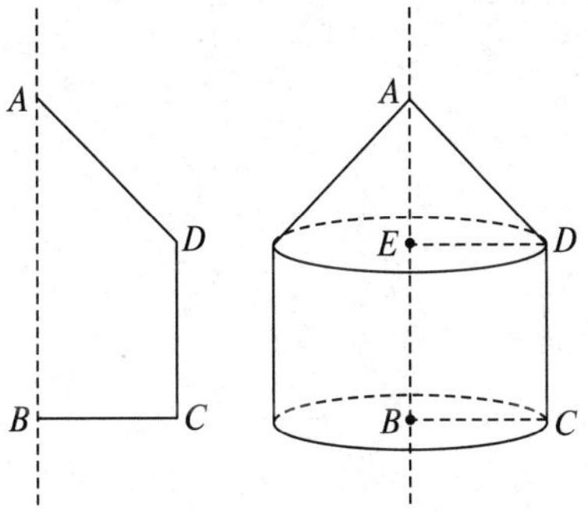 (1)　(2) **例 2**　给出下列说法：(1)圆柱的底面是圆面；(2)经过圆柱任意两条母线的截面是一个矩形面；(3)圆台的任意两条母线的延长线可能相交，也可能不相交；(4)夹在圆柱的两个截面间的几何体还是一个旋转体。其中说法正确的是________。 **解：**(1)正确，圆柱的底面是圆面； (2)正确，如图所示，经过圆柱任意两条母线的截面是一个矩形面； (3)不正确，圆台的母线延长相交于一点； (4)不正确，圆柱夹在两个平行于底面的截面间的几何体才是旋转体。因此，答案为(1)(2)。 **三、及时反馈** **1.** 下列命题中，真命题的序号为________。 (1)圆柱上、下底面圆周上任取一点连接而成的线段是圆柱的母线；	可将球面看作是空间中到定点的距离等于定长的点的集合。基于球和圆这一相似性，学生可自行类比了解球的相关概念及表示。 了解简单组合体的概念及基本构成形式。现实世界中除了柱体、锥体、台体和球等简单几何体外，还有大量的几何体是由简单几何体拼接、挖截而成，这些几何体我们称之为简单组合体。

（续　表）

<table>
<tr><th>教学过程</th><th>设计意图</th></tr>
<tr><td>
(2)圆锥、圆台中过轴的截面称为轴截面，圆锥的轴截面是等腰三角形，圆台的轴截面是等腰梯形；
(3)圆台的任意两条母线的延长线可能相交，也可能不相交；
(4)用一个平面去截一个球，得到的截面是一个圆。
2. 下列命题中，真命题的序号为________。
(1)一直角梯形绕下底所在直线旋转一周，所形成的曲面围成的几何体是圆台；
(2)圆锥、圆台中过轴的截面是轴截面，圆锥的轴截面是等腰三角形，圆台的轴截面是等腰梯形；
(3)到定点的距离等于定长的点的集合是球；
(4)以直角三角形的边作为旋转轴，其余两边旋转一周形成的面所围成的旋转体是圆锥。
3. 一个正方体内有一个内切球，作正方体的对角面，所得截面图形是下图中的（　　）
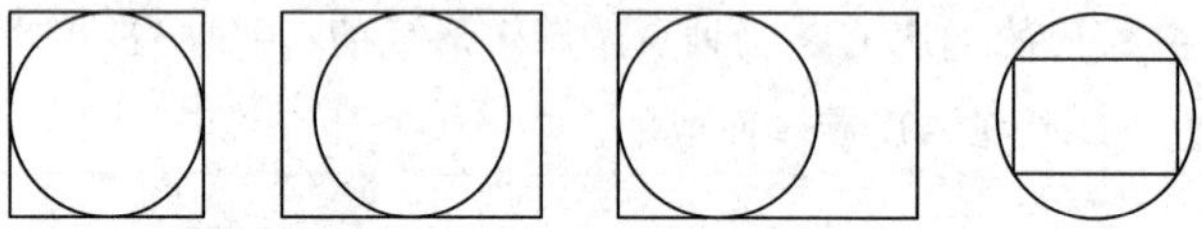
A　　B　　C　　D
4. 下列组合体是由哪些几何体组成的？

(1)　　(2)　　(3)
5. 已知 AB 是直角梯形 $ABCD$ 中与底边垂直的腰。分别以 AB,BC,CD,DA 所在的直线为轴旋转，说明所得几何体的结构特征。
答案：1. (2)(4)　2. (2)　3. B
4. (1)由两个几何体组合而成，分别为球、圆柱；
(2)由三个几何体组合而成，分别为圆柱、圆台、圆柱；
(3)由三个几何体组合而成，分别为圆锥、圆柱、圆台。
5. 分别有圆台；圆柱和棱锥组合体；圆柱挖掉一个圆锥；圆锥和圆台组合，中间再挖去一个圆锥。
四、课堂小结
1. 圆柱、圆锥、圆台、球的定义和特征；
2. 简单组合体的判断和旋转体的判断；
3. 研究立体几何的数学思想和方法。
五、课外练习　习题 8.1　第 3,4,5,9 题。
</td><td>
通过举例应用，培养学生分析问题、解决问题的能力，引导学生自主归纳解题思路，发展学生直观想象与数学抽象核心素养。

通过练习巩固本节所学知识，提高学生解决问题的能力，感悟其中蕴含的数学思想，增强学生的应用意识。

通过总结，让学生进一步巩固本节所学内容，提高概括能力，提高学生的数学空间想象能力和逻辑推理能力。
</td></tr>
</table>

五、教学反思

本节课学习圆柱、圆锥、圆台和球的基础旋转体，并认识一些简单组合体。教师需要引导学生调动思维去想象，运用实物、动画演示、学生动手作图等方法，强化学生的几何直观，提升学生的空间想象力，让学生掌握和形成立体几何学习的基本数学思想和方法。在学习简单组合体中，可通过挖截或旋转，让学生去想象出得到的几何体的形状，为后面的体积和表面积计算做铺垫。

3.2　立体图形的直观图

一、内容分析

在初中知识模块“投影与视图”中，学生学习了平行投影与中心投影以及三视图等相关知识，为画立体图形的直观图奠定了基础。斜二测画法的依据是一种特定的平行投影，其投影结果使空间的纵向(前后)线段在平面(投影面)上倾斜 45°且长度为原来的一半。在教学中，首先需要让学生理解立体图形直观图画法的原理和步骤，初步感受直观图的立体感；其次让学生动手操作按照“取轴、定点、成图”基本步骤画直观图，培养学生规范画图的习惯，帮助学生重视几何作图，有助于学生的数学抽象、直观想象等素养的发展。最后我们要积极引导学生进行直观图的画法和还原，利用数形结合解决问题。

二、课程目标与素养目标

课程目标	学科素养
1. 了解斜二测画法的概念并掌握斜二测画法的步骤； **2.** 能够运用斜二测画法画出一些简单平面图形和立体图形的直观图； **3.** 能够运用由斜二测画法的原理将直观图还原成平面图形。	**1.** 数学抽象：由平行投影的直观感受，进而抽象出斜二测画法规则； **2.** 逻辑推理：按“取轴、定点、成图”基本步骤； **3.** 直观想象：规范地画出一个几何体的直观图，能够清晰认识几何体的结构特征和基本元素的空间关系。

三、教学重点、难点

1. 教学重点：斜二测画法；

2. 教学难点：养成规范画图的习惯和技能。

四、教学设计

教学过程	设计意图
一、复习引入 请你说出下面几何体分别是什么几何体？ 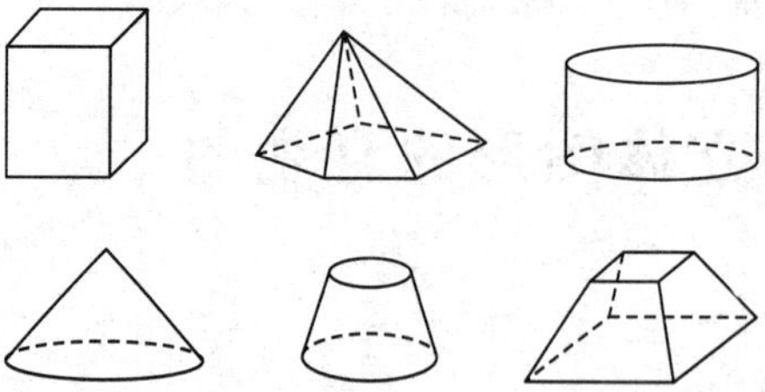	通过复习上节所学，引入本节新课。建立知识间的联系，提高学生概括、类比推理的能力。
二、情境引入 **情境**：矩形窗户在阳光照射下留在地面上的影子是什么形状？眺望远处成块的农田，矩形的农田在我们眼里又是什么形状？为什么是平行四边形？能用平行投影知识加以解释吗？ **教学活动**：让学生回顾初中平行投影的部分概念：在平行投影下，当图中的直线或线段不平行于投影线时，投影的结果仍然是直线或线段；平行直线的投影的结果可能平行或重合。 如果一个矩形垂直于投影面，投影线不垂直于投影面，那么矩形的平行投影是一个平行四边形。 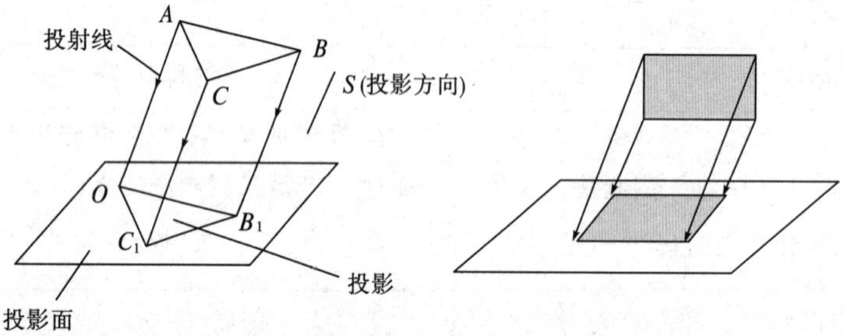 直观图是观察者站在某一点观察一个空间几何体获得的图形，复习引入的六个图形就是原空间几何体的直观图。那现在我们知道正方体的底面正方形的直观图有平行四边形，那怎样形象地画水平放置的平面图形的直观图？ **三、探索新知** **1.** 用斜二测画法画水平放置平面图形的直观图 利用平行投影，人们获得了画直观图的斜二测画法。利用这种画法可以形象地画水平放置的平面图形的直观图。 斜二测画法的步骤如下： (1)在已知图形中取互相垂直的 x 轴和 y 轴，两轴相交于点 O；画直观图时，把它们画成对应的 x'轴和 y'轴，两轴相交于点 O'，且使 $\angle x'O'y'=45^\circ$(或 135°)，它们确定的平面表示水平面。	引导学生利用平行投影的概念及平行投影的“变”或“不变”性质来研究自然现象，促使学生的思维由感性向理性转化，为学习斜二测画法奠定理论基础，培养学生数学抽象素养和直观想象。

（续　表）

教学过程	设计意图
（2）已知图形中平行于 x 轴或 y 轴的线段，在直观图中画成平行于 x'轴或 y'轴的线段。 （3）已知图形中平行于 x 轴的线段，在直观图中保持长度不变，平行于 y 轴的线段，长度为原来的一半。 **例 1**　用斜二测画法画水平放置的正六边形的直观图。 画法：（1）如图（1），在正六边形 $ABCDEF$ 中，取 AD 所在直线为 x 轴，AD 的垂直平分线 MN 为 y 轴，两轴相交于点 O。在图（2）中，画相应的 x'轴与 y'轴，两轴相交于点 O'，使 $\angle x'O'y'=45°$。 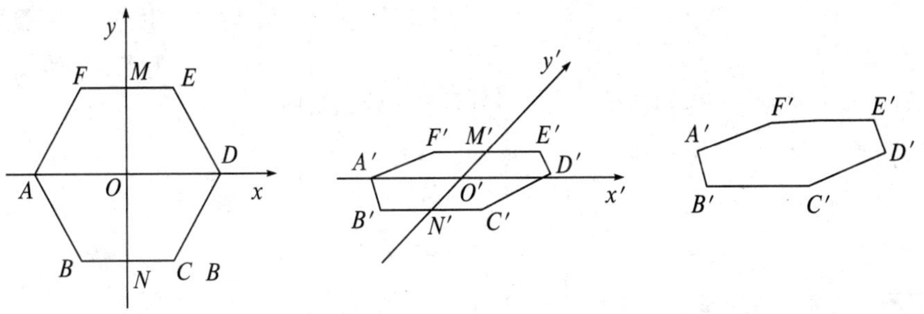 (1)　　(2)　　(3)	通过观察一些空间几何体的直观图，让学生感受到它们的直观性；通过师生交流，建立空间几何体的直观图概念及画水平放置的平面图形的直观图斜二测画法。
（2）在图（2）中，以 O'为中点，在 x'轴上取 $A'D'=AD$，在 y'轴上取 $M'N'=\frac{1}{2}MN$。以点 N'为中点，画 $B'C'$平行于 x'轴，并且等于 BC；再以 M'为中点，画 $F'E'$平行于 x'轴，并且等于 FE。 （3）连接 $A'B'$，$C'D'$，$D'E'$，$F'A'$，并擦去辅助线 x'轴和 y'轴，便获得正六边形 $ABCDEF$ 水平放置的直观图 $A'B'C'D'E'F'$（图（3））。 **教师总结**：在原图中，充分考虑图形的特征，恰当地建立平面直角坐标系，可以简化一些作图步骤，比如，充分利用图形的轴对称与中心对称特征；又如，尽量让多一些特征点在坐标轴上，等等，当然建坐标系的方法不是唯一的。 **2.** 用斜二测画法画空间多面体的直观图 **例 2**　已知长方体的长、宽、高分别是 3 cm，2 cm，1.5 cm，用斜二测画法画出它的直观图。 画法：（1）画轴：如图，画 x 轴、y 轴、z 轴，三轴相交于点 $O(A)$，且使 $\angle xOy=45°$（或 $135°$），$\angle xOz=90°$。 （2）画底面：在 x 轴正半轴上取线段 AB，使 $AB=3$ cm；在 y 轴正半轴上取线段 AD，使 $AD=1$ cm。过点 B 作 y 轴的平行线，过点 D 作 x 轴的平行线，设它们的交点为 C，则平行四边形 $ABCD$ 就是长方体的底面 $ABCD$ 的直观图。 （3）画侧棱：在 z 轴正半轴上取线段 AA'，使 $AA'=1.5$ cm，过 B，C，D 各点分别作 z 轴的平行线，在这些平行线上分别截取 1.5 cm 长的线段 BB'，CC'，DD'。	画水平放置的正六边形的直观图，既完整地体现了斜二测画法过程和步骤，也能让学生对斜二测画法中所取的两条轴的作用能有更好地理解。加深学生对斜二测画法步骤的理解和运用，加强学生的数学逻辑推理和数学抽象核心素养。

（续　表）

<table>
<tr><th>教学过程</th><th>设计意图</th></tr>
<tr><td>
(4)成图：顺次连接 A'，B'，C'，D'，并加以整理(去掉辅助线，将被遮挡的部分线段改为虚线)，便得到长方体的直观图了。

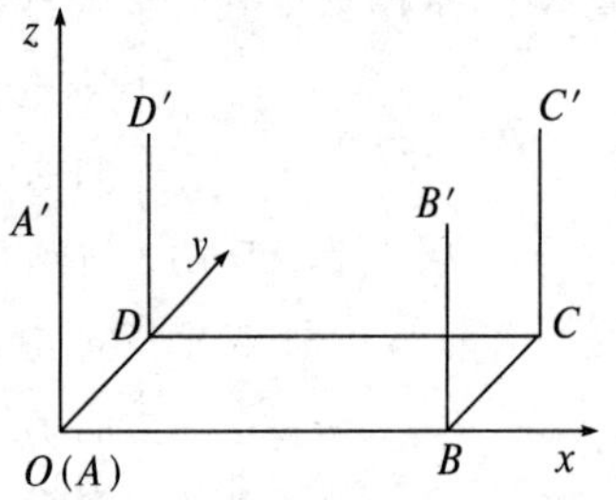

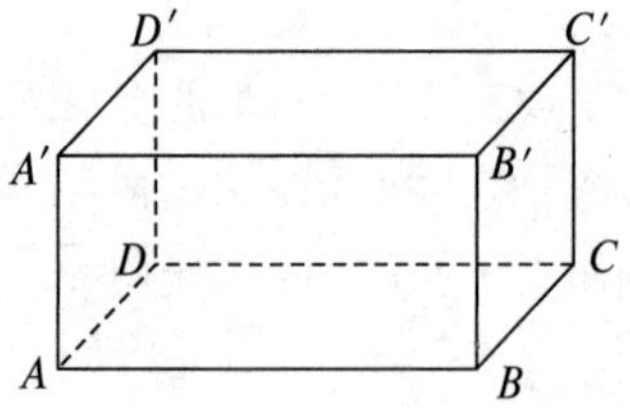

3. 一些旋转体的直观图

例 3　已知圆柱的底面半径为 1 cm，侧面母线长 3 cm，画出它的直观图。

解：(1)画轴。如图，画 x 轴、z 轴，使 $\angle xOz=90°$。

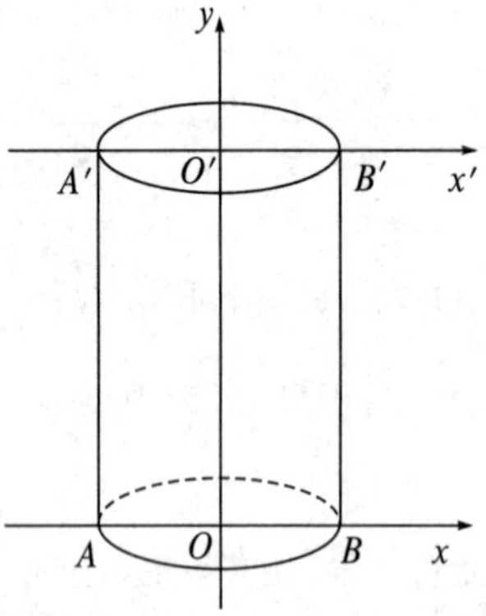

(2)画下底面。以 O 为中点，在 x 轴上取线段 AB，使 $OA=OB=1$ cm。利用椭圆模板画椭圆，使其经过 A，B 两点。这个椭圆就是圆柱的下底面。

(3)画上底面。在 Oz 上截取点 O'，使 $OO'=3$ cm，过点 O' 作平行于轴 Ox 的轴 $O'x'$。类似下底面的作法作出圆柱的上底面。

(4)成图。连接 AA'，BB'，整理得到圆柱的直观图。

例 4　圆锥的直观图，一般先画圆锥的底面，再借助于圆锥的轴确定圆锥的顶点，最后画出两侧的两条母线。

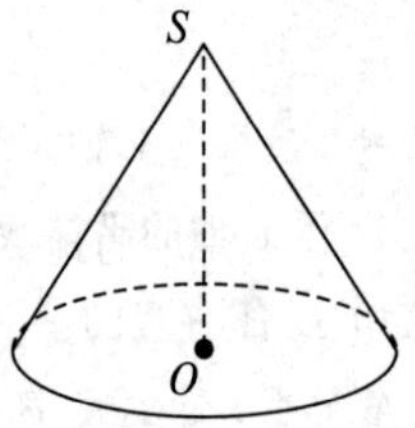

</td><td>
画长方体的直观图，可以较完整地呈现斜二测画法画立体图形的直观图的过程，并突出空间的三个维度，培养学生的直观想象和数学抽象。

给出画圆柱和圆锥和球的直观图，让学生明白先用轴来定位，将底面椭圆的长轴取为横向、长度等于底面直径，借助旋转体的轴可以省去 z 轴，建立立体感。
</td></tr>
</table>

（续 表）

教学过程	设计意图
例 5 球的直观图，一般需要画出球的轮廓线，它是一个圆。同时还经常画出经过球心的截面圆，它们的直观图是椭圆，用以衬托球的立体性。 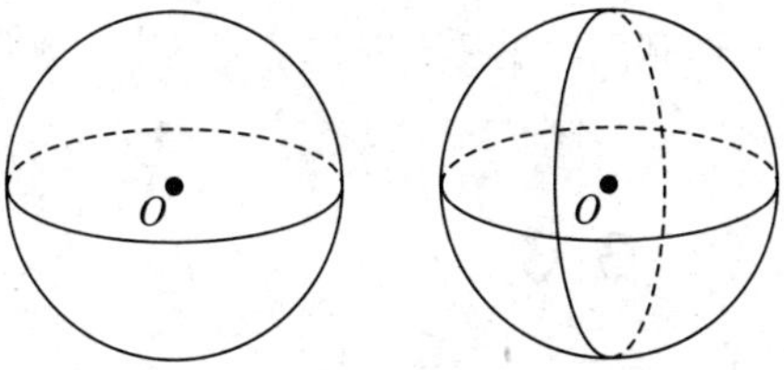 **四、及时反馈** **1.** 用斜二测画法画出下列水平放置的平面图形的直观图。 (1)矩形；　　　　(2)正三角形。 **2.** 已知斜二测画法得到的直观图$\triangle A'B'C'$是正三角形，画出原三角形的图形。 **3.** 作出水平放置的直角梯形 $ABCD$ 的直观图，不必写画法。 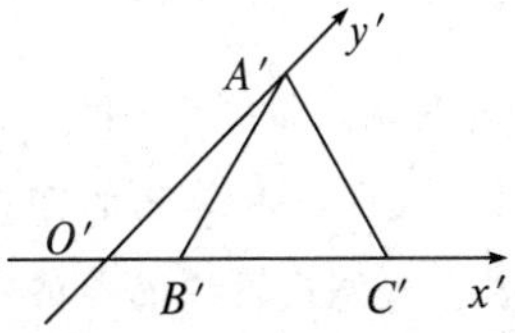 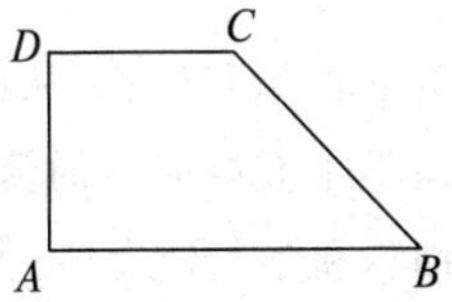 **4.** 已知正$\triangle ABC$的边长为 a，以它的一边为 x 轴，对应的高线为 y 轴，画出它的水平放置的直观图$\triangle A'B'C'$，则$\triangle A'B'C'$的面积是　（　　） A. $\frac{\sqrt{3}}{4}a^2$　　B. $\frac{\sqrt{3}}{8}a^2$ C. $\frac{\sqrt{6}}{8}a^2$　　D. $\frac{\sqrt{6}}{16}a^2$ **5.** 已知一棱柱的底面是边长为 3 cm 的正方形，各侧面都是矩形，且侧棱长为 4 cm，试用斜二测画法画出此棱柱的直观图。 **答案：1.** 略　**2.** 略　**3.** 略　**4.** D　**5.** 略	通过练习让全体学生参与，巩固斜二测画法的方法和规律，及时巩固；培养顺、逆向的数学推理核心素养。通过练习巩固本节所学知识，提高学生解决问题的能力，感悟其中蕴含的数学思想，增强学生的应用意识。
五、课堂小结 **1.** 水平放置平面图形直观图斜二测画法步骤： (1)画轴；(2)取点定点；(3)连线成图。 **2.** 空间几何体直观图斜二测画法步骤： (1)画轴；(2)画底面；(3)画侧棱；(4)连线成图。 **3.** 斜二测画法画水平放置的多边形的直观图中，比较关键的地方有两点：一是充分利用图形的对称性等特征建立平面直角坐标系，尽量多一些点在坐标轴上；二是考虑多边形顶点与坐标轴的相对位置，确定直观图多边形的顶点。 **六、课外练习**　课本第 111 页习题 8.2 第 2,3 题。	通过总结，让学生进一步巩固本节所学内容，提高概括能力，提高学生的数学运算能力和逻辑推理能力。

五、教学反思

本节课主要是介绍空间几何体的直观图画法，要注意让学生通过自主的学习进行归纳总结。教师起引导和点拨的作用，如在平面图形直观图的画法中，给学生强调尽量在坐标轴中取点的关键性；引导学生发现确定点位置后再作图的画法。在从平面图形的直观图过渡到空间几何体的直观图中，要引导学生进行对比学习，通过教师的设问进行引导，帮助学生注意对比平面图形直观图和空间几何体直观图的画法的联系与区别。

3.3

3.3.1 简单几何体的表面积与体积

第1课时

一、内容分析

本节的主要内容是空间几何体的表面积和体积，从度量的角度认识简单几何体。教科书利用学生已掌握的知识，由特殊推广到一般，使学生形成完整的简单几何体表面积和体积的知识结构，在教学过程中应使学生掌握简单几何体的表面积和体积公式，并能够利用这些公式解决简单的实际问题；同时感受转化、类比、一般化、特殊化与极限等数学思想方法，提高逻辑推理、直观想象等素养和空间想象等能力。本节的研究路径为简单几何体表面积与体积公式探究—表面积与体积公式的计算—表面积与体积公式的简单应用。

二、课程目标与素养目标

课程目标	学科素养
1. 通过对棱柱、棱锥和棱台的研究，掌握棱柱、棱锥和棱台的表面积和体积计算公式； 2. 能运用棱柱、棱锥和棱台的表面积和体积公式进行计算和解决有关实际问题。	1. 数学抽象：棱柱、棱锥和棱台的体积公式； 2. 数学运算：求多面体和简单组合体的表面积和体积； 3. 直观想象：数形结合，学会运用公式法、分割法、补形法和等体积法计算有关简单几何体的体积； 4. 数学建模：运用棱柱、棱锥和棱台的表面积和体积公式进行计算和解决有关实际问题。

三、教学重点、难点

1. 教学重点：棱柱、棱锥、棱台的表面积和体积公式；

2. 教学难点：棱柱、棱锥、棱台的体积公式的推导、应用。

四、教学设计

教学过程	设计意图
一、情境引入 前面我们认识了简单几何体的结构特征，学习了其平面表示。本节课开始，我们将从度量的角度来研究空间几何体。我们首先来研究多面体。 **情境1**　生产生活中，我们经常会遇见这样的问题：某种产品呈棱锥状，现需对其表面进行涂色；一礼品盒呈长方体状，现需用彩纸对其进行包装。在这些实际问题中，所需涂料的多少或者彩纸的大小与围成几何体的各个面的面积密切相关。为此我们引入几何体表面积这一概念。请同学们阅读教材第114页的例1，弄懂什么是几何体的表面积，如何计算几何体的表面积。 **情境2**　我们之前已经学习长方体的体积公式 $V=abc$，其中，a，b，c 分别是长方体的长、宽、高。它的一种等价表述形式是 $V=Sh$，其中，S 是长方体的底面积，h 是长方体的高。那么，公式 $V=Sh$ 是否适用于一般的棱柱呢？ **二、探索新知** **1.** 棱柱、棱锥、棱台的表面积的概念棱柱、棱锥、棱台都是由多个平面图形围成的多面体，因此它们的表面积等于各个面的面积之和，也就是展开图的面积。 **教学活动**：学生阅读教材，回答情境1，教师补充，给出多面体的表面积的概念：围成多面体的各个面的面积之和；计算方法是分别计算每个平面多边形的面积然后相加。	从生活实例的情境出发，引出研究几何体表面积的必要性，介绍多面体表面积和体积的概念，进一步引入多面体表面积和体积的计算公式。培养学生的解决问题、分析问题的能力。
2. 祖暅原理夹在两个平行平面之间的两个几何体，被平行于这两个平面的任意平面所截，如果截得的两个截面的面积总相等，那么这两个几何体的体积相等。 **教学活动**：教师介绍祖暅原理，和学生一起完成如下实验操作：请学生取一摞大小相同的书，在课桌上整齐堆放，组成一个长方体。然后用手向一个方向轻推书籍，使之倾斜，得到一个斜棱柱。前后两个几何体的形状发生了改变，但它们的体积并没有变化，因为两个几何体的高度没有变化，每本书的“面积”也没有改变。 	介绍祖暅原理，引导学生去了解和认识中国古代数学史和数学文化，并为体积公式的介绍和推导做准备。
3. 棱柱、棱锥、棱台的体积 (1)棱柱的体积公式：$V_{棱柱}=Sh$（棱柱的底面积是 S，高是 h） **教学活动**：教师引导学生思考用祖暅原理来解释棱柱的体积 $V=Sh$。根据祖暅原理，任何一个底面积为 S，高为 h 的棱柱都和一个底面积为 S，高为 h 的长方体的体积相同。 (2)棱锥的体积公式：$V_{锥}=\frac{1}{3}Sh$（棱锥的底面积是 S，高是 h） **思考1**　我们从三棱锥的体积开始探究。根据祖暅原理，若两个三棱锥的底面积相等，高相等，那么它们的体积也相等。基于此，你能将下图(左)的直三棱柱分割成三个等体积的三棱锥吗？	按照由特殊到一般的思路，得出一般棱柱的体积公式，并通过祖暅原理解释这一合情推理的正确性。

（续　表）

教学过程	设计意图
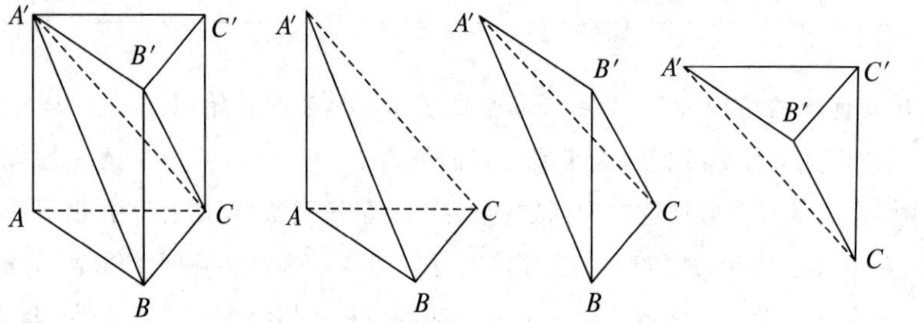 **师生活动：**学生小组探究，确定分割方案（上图右）。然后请学生说说分割而成三个三棱锥体积相等的原因。师生共同得出结论：三棱锥的体积等于它的底面积与高的乘积的三分之一。 **思考 2**　如何解释三棱锥的体积公式 $V_{锥}=\frac{1}{3}Sh$ 可以推广至任意棱锥？ **师生活动：**因为对于一个任意的棱锥，不妨设它的底面积为 S，高为 h，根据祖暅原理，它都和一个底面积为 S，高为 h 的三棱锥体积相同，于是可得棱锥的体积公式： （3）棱台的体积公式：$V_{台}=\frac{1}{3}(S'+\sqrt{S'S}+S)h$（台体的上、下底面面积分别为 S'、S，高为 h） **4.** 整体认识棱柱、棱锥、棱台体积公式之间的联系 棱柱 $V_{棱柱}=Sh$、棱锥 $V_{棱柱}=Sh$、棱台 $V_{台}=\frac{1}{3}(S'+\sqrt{S'S}+S)h$ 体积公式的区别与联系，教师呈现 3D 交互动画演示。拖动控制按钮，当棱台的上底面扩大至与下底面全等时，棱台变成棱柱，当棱台的上底面缩小为一个点时，棱台变成棱锥。从公式结构的角度可以解释这一变化：相当于在棱台的体积公式中令 $S'=S$，即得棱柱的体积公式；令 $S'=0$，即得棱锥的体积公式。 **例 1**　已知如图，四面体 S-ABC 的棱长均为 a，求它的表面积。 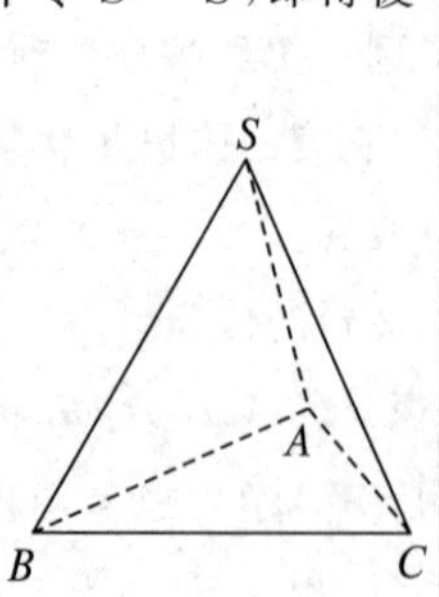 **解：**因为四面体 S-ABC 的四个面是全等的等边三角形，所以四面体的表面积等于其中任何一个面面积的 4 倍。 不妨求 $\triangle SBC$ 的面积，过点 S 作 $SD\perp BC$，交 BC 于点 D。 因为 $BC=SB=a$，$SD=\sqrt{SB^2-BD^2}=\sqrt{a^2-\left(\frac{a}{2}\right)^2}=\frac{\sqrt{3}}{2}a$， 所以 $S_{\triangle SBC}=\frac{1}{2}BC\cdot SD=\frac{1}{2}a\times\frac{\sqrt{3}}{2}a=\frac{\sqrt{3}}{4}a^2$。 故四面体 S-ABC 的表面积 $S=4\times\frac{\sqrt{3}}{4}a^2=\sqrt{3}a^2$.	先直接给出棱锥的体积公式，从公式结构上看，它是等面积等高的柱体体积的三分之一，然后运用祖暅原理解释。再具体探究时，遵循了从简单到复杂，从特殊到一般的研究思路，先研究三棱锥的体积计算，再推广至一般棱锥，研究三棱锥体积，是将三棱柱分割成三个等体积的三棱锥，蕴含着转化和化归思想。 引导学生用运动变化的观点研究棱柱、棱锥和棱台的体积公式之间的关系，渗透转化的数学思想，培养学生思考、归纳、总结等数学学习的习惯和能力。

(续　表)

<table>
<tr><th>教学过程</th><th>设计意图</th></tr>
<tr><td>

练习 1　如图所示，有一滚筒是正六棱柱形（底面是正六边形，每个侧面都是矩形），两端是封闭的，筒高 1.6 m，底面外接圆的半径是 0.46 m，问：制造这个滚筒需要__________ m^2 铁板（精确到 0.1 m^2）。

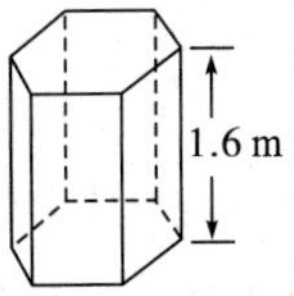

解：因为此正六棱柱底面外接圆的半径为 0.46 m，所以底面正六边形的边长是 0.46 m。由于 $S_{侧}=ch=6\times0.46\times1.6=4.416(m^2)$。

所以 $S_{表}=S_{侧}+S_{上底}+S_{下底}=4.416+2\times\frac{\sqrt{3}}{4}\times0.46^2\times6\approx5.6(m^2)$。

故制造这个滚筒约需要 5.6 m^2 铁板。

例 2　一个漏斗的上面部分是一个长方体，下面部分是一个四棱锥，两部分的高都是 0.5 m，公共面 $ABCD$ 是边长为 1 m 的正方形，那么这个漏斗的容积是多少立方米（精确到 0.01 m^3）？

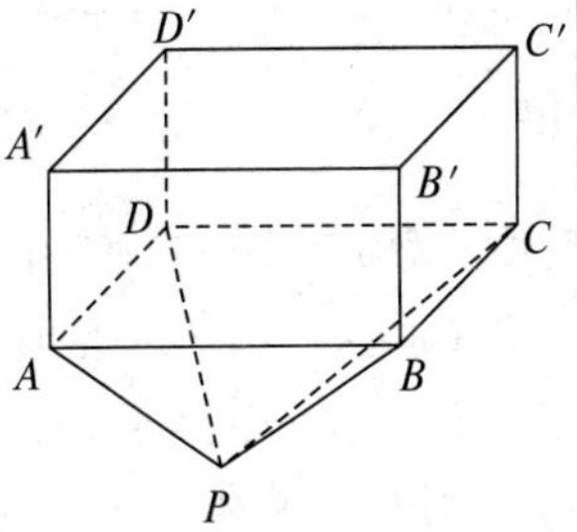

解：由题意知长方体-$A'B'C'D'$的体积

$V_{长方体\text{-}A'B'C'D'}=1\times1\times0.5=0.5(m^3)$

$V_{P-A'B'C'D'}=\frac{1}{3}\times1\times1\times0.5=\frac{1}{6}(m^3)$

所以这个漏斗的容积 $V=\frac{1}{2}+\frac{1}{6}=\frac{2}{3}\approx0.67(m^3)$。

例 3　如图所示，正方体-$A_1B_1C_1D_1$ 的棱长为 1，E 为线段 B_1C 上的一点，则三棱锥 $A\text{-}DED_1$ 的体积为__________。

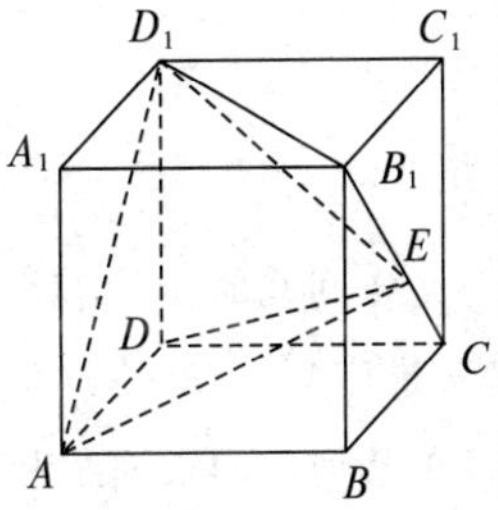

解：$V_{三棱锥A\text{-}DED_1}=V_{三棱锥E\text{-}DD_1A}=\frac{1}{3}\times\frac{1}{2}\times1\times1=\frac{1}{6}$。

三、及时反馈

1. 正六棱台的上、下底面边长分别是 2 cm 和 6 cm，侧棱长是 5 cm，求它的表面积。

2. 某广场设置了一些石凳供大家休息，这些石凳是由正方体截去八个一样的四面体得到的，如果被截的正方体的棱长是 50 cm，那么石凳的体积是多少？

3. 已知正四棱锥 $P\text{-}ABCD$ 的各条棱长均为 2，点 Q 为侧棱 PB 上一动点，则 $|AQ|+|DQ|$ 的最小值为__________。

4. 如图，一个三棱柱容器中盛有水，侧棱 $AA_1=8$. 若侧面 AA_1B_1B 水平放置时，水面恰好过 AC,BC,A_1C_1,B_1C_1 的中点，那么当底面 ABC 水平放置时，水面高为多少？

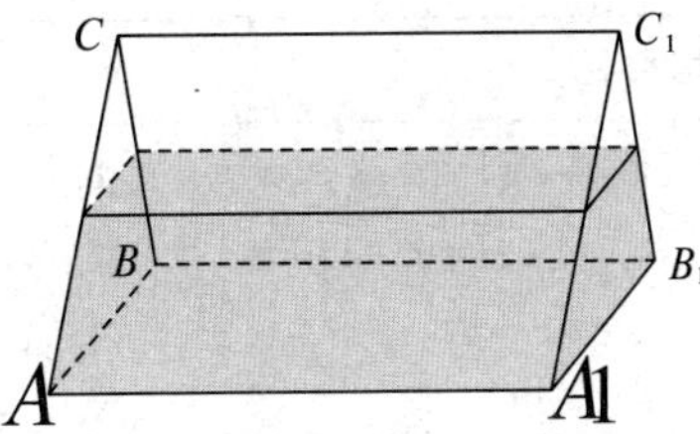

答案：**1.** $60\sqrt{3}+24\sqrt{21}$ cm^2

2. $\frac{312\ 500}{3}$ cm^3　**3.** $\sqrt{8+4\sqrt{3}}$　**4.** 6

</td><td>

总结计算多面体表面积的基本方法，以课本例题为载体，进一步理解表面积的含义。一方面，在计算时要谨防重复或漏算；另一方面，培养学生的数学运算能力。

通过例题、练习帮助学生熟练掌握相关体积公式，并且在公式法的基础上，利用等体积法、分割法和补形法来强化学生解题技巧。增强学生的数学运算素养和直观想象核心素养

通过练习巩固本节所学知识，提高学生解决问题的能力，感悟其中蕴含的数学思想，增强学生的应用意识。

</td></tr>
</table>

（续　表）

教学过程	设计意图
四、课堂小结 1. 棱柱、棱锥、棱台的表面积的公式； 2. 棱柱、棱锥、棱台的体积的公式； 3. 常见的求几何体体积的方法：①公式法：直接代入公式求解。②等体积法：如四面体的任何一个面都可以作为底面，只需选用底面积和高都易求的形式即可。③分割法：将几何体分割成易求解的几部分，分别求体积。④补形法：将几何体补形成简单常见的几何体，计算体积。 **五、课外练习**　课本第119页习题8.3　第1,2,3题。	通过总结，让学生进一步巩固本节所学内容，提高概括能力，提高学生的数学运算能力和逻辑推理能力。

五、教学反思

本节内容难度不大，在教学过程中应使学生掌握简单几何体的表面积和体积公式，知道公式的来源，加强对公式的识记，并能够利用这些公式解决简单的实际问题。在公式的推导和来源介绍中，可以介绍中国古代的祖暅原理，让学生感受到中国的数学文化和数学史，便于学生的理解和记忆。其次在学习几何体体积计算时，应强调公式的运用，学会利用等体积法、分割法和补形法来强化学生解题技巧。最后知识的生成一定要围绕学生的思考展开，尽可能地引导学生独立总结、归纳，并做好课堂小结，帮助学生及时进行知识梳理。

第2课时

一、内容分析

本节的主要内容是空间几何体的表面积和体积，从度量的角度认识简单几何体。教科书利用学生已掌握的知识，由特殊推广到一般，使学生形成完整的简单几何体表面积和体积的知识结构，在教学过程中应使学生掌握简单几何体的表面积和体积公式，并能够利用这些公示解决简单的实际问题；同时感受转化、类比、一般化与特殊化和极限等数学思想方法，提高逻辑推理、直观想象等素养和空间想象等能力。本节的研究路径为简单几何体表面积与体积公式探究—表面积与体积公式的计算—表面积与体积公式的简单应用。

二、课程目标与素养目标

课程目标	学科素养
1. 通过对圆柱、圆锥、圆台、球的研究，掌握圆柱、圆锥、圆台、球的表面积和体积计算公式； 2. 能运用圆柱、圆锥、圆台、球的表面积和体积公式进行计算和解决有关实际问题。	1. 数学抽象：圆柱、圆锥、圆台、球的表面积与体积公式； 2. 数学运算：求旋转体及组合体的表面积或体积； 3. 直观想象：数形结合，学会运用公式法、分割法、补形法和等体积法计算有关简单几何体的体积； 4. 数学建模：数形结合，运用圆柱、圆锥、圆台、球的表面积和体积公式进行计算和解决有关实际问题。

三、教学重点、难点

1. 教学重点:掌握圆柱、圆锥、圆台、球的表面积和体积计算公式和应用;
2. 教学难点:球的体积公式的探究过程。

四、教学设计

教学过程	设计意图
一、复习引入 1. 棱柱、棱锥、棱台的表面积的公式:棱柱、棱锥、棱台的表面积等于各个面的面积之和,也就是展开图的面积。 2. 棱柱、棱锥、棱台的体积公式: (1)棱柱的体积公式:$V_{棱柱}=Sh$(棱柱的底面积是S,高是h) (2)棱锥的体积公式:$V_{锥}=\dfrac{1}{3}Sh$(棱锥的底面积是S,高是h) (3)棱台的体积公式:$V_{台}=\dfrac{1}{3}(S'+\sqrt{S'S}+S)h$(台体的上、下底面面积分别为$S'$、$S$,高为$h$) 二、探索新知 1. 圆柱、圆锥、圆台的表面积 **思考 1** 与多面体一样,圆柱、圆锥、圆台的表面积也是围成它们的各个面的面积和。不同之处在于,围成圆柱、圆锥、圆台的面中有曲面,如何计算这些曲面的面积呢?在此基础上,能否推导出它们的表面积公式吗? **教学活动**:引导学生类比思考,利用动画或者纸质模型,帮助学生掌握题目侧面展开图的形状。教师注意引导学生分析展开前后的等量关系,完成对圆柱、圆锥、圆台表面积公式的推导。	从生活实例的情境出发,引出研究几何体表面积的必要性,介绍多面体表面积和体积的概念,进一步引入多面体表面积和体积的计算公式。培养学生的解决问题、分析问题的能力。 师生共同完成对圆柱、圆锥、圆台的表面积公式的推导。引导学生分析展开前后的等量关系。培养学生的解决问题、分析问题的能力。

	圆柱(底面半径为r,母线长为l)	圆锥(底面半径为r,母线长为l)	圆台(上、下底面半径分别为r',r,母线长为l)
侧面展开图			
底面积	$S_{底}=2\pi r^2$	$S_{底}=\pi r^2$	$S_{底}=\pi(r'^2+r^2)$
侧面积	$S_{侧}=2\pi rl$	$S_{侧}=\pi rl$	$S_{侧}=\pi(r'+r)l$
表面积	$S_{表}=2\pi r(r+l)$	$S_{表}=\pi r(r+l)$	$S_{表}=\pi(r'^2+r^2)+\pi(r'+r)l$

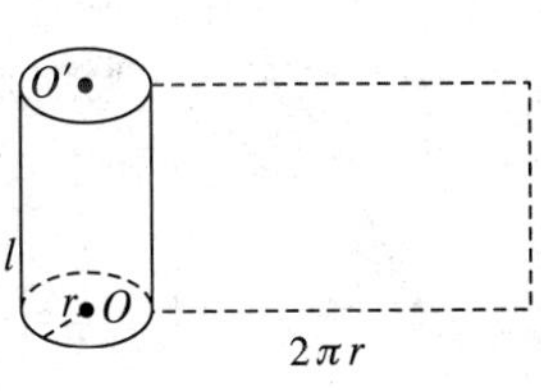

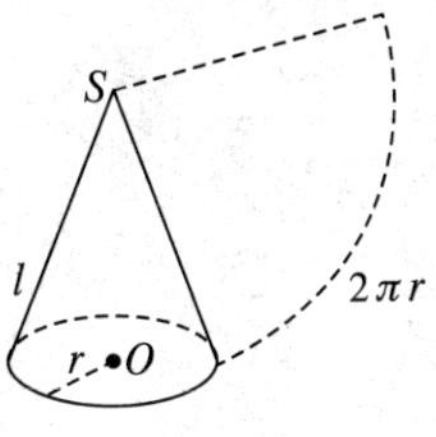

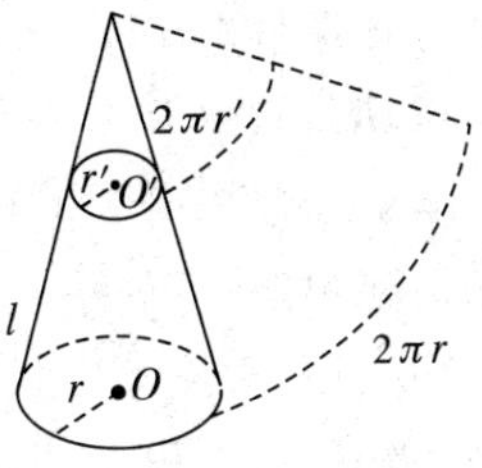

（续　表）

教学过程	设计意图
思考 2　圆柱、圆锥、圆台的表面积公式之间有什么关系？你能用圆柱、圆锥、圆台的结构特征来解释这种关系吗？ 教师进行 3D 交互动画演示。拖动控制按钮，当圆台的上底面扩大至与下底面全等时，圆台变成圆柱，当圆台的上底面缩小为一个点时，圆台变成圆锥。教师请学生从公式结构的角度来解释这一变化：相当于在圆台的表面积公式里令 $r'=r$，即得圆柱的表面积公式；令 $r'=0$，即得圆锥的表面积公式。 **2.** 圆柱、圆锥、圆台的体积 初中已经学习过圆柱、圆锥的体积公式，并且圆台是由圆锥截成的，因此可以利用圆锥的体积公式推导出圆台的体积公式，即	引导学生用运动变化的观点研究圆柱、圆锥、圆台的表面积公式之间的关系，渗透转化的数学思想，培养学生思考、归纳、总结等数学学习习惯和能力。
①$V_{圆柱}=Sh$（圆柱的底面面积为 S，高为 h）。 ②$V_{圆锥}=\frac{1}{3}Sh$（圆锥的底面面积为 S，高为 h）。 ③$V_{圆台}=\frac{1}{3}(S'+\sqrt{S'S}+S)h$（圆台的上、下底面面积分别为 S'、S，高为 h） **思考 3**　圆柱、圆锥、圆台的体积公式之间有什么关系？结合棱柱、棱锥、棱台的体积公式，你能将它们统一成柱体、椎体、台体的体积公式吗？柱体、椎体、台体的体积公式之间又有什么关系？ ①棱柱：$V_{柱体}=Sh$（柱体的底面面积为 S，高为 h）。 ②棱锥：$V_{锥体}=\frac{1}{3}Sh$（锥体的底面面积为 S，高为 h）。 **3.** 棱台：$V_{台体}=\frac{1}{3}(S'+\sqrt{S'S}+S)h$（台体的上、下底面面积分别为 S'、S，高为 h） 当台体的上底面扩大至与下底面全等时，台体变成柱体，当台体的上底面缩小为一个点时，台体变成椎体。从公式结构的角度来解释这一变化：相当于在台体的体积公式里令 $S=S'$，即得柱体的体积公式；令 $S'=0$，即得椎体的体积公式。	复习回顾圆柱、圆锥的体积公式，并通过祖暅原理将圆柱与棱柱、圆锥与棱锥的体积公式统一起来，进一步加深对公式的认识，同时讲授圆台的体积公式。
3. 球的表面积与体积 设球的半径为 R，那么它的表面积是 $S_{球}=4\pi R^2$ **思考 4**　教科书中直接给出了球的表面积公式 $S_{球}=4\pi R^2$，其中 R 为球半径。我们将以其为基础，来研究球的体积。首先请大家回顾一下我们以前推导圆的面积公式的方法。类比此方法，如何求得球的体积公式？ 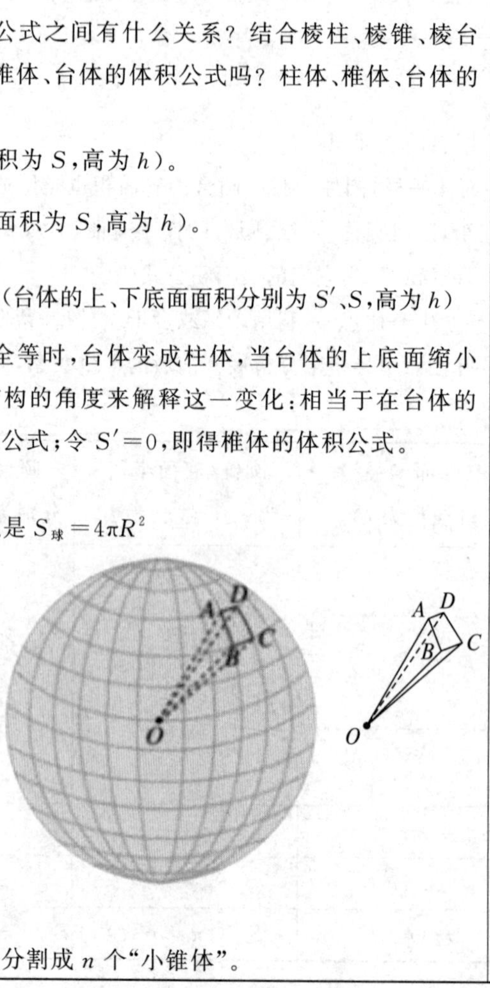 第一步：分割。如图所示，将球 O 的表面分成 n 个小网格，连接球心 O 和每个小网格的顶点，整个球体就被分割成 n 个“小锥体”。	引导学生用运动变化的观点研究圆柱、圆锥、圆台的体积公式之间的关系，再次渗透转化的数学思想，培养学生思考、归纳、总结等数学学习的习惯和能力。

（续　表）

教学过程	设计意图
第二步：近似替代。当 n 越大时，每个小网格就越小，每个“小锥体”的底面就越平，“小锥体”就越近似于棱锥，棱锥的高近似于球半径 R。设 $O-ABCD$ 是其中一个“小锥体”，则它的体积是：$V_{O\text{-}ABCD}\approx\frac{1}{3}S_{ABCD}R$。 第三步：由近似和求得球体积。由于球的体积是这 n 个“小锥体”的体积之和，而这 n 个“小锥体”的底面积之和就是球的表面积。因此球的体积 $V_{球}=\frac{1}{3}S_{球}R=\frac{1}{3}\times4\pi R^2\cdot R=\frac{4}{3}\pi R^3$。 球的体积公式有多种推导方法，用前面所谈的祖暅原理也可以求得，由此，可得球的表面积和体积公式，R 为球的半径：	类比圆面积公式的推导方法，研究球的体积，进一步渗透极限思想。
(1)球的体积公式 $V=\frac{4}{3}\pi R^3$（其中 R 为球的半径）。 (2)球的表面积公式 $S=4\pi R^2$。 **例 1**　如图，某种浮标由两个半球和一个圆柱黏合而成，半球的直径是 0.3 m，圆柱高 0.6 m 如果在浮标表面涂一层防水漆，每平方米需要 0.5 kg 涂料，那么给 1000 个这样的浮标涂防水漆需要多少涂料？（π 取 3.14）  **解**：一个浮标的表面积是 $2\pi\times0.15\times0.6+4\pi\times0.15^2=0.847\ 8\ m^2$ 所以给 1 000 个这样的浮标涂防水漆约需涂料 $0.847\ 8\times0.5\times1\ 000=423.9$ kg。	以课本例题为载体，进一步理解表面积的含义。一方面，在计算时要谨防重复或漏算；另一方面，培养学生的数学运算能力。
例 2　如图，圆柱的底面直径和高都等于球的直径，求球与圆柱的体积之比。 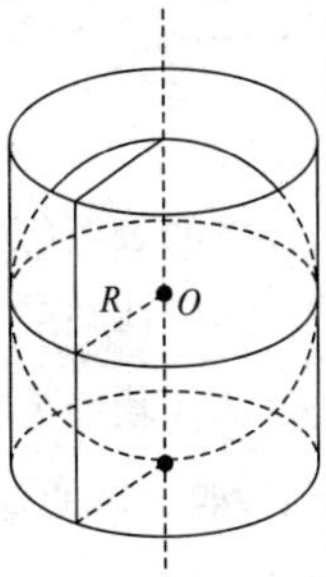 **解**：设球的半径为 R，则圆柱的底面半径为 R，高为 $2R$。 因为球的体积 $V_1=\frac{4}{3}\pi R^3$，圆柱的体积 $V_2=\pi R^2\cdot2R=2\pi R^3$， 所以 $V_1:V_2=\frac{4}{3}\pi R^3:2\pi R^3=\frac{2}{3}$。 **例 3**　如图，一个底面半径为 2 的圆柱被一平面所截，截得的几何体的最短和最长母线长分别为 2 和 3，求该几何体的体积。 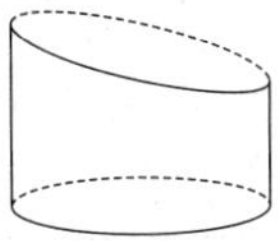 **解**：用一个完全相同的几何体把题中几何体补成一个圆柱，如图，则圆柱的体积为 $\pi\times2^2\times5=20\pi$，故所求几何体的体积为 10π。 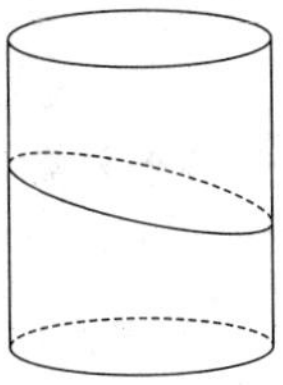	通过例题、练习帮助学生熟练掌握相关体积公式，并且在公式法的基础上，利用等体积法、分割法和补形法来强化学生解题技巧，增强学生的数学运算素养和直观想象核心素养。

（续　表）

<table>
<tr><th>教学过程</th><th>设计意图</th></tr>
<tr><td>
例 4　平面 α 截球 O 的球面所得圆的半径为 1. 球心 O 到平面 α 的距离为 $\sqrt{2}$，则此球的体积为　（　　）
A. $\sqrt{6}\pi$　　B. $4\sqrt{3}\pi$　　C. $4\sqrt{6}\pi$　　D. $6\sqrt{3}\pi$
解：设截面圆的圆心为 O'，M 为截面圆上任一点，则 $OO'=\sqrt{2}$，$O'M=1$。
$\therefore OM=\sqrt{(\sqrt{2})^2+1}=\sqrt{3}$。即球的半径为 $\sqrt{3}$。$\therefore V=\frac{4}{3}\pi(\sqrt{3})^3=4\sqrt{3}\pi$。
三、及时反馈
1. 若一个圆锥的轴截面是边长为 4 cm 的等边三角形，则这个圆锥的侧面积为________ cm^2，表面积为________ cm^2。
2. 圆台的上、下底面半径和高的比为 1∶4∶4，若母线长为 10，则圆台的表面积为　（　　）
A. 81π　　B. 100π　　C. 168π　　D. 169π
3. 将棱长为 2 的正方体木块削成一个体积最大的球，则该球的体积为　（　　）
A. $\frac{4\pi}{3}$　　B. $\frac{\sqrt{2}\pi}{3}$　　C. $\frac{\sqrt{3}\pi}{2}$　　D. $\frac{\pi}{2}$
4. 已知圆锥的表面积为 a m^2，且它的侧面展开图是一个半圆，求这个圆锥的底面直径。
5. 一个正方体的定点都在球面上，它的棱长是 a cm，求球的体积。
答案：1. 8π；12π　2. C　3. A　4. $\sqrt{\frac{a}{3\pi}}$　5. $\frac{3\sqrt{3}}{8}a^3$ cm^3
四、课堂小结
1. 柱体、锥体、台体的表面积的公式；
2. 柱体、锥体、台体的体积的公式；
3. 常见的求几何体体积的方法：(1)公式法：直接代入公式求解。
(2)等积法：例如，四面体的任何一个面都可以作为底面，只需选用底面积和高都易求的几何体即可。
(3)补形法：将几何体补成易求解的几何体，如棱锥补成棱柱，棱台补成棱锥等。
(4)分割法：将几何体分割成易求解的几部分，分别求体积。
五、课外练习　习题 8.3　4，5，8
</td><td>
通过练习巩固本节所学知识，提高学生解决问题的能力，同时考查球的体积公式，球与几何体的内切外接问题，解题时需要注意研究图形的轴截面，综合性较强。

通过总结，让学生进一步巩固本节所学内容，提高概括能力，提高学生的数学运算能力和逻辑推理能力。
</td></tr>
</table>

五、教学反思

本节课的重点是掌握圆柱、圆锥、圆台、球的表面积和体积计算公式和应用，通过本节课的例题及练习，学生能够基本掌握。在教学过程中须引导学生注意以下几点：1. 求几何体的面积时看清求的是侧面积，还是表面积；2. 在直接使用公式法计算有困难时，可以考虑使用分割法、补形法和等体积法的运用；3. 解决实际问题时先抽象出几何图形，再利用相关公式解决。

3.4

3.4.1　平面

一、内容分析

本小节内容是立体几何学习的重要基础，这节课重在让学生理解点、直线、平面这些组成立体图形的基本要素，强化学生对平面的集合概念。教学过程中要突出平面的三个基本事实和三个推论的重要性，在图形语言和文字语言教学的基础上，强化符号语言教学并让学生学会用符号语言表述空间点、直线、平面之间的位置关系。让学生在解决立体图形问题中，借助于平面的基本事实及其推论和点、线、面位置关系，体会将立体图形问题转化为平面图形问题重要思想方法，发展学生直观想象、逻辑推理等核心素养。

二、课程目标与素养目标

课程目标	学科素养
1. 初步理解平面的概念、三个基本事实和推论，会用图形、文字、符号三种语言形式表述三个基本事实和三个推论； 2. 在探究三个基本事实的情境中，感悟立体几何结论发现的过程，体验研究几何体的方法，提升直观想象和数学抽象素养。	1. 数学抽象：平面的基本概念和“平”“无限延展”的基本特征，体会研究立体几何问题中推理、说明的一般思路； 2. 逻辑推理：学会运用平面三个基本事实和三个推论，为后面用规范的符号语言推理证明简单的立体几何问题做准备； 3. 数学运算：点、直线、平面的关系； 4. 直观想象：符号语言描述空间点、直线、平面之间的位置关系，通过直观感知、空间想象去归纳猜想结论，并能进行推理证明。

三、教学重点、难点

1. 教学重点：对三个基本事实和三个推论的理解及其集合符号语言表示；

2. 教学难点：对基本事实的理解和集合符号语言表示，对推论的说理证明。

四、教学设计

教学过程	设计意图
一、情境引入 前面我们学习了基本几何体，学习了它们的结构特征、平面表示、面积和体积的计算。在学习棱柱、棱锥、棱台等多面体的过程中，我们知道顶点、棱、平面多边形等是构成这些多面体的基本元素，这些元素之间的相互关系，反映了这些多面体的结构特征。实际上，立体图形都是由点、直线、平面等基本元素组成的，要研究立体图形的结构特征，就要研究这些基本元素之间的位置关系，我们先从认识点、直线、平面这些基本元素开始。	引导学生先回顾前面学习的内容，体会利用多面体的组成元素刻画其特征的方法。进而从多面体

（续　表）

教学过程	设计意图
问题　在初中，我们已经对点和直线有了一定的认识，知道它们都是由现实事物抽象得到的。生活中也有一些物体给我们以平面的直观感觉，如课桌面、黑板面、平静的水面等，那什么是平面？它们呈现出怎样的形象？ 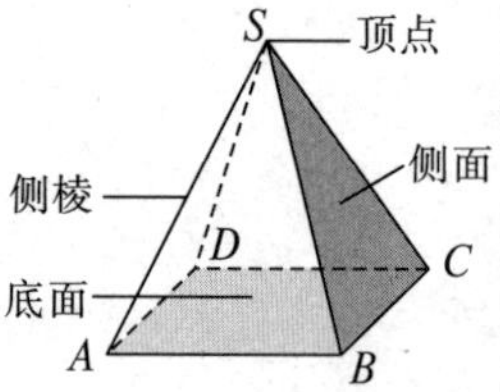 **二、探索新知**	的组成元素提出立体图形的组成元素，引出本节课学习内容。
1. 平面的概念：光滑的桌面、平静的湖面等都是我们熟悉的平面形象，数学中的平面概念是现实平面加以抽象的结果。 **2.** 平面的特征：平面没有大小、厚薄和宽窄，平面在空间是无限延伸的。因此，平面具有：(1)平展性；(2)无限延展性；(3)没有厚度。	通过模型和动画，直观感知平面的两个本质特征：平面是“平”的，是“无限延展”的。
思考1　学习了一个数学概念，接下来就是学习它的表示。想一想，点和直线是如何用图形和符号表示的？类似地，如何用图形和符号表示平面？ **3.** 平面的画法与表示：当平面水平放置时，平行四边形的锐角通常画成45°，且横边长等于其邻边长的2倍。 教师直接给出平面的符号表示：常用希腊字母α，β，γ等表示平面，有时也用代表平行四边形的顶点，或相对的顶点的大写字母表示平面。如平面$ABCD$，或平面AC、平面BD等。 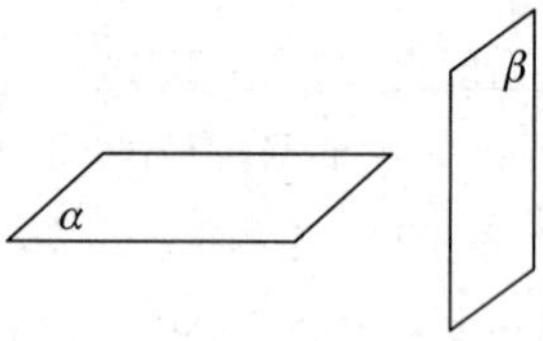 **例**　以下平面可记作：平面α、平面$ABCD$、平面AC或平面BD 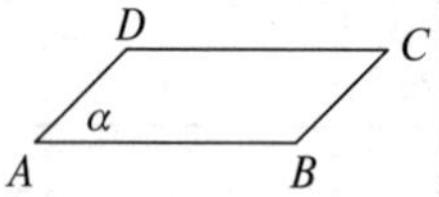 	类比用直线的局部，即线段表示直线，选取平面的一部分中最具代表性的矩形，用其直观图表示平面。
4. 点与直线、平面的位置关系 直线上有无数个点，平面内有无数个点，直线、平面都可以看成点的集合。点在直线上和点不在直线上、点在平面内和点在平面外都可以用元素与集合的属于、不属于关系来表示。 图形语言： 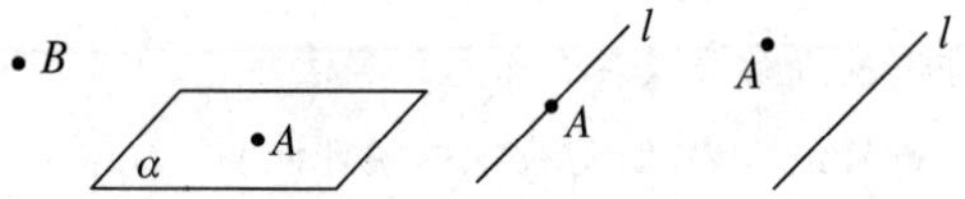 符号语言：　$A\in\alpha$，$B\notin\alpha$　　$A\in l$　　$A\notin l$	类比点和直线的图形和符号表示，给出平面的图形和符号表示，使学生感悟数学研究方法的特点和一致性，发展学生直观想象素养。
思考2　接下来，我们研究平面的基本性质。要研究平面，首先是要确定平面。我们知道，两点可以确定一条直线，那么几点可以确定一个平面？你能用日常生活实例来佐证你的结论吗？ **师生活动：**引导学生思考生活实例，如三脚架的三脚着地就可以支撑照相机等，得到基本事实1。 **5.** 平面基本事实1：过不在一条直线上的三点，有且只有一个平面。 图形语言： 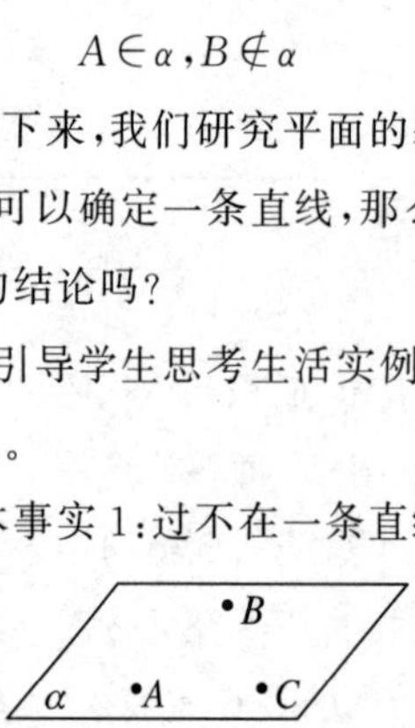 	通过讲解，让学生明白点与直线、平面关系的数学符号表示，教给学生数学语言的运用。

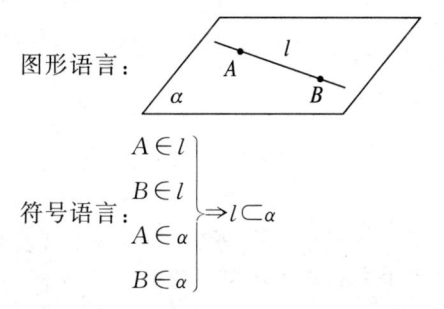

（续　表）

<table>
<tr><th>教学过程</th><th>设计意图</th></tr>
<tr><td>
基本事实 1 给出了确定一个平面的依据。它也可以简单说成“不共线的三点确定一个平面”，不在一条直线上的三个点 A，B，C，所确定的平面，可以记成平面 ABC。

思考 3　基本事实 1 刻画了点与平面的位置关系，我们接下来研究直线与平面的位置关系。想一想，如果直线 l 与平面 α 有一个公共点 P，直线 l 是否在平面 α 内？如果直线 l 与平面 α 有两个公共点呢？

师生活动：教师引导学生观察：如果一根直尺仅有一个点在桌面上（直尺和桌面相交的情况），这根直尺不在桌面上；而如果直尺边缘上的任意两点在桌面上，那么直尺的整个边缘就落在了桌面上。

6. 平面基本事实 2：如果一条直线上的两个点在一个平面内，那么这条直线在这个平面内。

图形语言：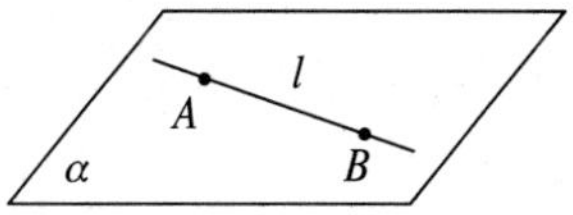

符号语言：$\left.\begin{matrix}A\in l\\B\in l\\A\in\alpha\\B\in\alpha\end{matrix}\right\}\Rightarrow l\subset\alpha$

利用基本事实 2，可以判断直线是否在平面内：平面内有无数条直线，平面可以看成是直线的集合。如果直线 l 上所有点都在平面 α 内，就说直线 l 在平面 α 内，记作 $l\subset\alpha$；否则，就说直线 l 不在平面 α 内，记作 $l\not\subset\alpha$。

思考 4　基本事实 1 和 2 分别从点与平面、直线与平面关系的角度对平面进行了刻画。接下来，我们从平面与平面关系的角度对平面进一步刻画。思考下面的问题：把三角尺的一个角立在课桌面上，三角尺所在平面与课桌面所在平面是否只相交于一点？为什么？

师生活动：引导学生从实际生活中思考，例如，教室里相邻的墙面在地面的墙角处有一个公共点，这两个墙面相交于过这个点的一条直线，从而归纳得到基本事实 3。

7. 基本事实 3：如果两个不重合的平面有一个公共点，那么它们有且只有一条过该点的公共直线。

图形语言：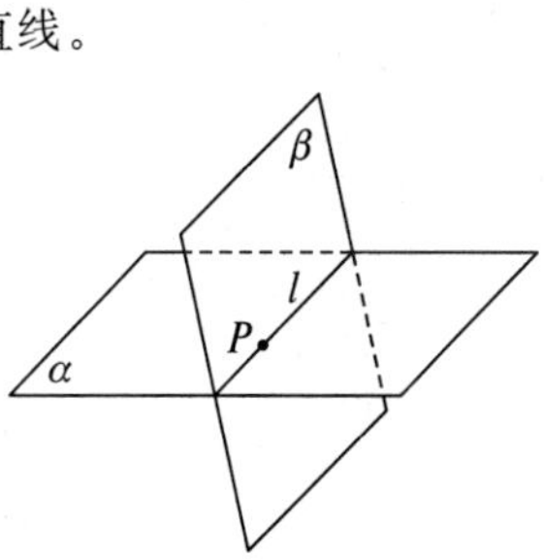

</td><td>
类比确定直线的问题提出确定平面的问题，得到“不共线的三点确定一个平面”的基本事实 1，并给出其图形表示以及点和直线、平面之间位置关系的集合符号表示。实际上，平面的三个基本事实表述的就是点、直线、平面这三个不加定义的概念之间的关系。

对于基本事实 2，教师要引导学生从正反两方面描述，强调其中反映的充要关系：若直线在平面内，则直线上所有点在平面内；若直线上的所有点都在平面内，则直线在平面内。
</td></tr>
</table>

（续　表）

教学过程	设计意图
符号语言：$P\in\alpha, P\in\beta\Rightarrow\alpha\cap\beta=l$，且 $P\in l$。 基本事实 3 说明：如果两个平面有一个公共点，那么这两个平面一定相交于过这个公共点的一条直线。可以用来证明三线共点问题和三点共线问题。 同时，利用基本事实 1 和基本事实 2，再结合“两点确定一条直线”，还可以得到一些确定一个平面的推论： **8.** 平面三个推论： **推论 1**　经过一条直线和这条直线外一点，有且只有一个平面。 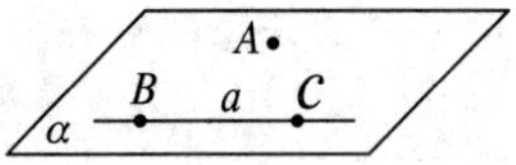 **推论 2**　经过两条相交直线，有且只有一个平面。 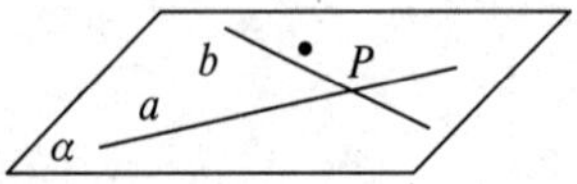 **推论 3**　经过两条平行直线，有且只有一个平面。 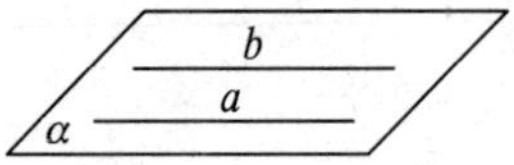	按照点与平面、直线与平面、平面与平面关系的研究思路，提出利用平面与平面的关系刻画平面的问题，从而结合生活中的实例，归纳得出基本事实 3，发展学生的数学抽象和直观想象核心素养。
推论 1、推论 2 和推论 3 告诉我们，不共线的三点，一条直线和这条直线外一点，两条相交直线，两条平行直线，都能唯一确定一个平面，给我们提供了确定一个平面的另几种方法。	三个基本事实和三个推论在后续直线、平面位置关系的研究中发挥着基础作用。本活动引导学生从基本事实得到它的三个推论。教学中采用说理的方式让学生确认其正确性即可。
例 1　用符号表示下列语句，并画出相应的图形。 (1)点 A 在平面 α 内，但点 B 在平面 α 外； (2)直线 a 经过平面 α 外的一点 M； (3)直线 a 既在平面 α 内，又在平面 β 内 **解**：(1)$A\in\alpha, B\notin\beta$，如图示： 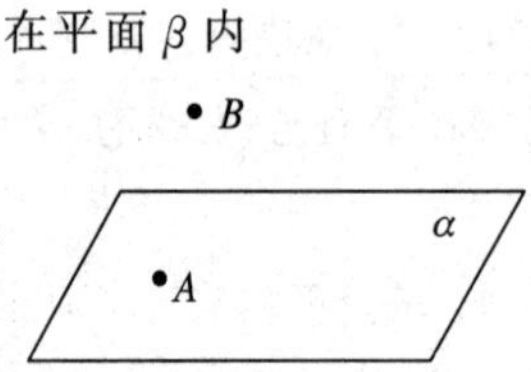 (2)$M\notin\alpha, M\in a$，如图示： 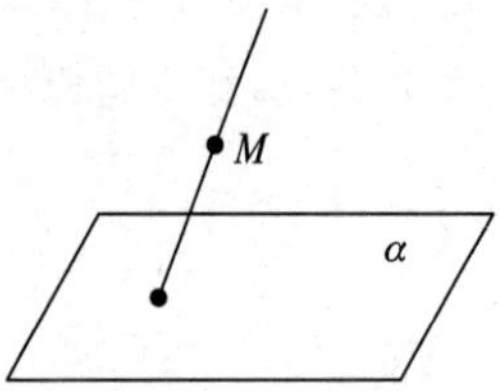 (3)$a\subset\alpha, a\subset\beta$，如图示： 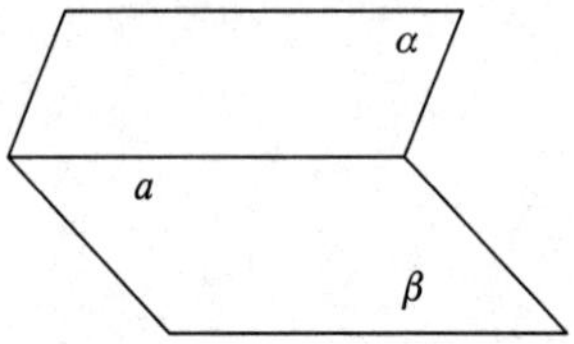	通过举例应用，培养学生分析问题、解决问题的能力，引导学生自主归纳解题思路，发展学生抽象思维能力。

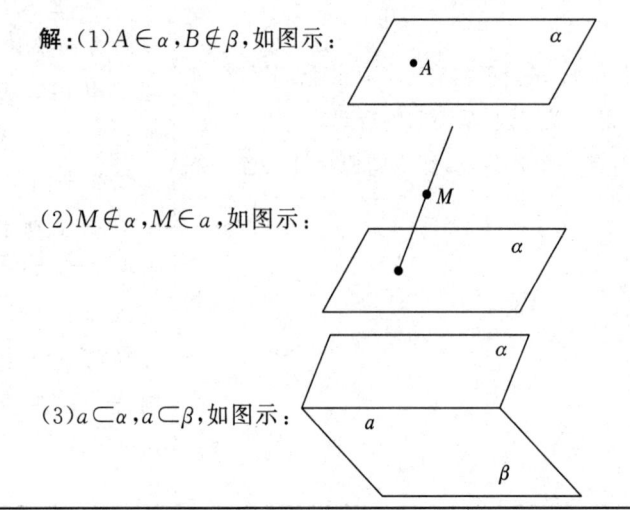

（续　表）

<table>
<tr><th>教学过程</th><th>设计意图</th></tr>
<tr><td>
例 2　在空间中，下列命题正确的是　（　　）
A. 若两个平面有一个公共点，则它们必有无数个公共点
B. 任意三点都可以确定一个平面
C. 分别在不同平面内的两条直线叫异面直线
D. 垂直于同一条直线的两条直线互相平行
解：由公理二知，若两平面有一个公共点，则这两个平面相交于过这个公共点的一条直线，故 A 正确；由基本事实一知不共线的三点确定一个平面，共线的三点能确定无数个平面，故 B 错误；分别在两个平面中的直线有可能平行，故 C 错误；垂直于同一条直线的两条直线不一定相交，还可以平行或异面，故 D 错误。故选：A.
三、及时反馈
1. 下列说法中正确的是　（　　）
A. 镜面是一个平面
B. 一个平面长 10 m，宽 5 m
C. 一个平面的面积是另一个平面面积的 2 倍
D. 所有的平面都是无限延展的
2. 用符号语言表示下列语句，正确的个数是　（　　）
①点 A 在平面 α 内，但不在平面 β 内：$A\subset\alpha$，$A\not\subset\beta$；
②直线 a 经过平面 α 外的点 A，且 a 不在平面 α 内：$A\in a$，$A\notin\alpha$，$a\not\subset\alpha$；
③平面 α 与平面 β 相交于直线 l，且 l 经过点 P：$\alpha\cap\beta=l$，$P\in l$；
④直线 l 经过平面 α 外一点 P，且与平面 α 相交于点 M：$P\in l$，$l\cap\alpha=M$。
A. 1B. 2C. 3D. 4
3. 点 A 在直线 l 上，l 在平面 α 外，用符号表示正确的是　（　　）
A. $A\in l$，$l\notin\alpha$　　B. $A\in l$，$l\subset\alpha$
C. $A\subset l$，$l\subset\alpha$　　D. $A\subset l$，$l\in\alpha$
4. 不共面的四点可以确定几个平面？请画出图形说明你的结论。
5. 如图，已知 D，E 是 $\triangle ABC$ 的边 AC，BC 上的点，平面 α 经过 D，E 两点，若直线 AB 与平面 α 的交点是 P，求证：点 P 在直线 DE 上。
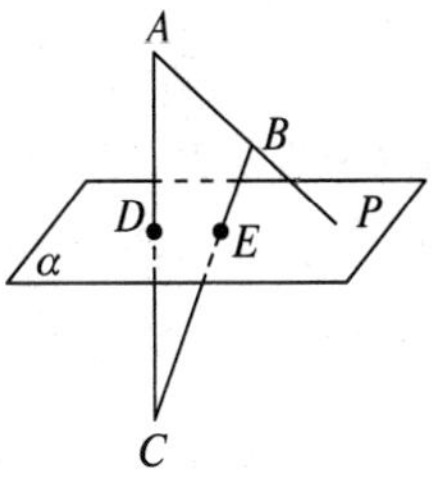

答案：1. D　2. B　3. B　4. 4 个　5. 略
</td><td>通过练习巩固本节所学知识，提高学生解决问题的能力，感悟其中蕴含的数学思想，增强学生的应用意识。</td></tr>
</table>

（续　表）

教学过程	设计意图
四、课堂小结 1. 平面的定义和特征； 2. 平面三个基本事实和三个推论的概念和性质，掌握文字语言、图像语言和符号语言的相互转化； 3. 用规范的符号语言说明点、线、面之间关系。 **五、课外练习**　教科书第126页练习第1,2,3,4题。	通过总结，让学生进一步巩固本节所学内容，提高概括能力，提高学生的数学运算能力和逻辑推理能力。

五、教学反思

本节课学习平面的概念、特征，以及三个基本事实和三个推论，为后面学习点、线、面位置关系做准备。这节课要强调学生开始学会用符号语言来刻画空间的点、线、面，并在教学过程中，让学生经理动手实验—直观感知—归纳猜想—操作确认的过程，发展学生的空间想象力和数学抽象核心素养，经历将抽象的定理概念在具体实际中推理确认，更好地理解平面的三个基本事实和三个推论。

3.4.2　空间点、直线、平面之间的位置关系

一、内容分析

空间点、直线、平面之间的位置关系是立体几何中最重要的位置关系，直线与直线、直线与平面、平面与平面的位置关系是本节的重点和难点。教材运用长方体，提供了学生观察直线与平面之间关系的重要模型。先观察然后归纳长方体中的直线、平面之间的关系，这是新课程改革中较好体现逻辑推理重要学科素养的内容。教学过程要通过对长方体模型或者生活中实物的直观感知、操作确认，归纳空间中直线与直线、直线与平面、平面与平面之间的位置关系，能够对上述关系进行符号表示，能在几何表示和符号表示之间快速转换，为后面章节研究它们关系的判定和性质奠定了初步的基础。

二、课程目标与素养目标

课程目标	学科素养
1. 了解空间中两条直线的三种位置关系，理解两异面直线的定义，会用平面衬托来画异面直线； 2. 了解直线与平面的三种位置关系，并会用图形语言和符号语言表示； 3. 在直线与平面的三种位置关系，能够在图形表示与符号表达之间相互转换。	1. 数学抽象：点、直线、平面之间的位置关系，异面直线的理解； 2. 逻辑推理：根据长方体模型或者实物直观，归纳直线与平面的位置关系、平面与平面的位置关系； 3. 直观想象：两条直线的三种位置关系； 4. 数学建模：能运用代数符号和几何图形表达直线与平面的三种位置关系。

三、教学重点、难点

1. 教学重点：通过对长方体和生活中实物的观察，归纳空间中直线与直线，直线与平面，平面与平面之间的位置关系；能够对上述关系进行符号表示，能在几何表示和符号表示之间快速转换。

2. 教学难点：直线与直线、直线与平面、平面与平面的位置关系的图形表达。

四、教学设计

教学过程	设计意图
一、复习引入 1. 点与直线的位置关系是什么？用数学符号怎样表示？ 点在直线上和点不在直线上。点 A 在直线 l 上，记作 $A\in l$；若点 B 不在直线 l 上，记作 $B\notin l$。 2. 点与平面的位置关系是什么？用数学符号怎样表示？ 点在平面内和点不在平面内。点 A 在平面 α 上，记作 $A\in\alpha$；若点 B 不在平面 α 上，记作 $B\notin\alpha$。 **二、情境引入** 空间中的基本要素有点、直线、平面，它们之间有些位置关系非常简单，比如，我们刚刚复习到：点与直线之间有点在直线上、点不在直线上；点与平面之间有点在面内、点不在面内等等。我们也知道在同一平面中，直线与直线之间的位置关系有平行与相交两种位置关系。那么，在空间中直线与直线、直线与平面、平面与平面之间有哪些位置关系呢？ 我们可以借助长方体模型或者教室中的物体来探究上述位置关系。 **问题情境**　我们知道，长方体有 8 个顶点，12 条棱，6 个面，12 条棱对应 12 条棱所在的直线，6 个面对应 6 个面所在的平面，如图所示的长方体，通过观察你能发现这些顶点、直线、平面之间的位置关系吗？ 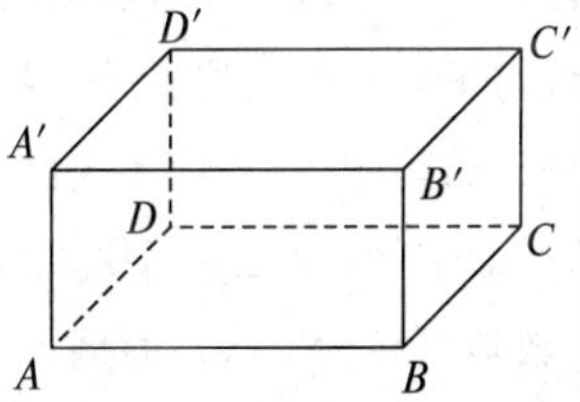 **师生活动：**教师引导学生通过观察和分析图形中具体的点、直线和平面之间的位置关系，例如，$A\in$ 平面 $ABCD$，$A\notin$ 平面 $A'B'C'D'$，直线 AB∥直线 CD，直线 AB 与直线 BC 在平面 $ABCD$ 中，且交于点 B，直线 AB 与直线 CC' 不同在任何一个平面上。 **三、探索新知** （一）探究、归纳空间中直线与直线的位置关系 **问题 1**　观察问题情境中的长方体，直线 AB 与直线 CD 什么位置关系，直线 AB 与直线 CC' 和直线 AB 与直线 BC 之间有什么位置关系？ 直线 AB 与直线 CD 在同一个平面 $ABCD$ 内，它们没有公共点，它们是平行直线；直线 AB 与直线 BC 也在同一个平面 $ABCD$ 内，它们只有一个公共点 B，它们是相交直线；直线 AB 与 CC' 不同在任何一个平面内。	引导学生下回顾前一节课学习的内容，复习点与直线位置关系和点与平面位置关系，为接下来直线与平面三种位置关系学习做准备。 通过思考，观察图形，引入新课，从现有的平面知识出发，引发空间中对象间的关系，然后具体到难度相对较低的直线、平面间的位置关系。方法主要是观察、归纳。

（续 表）

<table>
<tr><th>教学过程</th><th>设计意图</th></tr>
<tr><td>

1. 异面直线的概念：不同在任何一个平面内的两条直线叫作异面直线(skew lines)。

2. 空间两条直线的位置关系：

共面直线 { 相交直线：同一平面内，有且只有一个公共点；
平行直线：同一平面内，没有公共点；
异面直线：不在任何一个平面内，没有公共点。

问题 2　当两直线异面，即两条直线不在任何一个平面内，又应该怎么用图形表示呢？

师生活动： 教师提出问题，引导学生认知常见的展现异面直线的情形。学生应该都能利用平行四边形以及平行四边形内部的线段来准确地画出空间中直线与直线的相交、平行关系，但是对于问题 2 可能会有些难度。

3. 异面直线的画法：

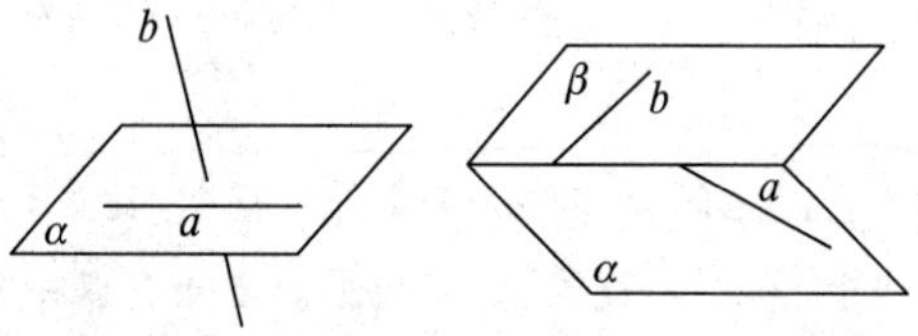

为表示异面直线不共面的特点，常以平面衬托。

（二）探究、归纳空间中直线与平面的位置关系

问题 3　观察问题情境中的长方体，直线 AB 与平面 $ABCD$、平面 $BCC'B'$ 和平面 $A'B'C'D'$ 分别有几个交点，它们之间的位置关系又一样吗？再结合生活中的实例思考，空间中直线与平面有哪些位置关系？

师生活动： 教师提出问题，引导学生类比空间中直线与直线的位置关系，借助长方体模型或者生活中的实例，探究空间中直线与平面的交点，从而归纳出直线与平面间的位置关系。教师引导学生认识直线与平面相交和直线与平面平行均称直线在平面外。

空间直线和平面的位置关系：

直线与平面的位置关系只有以下三种：

①直线在平面内——有无数个公共点；

②直线与平面相交——有且只有一个公共点；

③直线与平面平行——没有公共点。

直线与平面三种位置关系的画法如下：

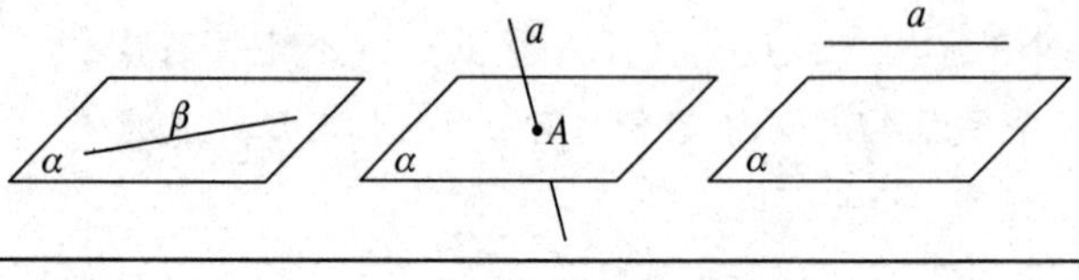

</td><td>

让学生经历从已知到未知，从空间图到直观图的过程。可促进学生经历从特殊到一般的思维过程，体会正难则反的数学探究方法。

教材直接给出了直线与平面的三种位置关系，略作说明地给出了三种位置关系的直观图。此环节可让学生结合生活中的实例理解这样绘制图形的合理性。体会直线与平面位置关系的常用直观图表示。

</td></tr>
</table>

（续　表）

教学过程	设计意图
问题 4　点、直线、平面均有对应的符号表示，那么它们之间的位置关系应该怎么用符号表示呢？ **师生活动**：教师引导学生从集合的角度理解直线与平面，自然引出直线与平面相交的符号表示为 $a\cap\alpha=A$；直线与平面平行的符号为 $a/\!/\alpha$；直线在平面上的符号表示为 $a\subset\alpha$。	几何与代数是数学对象的两个方面，数形结合认识事物会更全面，学会用数学语言表达世界是数学中的一种基本素养。直线与平面位置关系的直观图表示更形象、更直观，但是符号表达会更简洁、更准确。
（三）探究、归纳空间中平面与平面的位置关系 **问题 5**　观察问题情境中的长方体，平面 $ABCD$ 与平面 $BCC'B'$、平面 $ABCD$ 与平面 $A'B'C'D'$ 公共点的个数分别有多少个，它们之间的位置关系又有什么不一样？再结合生活中的实例思考，空间中平面与平面有哪些位置关系？ **师生活动**：教师引导学生逐个观察平面 $ABCD$ 与其它 5 个平面的交点情况，也可引导学生实际观察教室内地面与四周墙面、天花板的交点情况。引导学生类比直线与直线的位置关系，得到直线与平面的位置关系有平行、相交两种情况。 **空间中平面与平面的位置关系**： 空间中平面与平面的位置关系有且只有以下两种： (1)两个平面平行——没有公共点； (2)两个平面相交——有一条公共直线。 画两个互相平行的平面时，要注意使表示平面的两个平行四边形的对应边平行。平面 α 与平面 β 平行，记作平面 $\alpha/\!/$平面 β。 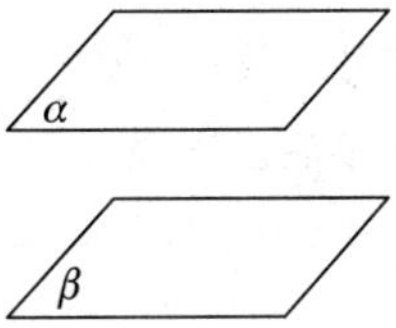 **例 1**　如图，用符号表示下列图形中直线、平面之间的位置关系。 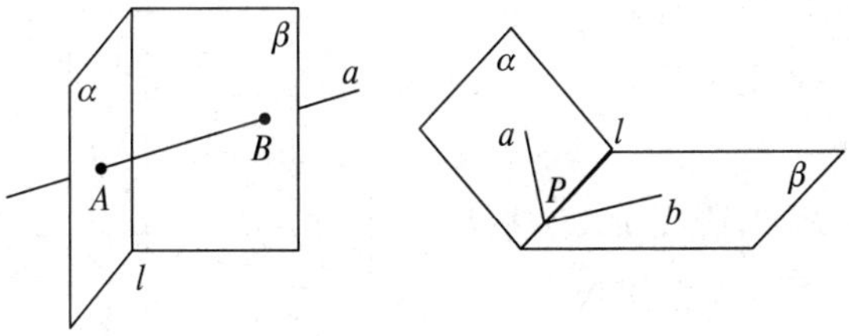 (1)　　　　(2) **解**：在(1)中，$\alpha\cap\beta=l$，$a\cap\alpha=A$，$a\cap\beta=B$。 在(2)中，$\alpha\cap\beta=l$，$a\subset\alpha$，$b\subset\beta$，$a\cap l=P$，$b\cap l=P$，$a\cap b=P$。	与直线与平面之间位置关系的探究类似，通过实例观察抽象出平面与平面的交点情况，再通过类比这一推理方式，得到平面与平面之间的位置关系。这里体现是的对数学抽象和逻辑推理数学素养的提升。
例 2　如图，$AB\cap\alpha=B$，$A\notin\alpha$，$a\subset\alpha$，$B\notin a$，直线 AB 与直线 a 具有怎样的位置关系？为什么？ 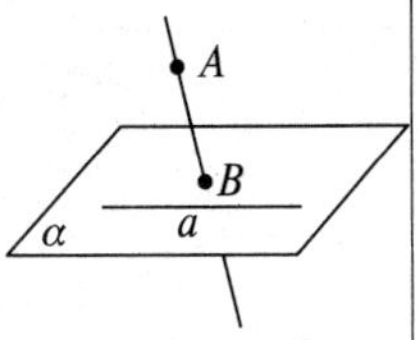 **解**：直线 AB 与 a 是异面直线。理由如下：若直线 AB 与直线 a 不是异面直线，则它们相交或平行。设它们确定的平面为 β，则 $B\in\beta$，$a\subset\beta$。由于经过点 B 与直线 a 有且仅有一个平面 α，因此平面 α 与平面 β 重合，从而 $AB\subset\alpha$，进而 $A\in\alpha$，这与 $A\notin\alpha$ 矛盾。所以直线 AB 与 a 是异面直线。	例 1 通过探究，进一步熟悉直线、平面之间的位置关系，提高学生解决问题的能力。

（续　表）

教学过程	设计意图

四、及时反馈

1. 如果两条直线 a 与 b 没有公共点，那么 a 与 b　　（　　）

A. 共面　　B. 平行

C. 是异面直线　　D. 可能平行，也可能是异面直线

2. 设直线 a 与 b 分别是长方体的相邻两个面的对角线所在的直线，则 a 与 b　　（　　）

A. 平行　　B. 相交

C. 是异面直线　　D. 可能相交，也可能是异面直线

3. α,β 是两个不重合的平面，下面说法中正确的是　　（　　）

A. 平面 α 内有两条直线 a,b 都与平面 β 平行，那么 $\alpha /\!/ \beta$

B. 平面 α 内有无数条直线平行于平面 β，那么 $\alpha /\!/ \beta$

C. 若直线 a 与平面 α 和平面 β 都平行，那么 $\alpha /\!/ \beta$

D. 平面 α 内所有的直线都与平面 β 平行，那么 $\alpha /\!/ \beta$

4. 下列说法中，正确的个数是　　（　　）

①如果两条平行直线中的一条和一个平面相交，那么另一条也和这个平面相交；

②一条直线和另一条直线平行，它就和经过另一条直线的任何平面平行；

③若直线 a 在平面 α 外，则 $a /\!/ \alpha$。

A. 0　　B. 1

C. 2　　D. 3

5. 如图，在正方体 $ABCD\text{-}A_1B_1C_1D_1$ 中，分别指出直线 B_1C，D_1B 与正方体六个面所在平面的关系。

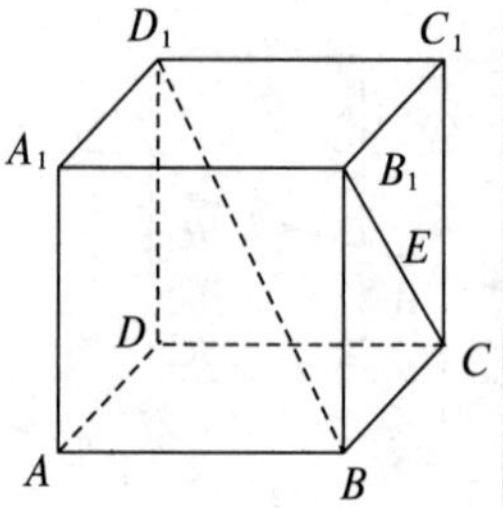

答案：1. D　**2.** D　**3.** D　**4.** B

5. 根据图形，直线 $B_1C \subset$ 平面 B_1C，直线 $B_1C /\!/$ 平面 A_1D，与其余四个面相交，直线 D_1B 与正方体六个面均相交。

五、课堂小结

1. 空间两条直线的位置关系

位置关系	共面情况	有无公共点
相交	在同一平面内	有且只有一个公共点
平行	在同一平面内	没有公共点
异面	不同在任何一个平面内	没有公共点

（设计意图）例 2 继续强化直线、平面之间位置关系的判定与符号表示。引导学生体会证明两条直线异面时常用的一种逻辑——反证法，提升学生逻辑推理的数学素养。

（设计意图）通过练习巩固本节所学知识，通过学生解决问题的能力，感悟其中蕴含的数学思想，增强学生的应用意识。

（续　表）

教学过程	设计意图

2. 直线与平面的位置关系

位置关系	图形表示	符号表示	公共点
直线 a 在平面 α 内	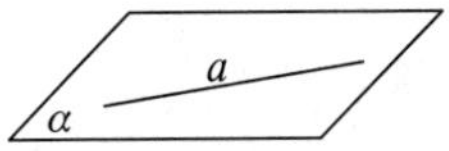	$a\subset\alpha$	有无数个公共的
直线 a 与平面 α 相交	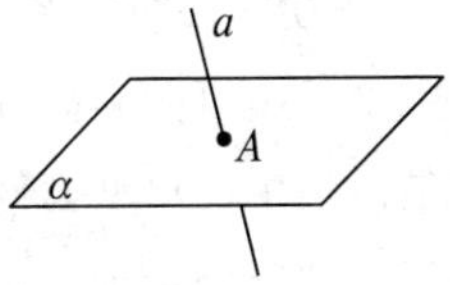	$a\cap\alpha=A$	有且只有一个公共的
直线 a 在平面 α 内	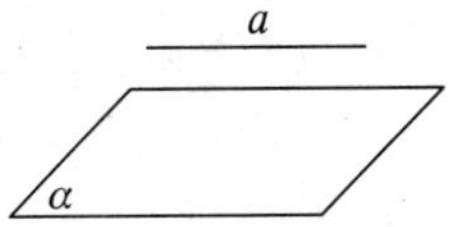	$a/\!/\alpha$	无公共点

4. 平面与平面的位置关系

位置关系	图形表示	符号表示	公共点
两平面平行	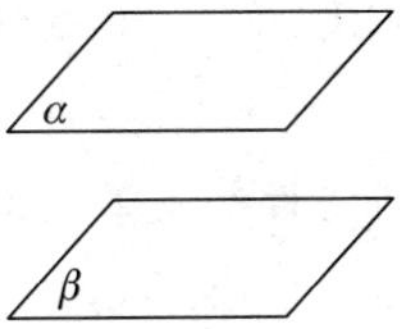	$\alpha/\!/\beta$	无公共点
两平面相交	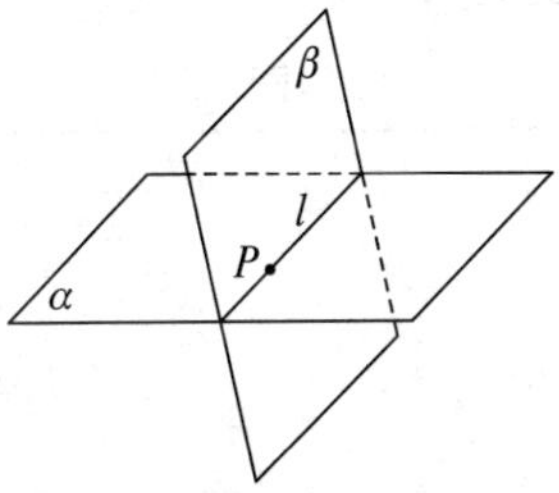	$\alpha\cap\beta=l$	有无数个公共点，这些点在一条直线上

六、课外练习　教科书第 131 页练习第 1，2，3，4 题。

设计意图：通过总结，让学生进一步巩固本节所学内容，提高概括能力，提高学生的数学运算能力和逻辑推理能力。

五、教学反思

点、直线、平面之间的位置关系将平面关系拓展到空间，是学生认识几何问题的一个转变与飞跃，为后面章节研究它们关系的判定和性质奠定了初步的基础。在设计教学时，引导学生从长方体模型或者从观察身边的事物入手，由具体到抽象、由实物到图形、由生活到数学，循序渐进，激发学生的学习热情，调动学生的学习积极性。教师要积极引导归纳空间中直线与直线、直线与平面、平面与平面之间的位置关系，能够对上述关系进行符号表示，从而渗透好的数学学习方法和好的学习习惯。促进学生在学习中相互合作、自主探究。

3.5

3.5.1　直线与直线平行

一、内容分析

本节课是后面学习直线和平面平行的判定定理的基础。基本事实 4 表明了平行线的传递性，是证明线线平行的一个依据，同时也证明了“等角定理”。而“等角定理”是后续研究异面直线所成的角、二面角的平面角等空间角的基础知识。另外，基本事实 4 的得出过程是由学生对典型实例进行直观感知，然后抽象出相关结论。而对于“等角定理”，则是在类比的基础上进行了猜想和论证。这种直观感知、操作确认、推理论证的研究问题的模式是学习立体几何的重要方法。故作为本节内容的第一课时，需让学生初步感受研究空间立体几何问题的这种模式。

二、课程目标与素养目标

课程目标	学科素养
1. 借助于长方体感知概括基本事实 4，并能用基本事实 4 解决直线与直线平行问题； **2.** 猜想出空间“等角定理”，能够依据基本事实 4 对性质定理进行证明； **3.** 结合基本事实 4 和“等角定理”的探究，体会平面图形结论在空间图形中的推广，体会研究几何问题的一般方法。	**1.** 数学抽象：将实例抽象出直线与直线平行关系； **2.** 逻辑推理：“等角定理”的证明； **3.** 空间想象：通过将实际物体抽象成空间图形。

三、教学重点、难点

1. 教学重点：基本事实 4 和空间“等角定理”的理解和运用；

2. 教学难点：空间“等角定理”的证明。

四、教学设计

教学过程	设计意图
引导语：在平面几何的学习中，我们研究过两条直线的位置关系，重点研究了两条直线平行，得到了这种特殊位置关系的性质以及判定定理。类似地，本节开始我们研究空间中两条直线的平行关系。 **一、新知探究** **(一)基本事实 4** **思考**　我们都知道，在平面内，若两条直线都与第三条直线平行，则这两条直线互相平行。那么在空间中，是否也有类似的结论呢？	

（续　表）

教学过程	设计意图
观察　如图，在长方体 $ABCD\text{-}A'B'C'D'$ 中，$DC \parallel AB$，$A'B' \parallel AB$。DC 与 $A'B'$ 平行吗？ 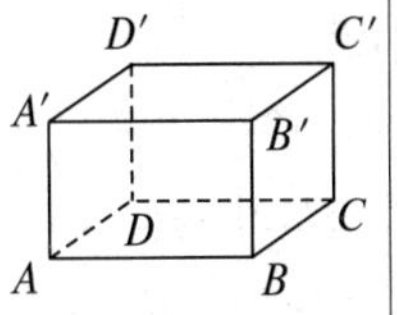 可以发现，$DC \parallel A'B'$。这说明空间中的平行直线具有与平面内的平行直线类似的性质。 **问题**　你能结合教室中的例子佐证你的判断吗？ 让学生通过直观感知教室中的实例，进行回答，教师点拨。 **基本事实 4**　平行于同一条直线的两条直线平行。 **归纳**　基本事实 4 表明了什么？ (1)空间中平行于同一条直线的所有直线都互相平行。它给出了判断空间两条直线平行的依据。 (2)基本事实 4 表述的性质通常叫作平行线的传递性。	从平面结论出发，自然地联想到空间中是否有类似的结论。结合大量实例，感知结论的正确性，总结形成基本事实 4。
例 1　如图，空间四边形 $ABCD$ 中，E,F,G,H 分别是边 AB,BC,CD,DA 的中点。求证：四边形 $EFGH$ 是平行四边形。 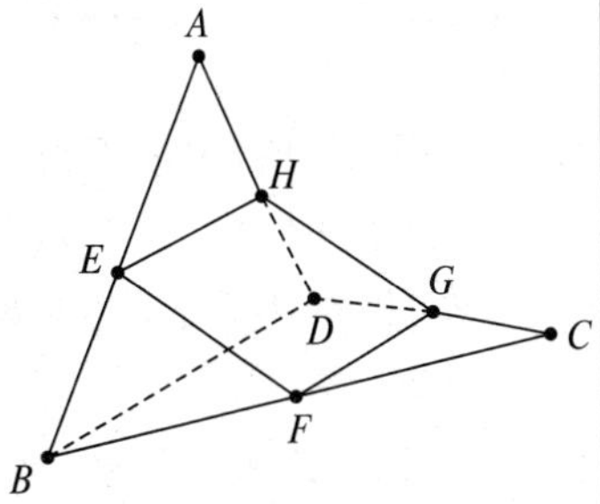 **问题 1**　证明一个四边形是平行四边形有哪些基本的方法？ 证明它的一组对边平行且相等，或者证明其两组对边分别平行。 **问题 2**　条件里诸多的中点让你想到了怎样的平行关系？ 中位线，它平行且等于底边的一半。 **问题 3**　由中位线的知识，$EH \mathrel{\underline{\parallel}} \frac{1}{2}BD$，$FG \mathrel{\underline{\parallel}} \frac{1}{2}BD$，由此可以说明 $EH \mathrel{\underline{\parallel}} FG$ 吗？为什么？ 由基本事实 4 可知 $EH \mathrel{\underline{\parallel}} FG$，从而问题得证。 **证明**：连接 BD。$\because EH$ 是 $\triangle ABD$ 的中位线，$\therefore EH \parallel BD$，且 $EH=\frac{1}{2}BD$。 同理 $FG \parallel BD$，且 $FG=\frac{1}{2}BD$。 $\therefore EH \mathrel{\underline{\parallel}} FG$。$\therefore$ 四边形 $EFGH$ 为平行四边形。 **问题 4**　如果题目再增加条件 $AC=BD$，那么四边形 $EFGH$ 又是什么图形？ 由菱形的定义可知，该图形是菱形。	以问题串的形式讲解例题，让学生更好地领悟基本事实 4 的简单应用，体会平行线的传递性，提高学生分析问题，解决问题的能力。
结论　你能归纳出证明两直线平行的常用方法吗？ (1)利用平面几何的结论。如平行四边形的对边，三角形的中位线与底边； (2)定义法：即证明两条直线在同一个平面内且两直线没有公共点； (3)利用基本事实 4：找到一条直线，使所证的直线都与这条直线平行。	结合分析过程得出简洁明了的板书，让学生体会数学的简洁美。

（续　表）

<table>
<tr><th>教学过程</th><th>设计意图</th></tr>
<tr><td>

（二）“等角定理”

思考　平面内，如果一个角的两边与另一个角的两边分别对应平行，则这两个角相等或互补。在空间中，这一结论是否依然成立呢？

问题 1　当空间中两个角的两条边分别对应平行时，你能画出相关的图形吗？

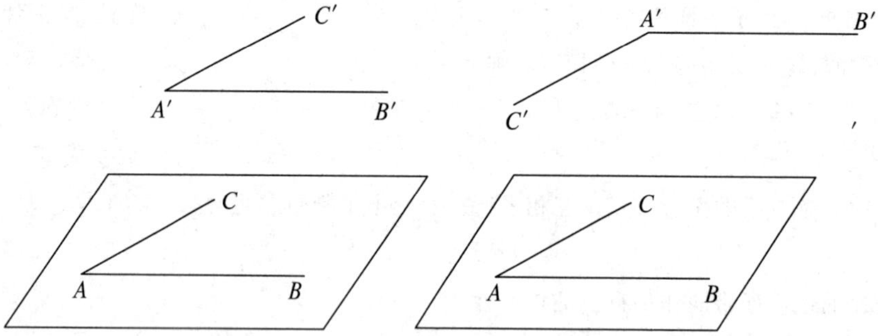

(1)　　　　(2)

问题 2　由图可知，这两个角相等或者互补。首先从图(1)出发，如何证明两个角相等呢？证明两个角度相等的常用方法有哪些？

两全等三角形的对应角相等，两条平行线的同位角、内错角相等，平行四边形的对角相等…

问题 3　对于图(1)，可以构造两个全等三角形，使$\angle BAC$和$\angle B'A'C'$是它们的对应角，从而证明$\angle BAC=\angle B'A'C'$。如何在此题中构造出两个全等的三角形呢？

如图，分别在$\angle BAC$和$\angle B'A'C'$的两边上截取AD，AE和$A'D'$，$A'E'$，使得$AD=A'D'$，$AE=A'E'$。连接AA'，DD'，EE'，DE，$D'E'$。此时便可构造出两个三角形$\triangle ADE$和$\triangle A'D'E'$。

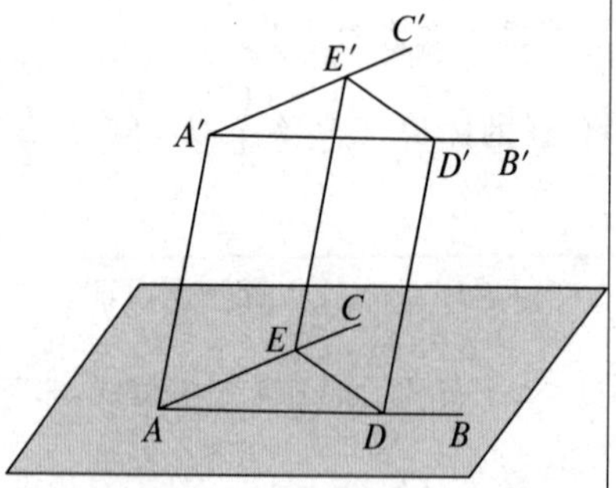

问题 4　如何证明$\triangle ADE$和$\triangle A'D'E'$全等呢？

因为$AD=A'D'$，$AE=A'E'$，只需要证明$DE=D'E'$便可，如果四边形$DEE'D'$为平行四边形，便可得证。

问题 5　四边形$DEE'D'$为平行四边形吗？为什么？

由$DD' \underline{\mathbin{/\!/}} AA'$，$EE' \underline{\mathbin{/\!/}} AA'$，结合基本事实 4，四边形$DEE'D'$为平行四边形。

证明：$\because AD \underline{\mathbin{/\!/}} A'D'$，$\therefore$四边形$ADD'A'$是平行四边形。$\therefore AA' \underline{\mathbin{/\!/}} DD'$。

同理可证$AA' \underline{\mathbin{/\!/}} EE'$。$\therefore DD' \underline{\mathbin{/\!/}} EE'$。

$\therefore$四边形$DD'E'E$是平行四边形。

$\therefore DE=D'E'$。$\therefore \triangle ADE \cong \triangle A'D'E'$。$\therefore \angle BAC=\angle B'A'C'$。

</td><td>

对例题进行变式，开阔学生思维。

从例题出发，归纳出证明两直线平行的常用方法，增强学生解决问题的能力。

该定理的证明需构造两个全等的三角形，学生不易想到。教师通过提示学生回顾初中时证明两个角度相等的常用方法，引出证三角形全等的思路。从思维的最近发展区出发，降低思考难度。

</td></tr>
</table>

(续　表)

<table>
<tr><th>教学过程</th><th>设计意图</th></tr>
<tr><td>

问题 6　对于图(2)，这两个角互补，又该如何论证？

对于图(2)我们可以参照第一种，延长 $C'A'$，利用图(1)的结论去论证。

定理　如果空间中两个角的两条边分别对应平行，那么这两个角相等或互补。

问题 7　在刚才的例 1 中，如果在题目增加条件 $AC\perp BD$，那么四边形 $EFGH$ 又是什么图形？

由“等角定理”可知，四边形 $EFGH$ 为矩形。

问题 8　基本事实 4 和“等角定理”都是由平面图形推广到立体图形得到的。是不是所有关于平面图形的结论都可以推广到空间呢？若不能，请举例说明之。

不一定都能推广。比如，平面内垂直于同一条直线的两条直线平行，空间中则不然(让学生从教室中的实例中直观感知)。

二、及时反馈

1. 如图所示，在长方体 AC_1 中，A_1C_1 与 B_1D_1 相交于点 O，E，F 分别是 B_1O，C_1O 的中点，则长方体的各棱中与 EF 平行的有　(　　)

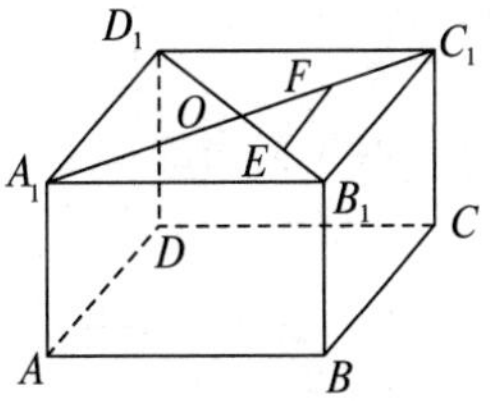

A. 3 条　　B. 4 条　　C. 5 条　　D. 6 条

2. 已知 $AB/\!/PQ$，$BC/\!/QR$，$\angle ABC=30°$，则 $\angle PQR=$　(　　)

A. 30°　　B. 30°或 150°

C. 150°　　D. 30°或 120°

3. 已知空间四边形 $ABCD$，E，H 分别是 AB，AD 的中点，F，G 分别是 CB，CD 上的点，且 $\frac{CF}{CB}=\frac{CG}{CD}=\frac{2}{3}$。则四边形 $EFGH$ 的形状是　(　　)

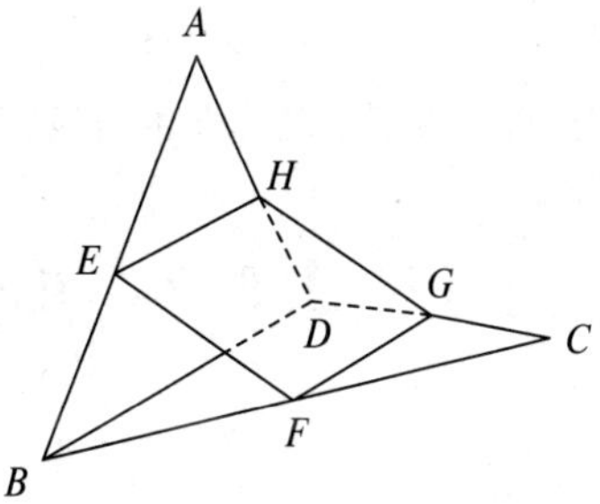

A. 空间四边形

B. 平行四边形

C. 矩形

D. 梯形

4. 给出下列命题：

①如果一个角的两边与另一个角的两边分别平行，那么这两个角相等；

②如果两条相交直线和另两条直线分别平行，那么这两组直线所成的锐角(或直角)相等；

③如果一个角的两边和另一个角的两边分别垂直，那么这两个角相等或互补。

其中正确的命题有　(　　)

A. 0 个　　B. 1 个　　C. 2 个　　D. 3 个

</td><td>

书写证明过程，加强学生对刚刚分析过程的理解。

结合例 1，加强学生对定理的理解运用。

防止学生误解所有的关于平面图形的结论都可以推广到空间中。一般而言，要把关于平面图形的结论推广到立体图形，必须经过证明。

</td></tr>
</table>

（续 表）

教学过程	设计意图
5.(多选)如图,在四面体 $A\text{-}BCD$ 中,M,N,P,Q,E 分别是 AB,BC,CD,AD,AC 的中点,则下列说法中正确的是 (　　) A. M,N,P,Q 四点共面 B. $\angle QME=\angle CBD$ C. $\triangle BCD\backsim\triangle MEQ$ D. 四边形 $MNPQ$ 为梯形 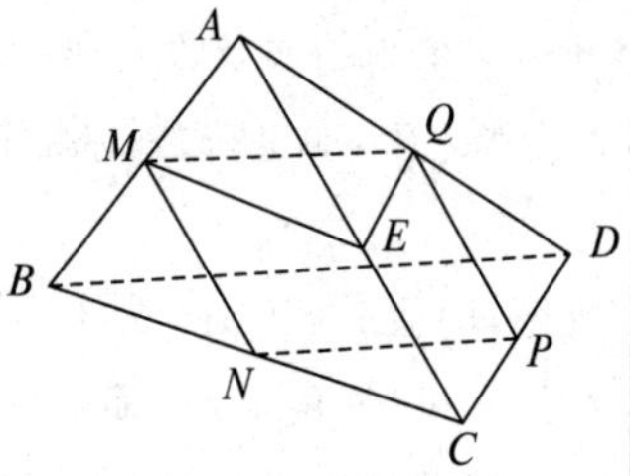 **答案:1.** B　**2.** B　**3.** D　**4.** B　**5.** ABC **三、课堂小结** 与学生一起回顾本节课的主要内容,并请学生回答以下问题: (1)基本事实 4 的内容是什么?我们是如何探究的? (2)空间“等角定理”的内容是什么?我们是如何探究的?在证明的过程中有什么注意事项? (3)你还能举出一些平面内的结论推广至空间中依然成立的结论吗? **四、课后作业** 教科书第 135 页练习第 2,3,4 题。 教科书第 144 页习题 8.5 第 9 题。	通过课堂习题加强学生对于基本事实 4 和“等角定理”的理解和运用。 通过小结,使学生梳理本节课所学内容和研究方法。

五、教学反思

本节的内容本身并不难理解,尤其是基本事实 4,它是从生活实例中通过直观感知进而抽象总结出来的,作为一个公理,不证自明。本课的难点在于空间等角定理的证明。一方面证明过程要注意分类讨论;另一方面,需将条件中的平行关系通过构造全等三角形,从而得到角度之间的关系,这一过程对学生而言,有一定的困难,需老师加以引导。另外,对于基本事实 4 和空间等角定理的应用也是一个难点,也需要老师的耐心引导,并且在后续的作业中加强练习。

3.5.2　直线与平面平行

一、内容分析

本节课是在直线与平面平行定义的基础上,探究直线与平面平行的判定定理和性质定理。在直线与直线平行、直线与平面平行、平面与平面平行这三种平行关系的相互转化中,直线与平面的平行是很关键的一环。它既是进一步学习平面与平面平行的基础,也是直线与直线平行的延伸。另外,直线与平面平行的判定定理的抽象发现以及性质定理的推理证明过程,充分体现了空间立体几何的基本研究方法,即直观感知、确认操作、推理论证,这有利于培养学生的直观想象、数学抽象、逻辑推理的数学核心素养。

二、课程目标与素养目标

课程目标	学科素养
1. 探究并理解直线与平面平行的判定定理,并能初步利用定理解决问题; **2.** 探究并证明直线与平面平行的性质定理,明确由线面平行可推出线线平行; **3.** 体会立体几何中研究位置关系的判定和性质的方法,能运用定理证明一些空间位置关系的简单命题。	**1.** 直观想象:通过将实际物体抽象成空间图形; **2.** 数学抽象:由实例抽象出直线与平面平行关系的判定; **3.** 逻辑推理:性质定理的证明。

三、教学重点、难点

1. 教学重点:直线与平面平行的判定定理和性质定理的探究。

2. 教学难点:直线与平面平行的判定定理和性质定理的应用。

四、教学设计

教学过程	设计意图
引导语:在直线和平面的位置关系中,直线和平面平行在现实生活中有广泛应用,比如,木料画线。如何判定直线和平面平行(即直线与平面平行的充分条件)?在直线和平面平行的条件下,又蕴藏怎样的性质(即直线与平面平行的必要条件)?下面我们重点来探究这两个问题。 **一、新知探究** **(一)探究直线与平面平行的判定定理** **问题 1**　根据定义,直线与平面平行是指直线与平面没有公共点。请同学思考,直接用定义去判断直线和平面平行与否是否方便?为什么? 由于直线的无限延伸和平面的无限延展,很难直接判断直线与平面是否有公共点,因此很难直接利用定义判断。 **问题 2**　为便于判定,我们能否通过检验平面内较少条数的直线与平面外直线的位置关系来达到目的?如果可以,可以减少到几条?你能用生活中的实例来佐证你的结论吗? 设计如下"观察"活动,供学生在动手操作的基础上进行合情猜想。 **观察**　如图 1(1),门扇的两边是平行的,当门扇绕着一边转动时,另一边与墙面有公共点吗?此时门扇转动的一边与墙面平行吗?如图 1(2),将一块矩形硬纸板 $ABCD$ 平放在桌面上,把这块纸板绕边 DC 转动。在转动过程中(AB 离开桌面),DC 的对边 AB 与桌面有公共点吗?边 AB 与桌面平行吗?	直接用定义不易判定直线与平面是否平行,说明学习本课内容的必要性,激发学生的学习兴趣。

（续　表）

教学过程	设计意图
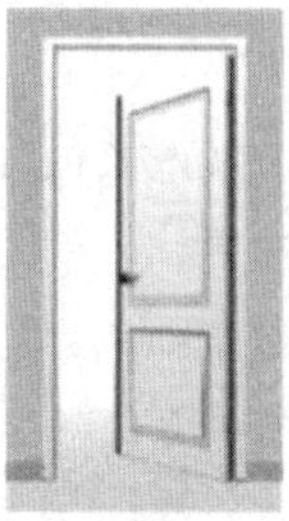 图1 (1) 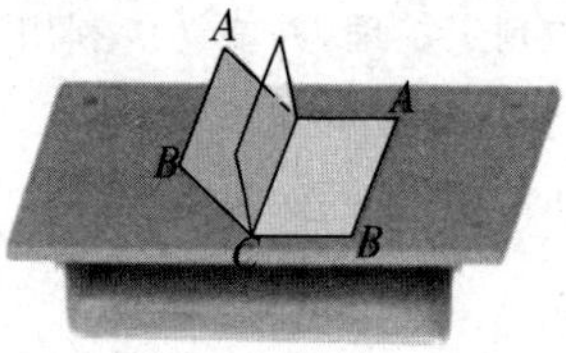 图1 (2) 在上述“观察—探究”的基础上，请学生尝试用自己的话说一说他们感受到的直线与平面平行的判定方法，以及如何用字母符号和图形表示，之后再让学生看教科书里给出的直线与平面平行的判定定理，及其符号和图形表示。 **定理**　如果平面外一条直线与此平面内的一条直线平行，那么该直线与此平面平行。 符号表示：$a\not\subset\alpha$，$b\subset\alpha$，且 $a /\!/ b\Rightarrow a /\!/ \alpha$。 图形表示：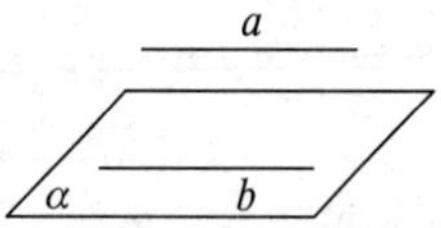 **注意**：①定理中三个条件（面外、面内、平行）缺一不可； ②简记：线线平行，则线面平行； ③定理的关键：寻找平面内的一条直线。 **问题 3**　这一定理告诉我们，通过直线间的平行，可以得出直线与平面平行，请说说这里面蕴含着怎样的数学思想方法？ 学生回答，教师总结，指出转化的数学思想，即将空间问题转化为平面问题（线线平行⇒线面平行）。 **问题 4**　你能说说一定理在现实生活中的应用吗？ 结合教科书中按照矩形镜子的例子，请同学们再多补充一些生活实例（如教室中灯管和地板的关系），体会其中的数学道理。 **例 2**　求证：空间四边形相邻两边中点连线平行于经过另外两边的平面。 已知：如图，空间四边形 $ABCD$ 中，E，F 分别是 AB，AD 的中点。 求证：$EF /\!/$平面 BCD。 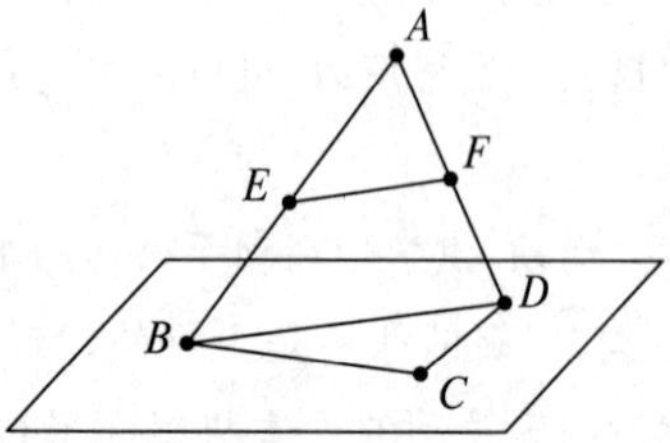 **问题 5**　结合判定定理，本题是要证明直线与平面平行，你能想到用什么方法？ 只需要证明已知直线和平面内一条直线平行即可。 **问题 6**　EF 与平面 BCD 中哪条直线平行？为什么？ 因为 EF 是△ABD 的中位线，$EF /\!/ BD$。	通过设置“观察”活动，让学生在直观感知的基础上进行大胆猜想，培养学生的数学抽象、直观想象等数学素养。 加深学生对定理的认识，明白将空间问题转化为平面问题是处理空间几何问题的常用方法。 使学生了解定理在实际生活中的应用，培养应用意识，进一步加强定理的理解。

（续　表）

教学过程	设计意图
证明：连接 BD。$\because AE=EB, AF=FD, \therefore EF /\!/ BD$。 又 $EF\not\subset$ 平面 BCD，$BD\subset$ 平面 BCD，$\therefore EF /\!/$ 平面 BCD。 **（二）探究并证明直线与平面平行的性质定理** 思考根据前述判定定理，我们已经研究了直线与平面平行的充分条件。下面我们将研究已知直线与平面平行，可以得到什么结论。 **问题 1**　若直线与平面平行，则与平面内的任意一条直线是什么位置关系？ 异面直线，或是平行直线	书写证明过程，加强学生对刚刚分析过程的理解。
问题 2　若 $a /\!/ \alpha$，平面 α 内的直线何时与直线 a 平行呢？你能够证明你的结论吗？ 假设平面 α 内的直线 b 与直线 a 平行，则 a，b 确定一个平面，记为 β。我们可以将直线 b 看作是过直线 a 的平面 β 与平面 α 的交线。于是可得如下结论：过直线 a 的平面 β 与平面 α 相交于 b，则 $a /\!/ b$。 **问题 3**　如何证明这一结论？ 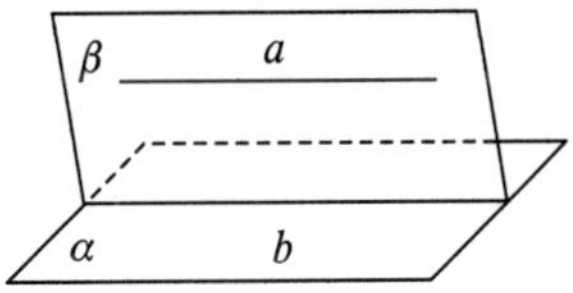 如图，已知 $a /\!/ \alpha, a\subset\beta, \alpha\cap\beta=b$。 求证：$a /\!/ b$。 **证明**：$\because \alpha\cap\beta=b, \therefore b\subset\alpha$。 又 $\because a /\!/ \alpha, \therefore a$ 与 b 无公共点。又 $a\subset\beta, b\subset\beta, \therefore a /\!/ b$。 定理一条直线与一个平面平行，如果过该直线的平面与此平面相交，那么该直线与交线平行。	先对直线与平面平行条件下，该直线与平面内的直线具有怎样的位置关系做整体了解，然后再聚焦性质定理。
符号表示：$a /\!/ \alpha, a\subset\beta, \alpha\cap\beta=b \Rightarrow a /\!/ b$。 图形表示：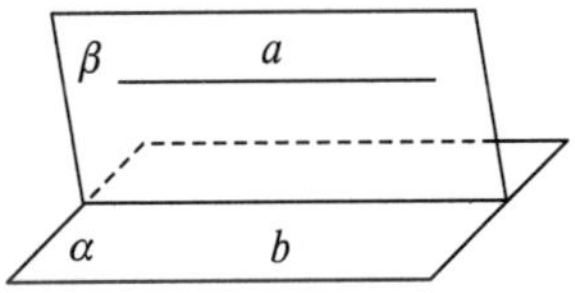 **注意**：①定理中三个条件缺一不可； ②简记：线面平行，则线线平行； ③定理的作用：判断直线与直线平行的重要依据； ④定理的关键：寻找平面与平面的交线。	对猜想进行证明，让学生体会提出问题，分析问题，最后解决问题的思辨过程。
例 3　如图所示的一块木料中，棱 BC 平行于面 $A'C'$。 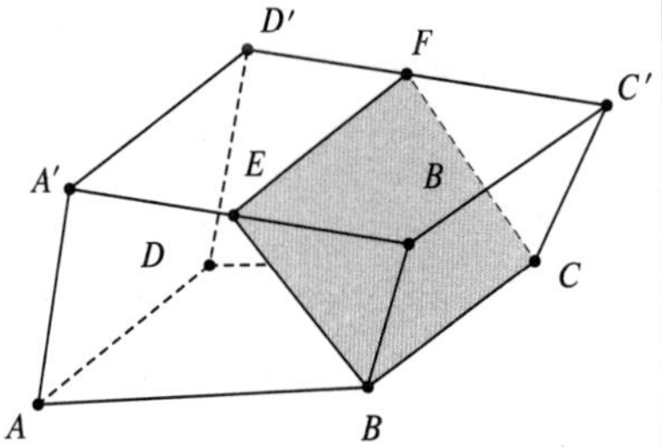 （1）要经过面 $A'C'$ 内的一点 P 和棱 BC 将木料锯开，在木料表面应该怎样画线？ （2）所画的线与平面 AC 是什么位置关系？ **问题 4**　第（1）问是一个实际应用问题，你能用确切的数学语言对其进行刻画吗？	提醒学生性质定理可作为直线与直线平行的判定方法，另外加深学生对定理结构的认识。

（续　表）

教学过程	设计意图
翻译成数学语言即是经过棱 BC 和 BC 外一点 P 作一个截面，确定该截面与木料表面的交线。 **问题5**　该问题的数学本质是确定两个平面的交线。为了解决该问题我们可能用到哪些所学的知识？ 直线与平面平行的性质定理，基本事实4和基本事实3及其推论。 **解**：(1)如图(2)，在平面 $A'C'$ 内，过点 P 作直线 EF，使 $EF//B'C'$，并分别交棱 AB'，$D'C'$ 于点 E，F。连接 BE，CF，则 EF，BE，CF 就是应画的线。 因为棱 BC 平行于平面 $A'C'$，平面 BC' 与平面 $A'C'$ 相交于 $B'C'$，所以 $BC//B'C'$。由(1)知，$EF//B'C'$，所以 $EF//BC$。而 BC 在平面 AC 内，EF 在平面 AC 外，所以 $EF//$平面 AC。显然，BE，CF 都与平面 AC 相交。 **问题6**　若点位于平面 $ABB'A'$ 内，又该如何划线？ 学生思考，教师展示动画素材，为学生直观演示画线以及切割过程。	熟悉直线和平面平行的判定定理和性质定理的应用，让学生熟练掌握直线和直线平行、直线与平面平行的相互转化，同时规范解答格式。
二、及时反馈 **1.** 已知 a，b，c 是三条不同的直线，则能保证直线 a 与平面 α 平行的条件是（　　） A. $b\subset\alpha$，$a//b$ B. $b\subset\alpha$，$c//\alpha$，$a//b$，$a//c$ C. $b\subset\alpha$，点 A，$B\in a$，点 C，$D\in b$，且 $AC=BD$ D. $a\subset\alpha$，$b\subset\alpha$，$a//b$ **2.** 已知正方体 $ABCD\text{-}A_1B_1C_1D_1$，则下面四条直线中与平面 AB_1C 平行的是（　　） A. DB_1　　B. A_1D_1　　C. C_1D_1　　D. A_1D **3.** 在空间四边形 $ABCD$ 中，E，F 分别为边 AB，AD 上的点，且 $AE:EB=AF:FD=1:4$，H，G 分别为 BC，CD 的中点，则（　　） A. $BD//$平面 EFG，且四边形 $EFGH$ 是平行四边形 B. $EF//$平面 BCD，且四边形 $EFGH$ 是梯形 C. $HG//$平面 ABD，且四边形 $EFGH$ 是平行四边形 D. $EH//$平面 ADC，且四边形 $EFGH$ 是梯形 **4.** 如图，四棱锥 $P\text{-}ABCD$ 中，M，N 分别为 AC，PC 上的点，且 $MN//$平面 PAD，则（　　） 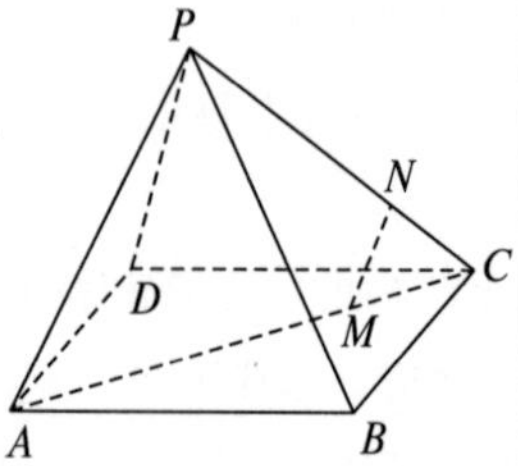 A. $MN//PD$　　B. $MN//PA$ C. $MN//AD$　　D. 以上均有可能 **5.** 如图，已知四棱锥 $P\text{-}ABCD$ 的底面是平行四边形，AC 交 BD 于点 O，E 为 AD 中点，F 在 PA 上，$AP=\lambda AF$，$PC//$平面 BEF，则 λ 的值为（　　） A. 3　　B. 2　　C. 0.3　　D. 0.5 **答案**：**1.** D　**2.** D　**3.** B　**4.** B　**5.** A	通过课堂习题加强学生对于两个定理的理解和运用。

（续　表）

教学过程	设计意图
三、课堂小结 与学生一起回顾本节课所学的主要内容，并请学生回答以下问题： (1)直线与平面平行的判定定理和性质定理分别是什么？利用它们分别可以证明什么样的命题？ (2)直线与平面平行的判定定理的探究过程蕴含着什么样的立体几何问题的研究思路？ (3)如何运用直线与平面平行的性质定理绘制平行线？ **四、课后作业**　教科书第138页练习第1,2,3,4题。	通过小结，使学生梳理本节课所学内容和研究方法。

五、教学反思

在学习直线与平面平行的判定定理时，要注意引导学生将空间问题转化为平面问题来解决的经验。从直线与平面平行的定义转化到直线与平面内的一条直线平行是探究判定定理的关键，这里需要一定的生活实例和实验操作，学生直观感知，不难理解，但其中蕴含的转化思想值得学生认真体会。在运用性质定理是，需要构造一个平面，需要老师耐心引导，因为这对学生来说是个难点。

3.5.3　平面与平面平行

一、内容分析

本节课是在学习直线与平面平行的判定及性质的基础上，探究平面与平面平行的判定定理和性质定理。平面与平面平行的判定定理的观察发现以及性质定理的推理证明，包含了平面与平面平行、直线与平面平行、直线与直线平行等位置关系的转化，体现了立体几何研究中由简单到复杂、由易到难的研究思路。也体现了直观感知、操作确认，推理论证的立体几何研究的基本方法，有利于培养学生的直观想象、数学抽象、逻辑推理的数学核心素养。

二、课程目标与素养目标

课程目标	学科素养
1. 探究并理解平面与平面平行的判定定理； **2.** 探究并证明平面与平面平行的性质定理； **3.** 结合平面与平面判定定理和性质定理的探究，体会立体几何中研究位置关系的判定和性质的方法。	**1.** 数学抽象：通过将实际物体抽象成空间图形并观察平面与平面平行关系； **2.** 逻辑推理：通过探究培养学生的逻辑推理能力； **3.** 数学建模：借助长方体模型，让学生体会数学建模的思想。

三、教学重点、难点

1. 教学重点：平面与平面平行的判定定理和性质定理的探究；

2. 教学难点：平面与平面平行的判定定理和性质定理的应用。

四、教学设计

教学过程	设计意图
引导语：我们研究了直线与平面平行，接下来自然想到要研究两个平面平行，还是要研究其判定与性质。 **一、新知探究** **（一）探究平面与平面平行的判定定理** **问题 1**　两个平面平行可以通过定义来判断，即通过两个平面没有公共点而得到两个平面平行，但很难直接利用定义判断。类似于研究直线与平面平行的判定那样，平面与平面平行，是否有更简便的判定方法呢？ 可以将判断两个平面没有公共点的问题转化为一个平面内的任意一条直线平行于另一个平面。 **问题 2**　平面内的直线有无数多条，我们难以对所有直线逐一检验，能否将“一个平面内的任意一条直线平行于另一个平面”中的“任意一条直线”减少，得到更简便的方法？ 两条平行直线或两条相交直线都可以确定一个平面。由此可以想到，由“一个平面内的两条平行直线与另一个平面平行”和“一个平面内的两条相交直线与另一个平面平行”。 **探究**　如图 1(1)，a，b 分别是矩形硬纸片的两条对边所在直线，它们都和桌面平行。请观察硬纸片与桌面平行吗？ 如图 1(2)，c，d 分别是三角尺的两条边所在直线，它们都和桌面平行，请观察这个三角尺与桌面平行吗？ 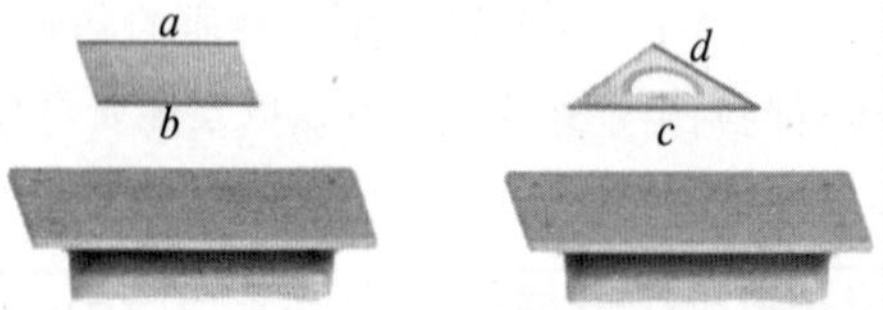 图 1 硬纸片与桌面不一定平行，三角尺与桌面平行。 **问题 3**　你能借助长方体模型说明上述实例吗？ 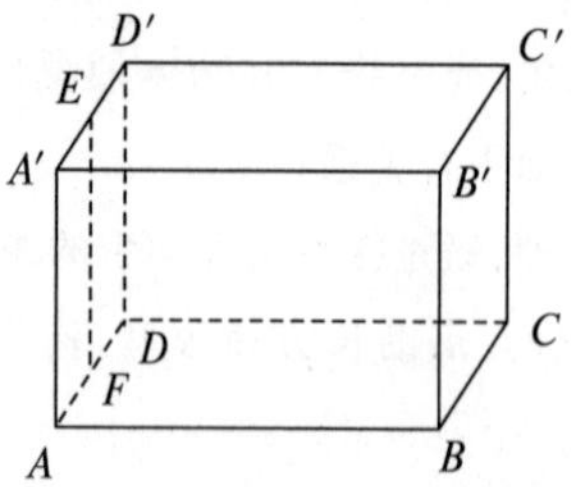 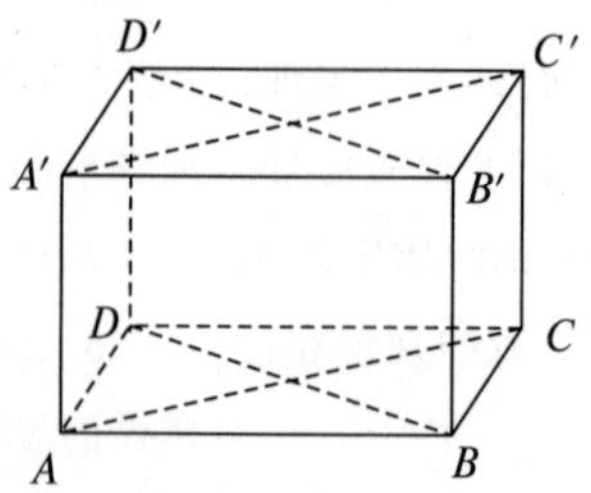 定理　如果一个平面内有两条相交直线都平行于另一个平面，那么这两个平面平行。	明确探究策略——两个平面平行的问题转化为一个平面内的直线平行于另一个平面的问题；达成共识——如果一个平面内的任意一条直线平行于另一个平面，则这两个平面平行。 让学生尝试用自己的话说一说他们感受到的平面与平面平行的判定方法以及如何用字母符号和图形表示，之后再让学生看教科书里给出的平面与平面平行的判定定理，及其符号和图形表示，加深理解。

（续　表）

<table>
<tr><th>教学过程</th><th>设计意图</th></tr>
<tr><td>
符号表示：$a\subset\beta$，$b\subset\beta$，$a\cap b=P$，$a/\!/\alpha$，$b/\!/\alpha\Rightarrow\beta/\!/\alpha$
图形表示：
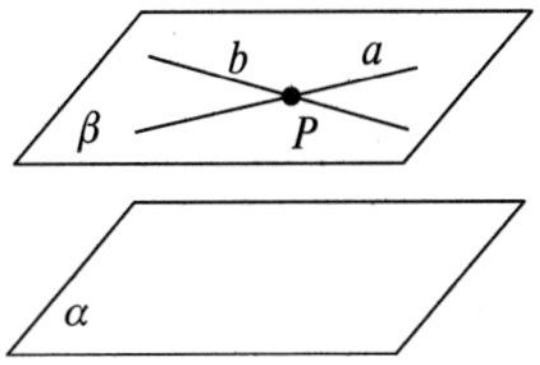

问题 4　为什么不能用“一个平面内的两条平行直线平行于另一个平面”判断两个平面平行，而可以用“一个平面内的两条相交直线平行于另一个平面”判断两个平面平行？联想平面向量基本定理，你能对面面平行判定定理做出进一步解释吗？
平面内的两条相交直线代表两个不共线向量，而平面内的任意向量可以表示为它们的线性组合，从而平面内的两条相交直线可以“代表”这个平面上的任意一条直线；而两条平行直线所表示的向量是共线的，用它们不能“表示”这个平面上的任意一条直线。
注意：在判定定理中，
(1)具备两个条件：
①平面 β 内两条相交直线 a，b，即 $a\subset\alpha$，$b\subset\alpha$，$a\cap b=P$。
②两条相交直线 a，b 都与平面 β 平行，即 $a/\!/\beta$，$b/\!/\beta$。
(2)体现了转化思想：
此定理将证明面面平行的问题转化为证明线面平行。
(3)此定理可简记为：线面平行⇒面面平行。
问题 5　在实际生活中，你见过工人师傅怎样判断两个平面平行吗？你能说明这么做的道理吗？
有些学生会见过房间装修，或家具安装，或农村盖房过程中工人师傅测水平的工具和操作（如图 2），可以体会其中的数学道理。
例 4　如图，在正方体 $ABCD\text{-}A_1B_1C_1D_1$ 中，求证：平面 $C_1DB/\!/$平面 AB_1D_1。
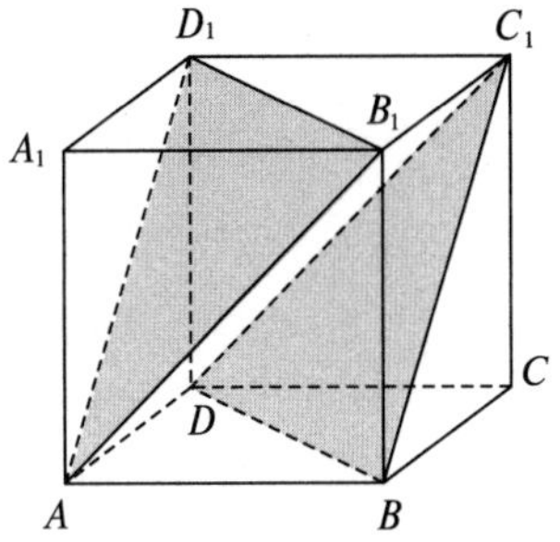

图 2
证明：因为 $ABCD\text{-}A_1B_1C_1D_1$ 为正方体，所以 $D_1C_1/\!/A_1B_1$，$D_1C_1=A_1B_1$，
</td><td>
让学生从向量的角度对其原因做一些阐释，使学生进一步理解用“两条相交直线”表示“任意一条直线”的合理性和重要性，以避免今后学生使用判定定理时忽视“相交直线”这个关键条件，也加深对平面向量基本定理的理解。
使学生了解判定定理在实际生活中的应用，培养学生的应用意识，进一步加强对判定定理的理解。
</td></tr>
</table>

（续　表）

教学过程	设计意图
又 $AB /\!/ A_1B_1$，$AB=A_1B_1$，$\therefore D_1C_1 /\!/ AB$，$D_1C_1=AB$， $\therefore D_1C_1BA$ 是平行四边形，$\therefore D_1A /\!/ C_1B$， 又 $D_1A\not\subset$ 平面 C_1BD，$CB\subset$ 平面 C_1DB。 由直线与平面平行的判定，可知 $D_1A /\!/$ 平面 C_1DB， 同理 $D_1B_1 /\!/$ 平面 C_1DB，又 $D_1A\cap D_1B_1=D_1$， 所以，平面 $C_1DB /\!/$ 平面 AB_1D_1。 **（二）探究平面与平面平行的性质定理** **问题1**　下面我们研究平面与平面平行的性质。类比直线与平面平行的研究，已知两个平面平行，我们可以得到哪些结论？ 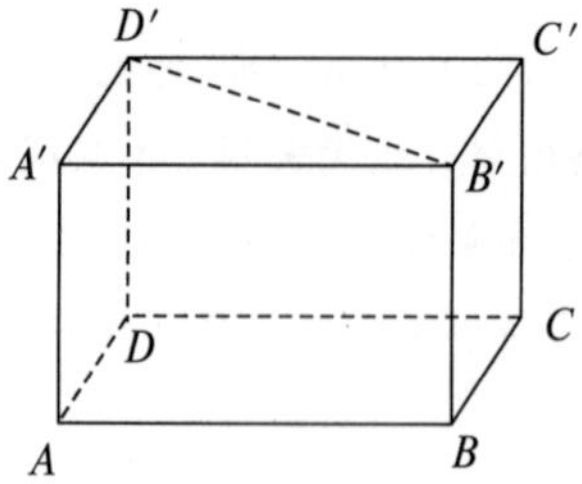 观察长方体，可以下这些结论：如果两个平面平行，那么：(1)一个平面内的直线必平行另一个平面；(2)一个平面内的直线与另一个平面内的直线没有公共点，它们或者是异面直线，或者是平行直线。 **问题2**　没有公共点的直线中，平行是一类重要位置关系。图中，平面 $A'C'$ 与平面 AC 平行，在平面 AC 内过点 D 有平行于直线 $B'D'$ 的直线吗？如果有，怎样画出这条直线？ 由直线 $B'D'$ 和点 D 可以确定一个平面，这个平面也是平行直线 DD' 和 BB' 确定的平面，它与平面 AC 有唯一过点 D 的公共直线 BD，直线 BD 与直线 $B'D'$ 都在直线 $B'D'$ 和点 D 确定的平面内，且没有公共点，所以 $BD /\!/ B'D'$。 **问题3**　如果直线 BD 与直线 $B'D'$ 可以看作是平面 $BB'D'D$ 分别与平面 $A'C'$、平面 AC 的交线，可以得到什么结论？ **定理**　两个平面平行，如果一个平面与这两个平面相交，那么两条交线平行。 符号表示：$\alpha /\!/ \beta$，$\alpha\cap\gamma=a$，$\beta\cap\gamma=b\Rightarrow a /\!/ b$ 图形表示：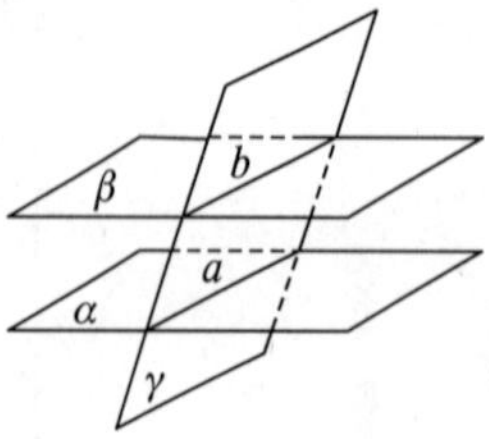 **证明：**如图平面 $\alpha /\!/ \beta$，平面 γ 分别与 α，β 相交于直线 a，b， 因为 $\alpha\cap\gamma=a$，$\beta\cap\gamma=b$，所以 a 在 α 内，b 在 β 内， $\therefore a$，b 没有公共点。 又 a，b 同在平面 γ 内，$\therefore a /\!/ b$。	熟悉判定定理的应用，体会平面与平面的平行到直线与平面平行，再到直线与直线平行的空间位置关系的转化，规范书写格式。 先对两个平行平面内的直线具有什么位置关系做整体了解，然后再聚焦性质定理。 在性质定理给出之前，先结合长方体，建立直观具体的模型，有利于理解性质定理的意义。 先具体再抽象符合学生的认知规律，通过对学生回答的答案分析、辨析、归纳，有利于培养学生的抽象概括能力。

（续　表）

教学过程	设计意图
注意：(1)两个平面平行的性质定理揭示了“两个平面平行之后它们具有什么样的性质”。该性质定理可以看作直线与直线平行的判定定理。可简述为“若面面平行，则线线平行”。 (2)用该定理判断直线 a 与 b 平行时，必须具备三个条件： ①平面 α 和平面 β 平行，即 $\alpha /\!/ \beta$； ②平面 γ 和 α 相交，即 $\alpha \cap \gamma = a$； ③平面 γ 和 β 相交，即 $\beta \cap \gamma = b$。 以上三个条件缺一不可。 (3)在应用这个定理时，要防止出现“两个平面平行，则一个平面内的直线平行于另一个平面一切直线”的错误。 (4)空间中各种平行关系相互转化关系的示意图	熟悉性质定理的应用，规范格式，了解平面与平面平行的一些其他性质。
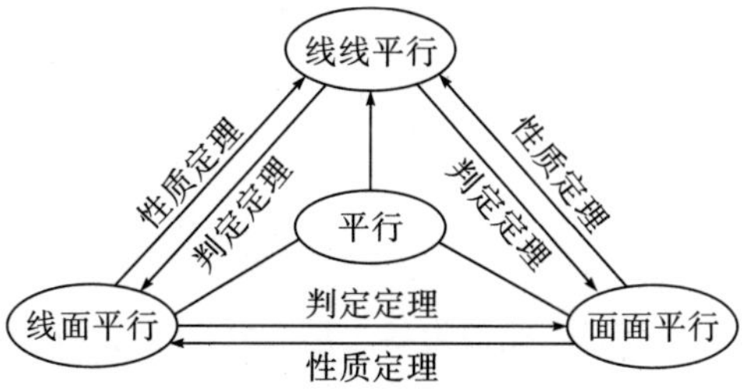 **例 5**　求证：夹在两个平行平面间的平行线段相等。 如图，$\alpha /\!/ \beta$，$AB /\!/ CD$，且 $A \in \alpha$，$C \in \alpha$，$B \in \beta$，$D \in \beta$。 求证：$AB = CD$ 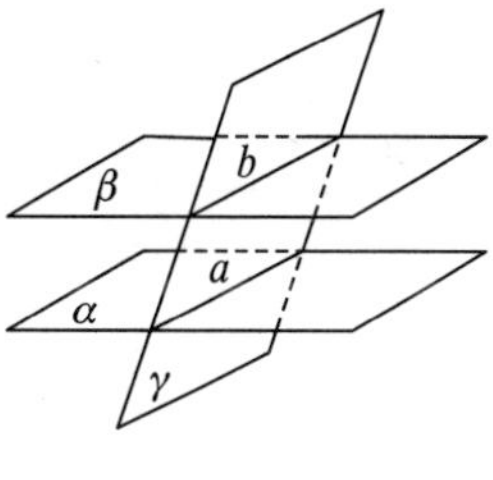 **问题 4**　证明两条线段相等的方法很多，在本题条件下，要证明 $AB = CD$，你想到了什么？ 构造平行四边形，利用其对边相等而得到 $AB = CD$。 **问题 5**　这么说来，AB 与 CD 是一个平行四边形的一组对边，那么另一组对边怎么构造呢？题目的条件如何使用？ 过平行线 AB，CD 作平面 γ，与平面 α 和 β 分别相交 **证明**：过平行线 AB，CD 作平面 γ，与平面 α 和 β 分别相交于 AC 和 BD。 $\because \alpha /\!/ \beta$，$\therefore BD /\!/ AC$。 又 $AB /\!/ CD$，$\therefore$ 四边形 $ABDC$ 是平行四边形，$\therefore AB = CD$。 **二、及时反馈** **1.** 平面 α 与平面 β 平行的充分条件可以是　　　　（　　） A. α 内有无穷多条直线都与 β 平行 B. 直线 $a /\!/ \alpha$，$a /\!/ \beta$，且直线 a 不在 α 内，也不在 β 内 C. 直线 $a \subset \alpha$，直线 $b \subset \beta$，且 $a /\!/ \beta$，$b /\!/ \alpha$ D. α 内的任何一条直线都与 β 平行	书写证明过程，加强学生对刚刚分析过程的理解。

（续　表）

教学过程	设计意图
2. 在正方体 $EFGH-E_1F_1G_1H_1$ 中，下列四对截面彼此平行的一对是（　　） A. 平面 E_1FG_1 与平面 EGH_1　　B. 平面 FHG_1 与平面 F_1H_1G C. 平面 F_1H_1H 与平面 FHE_1　　D. 平面 E_1HG_1 与平面 EH_1G **3.** 如图是正方体的平面展开图。在这个正方体中， 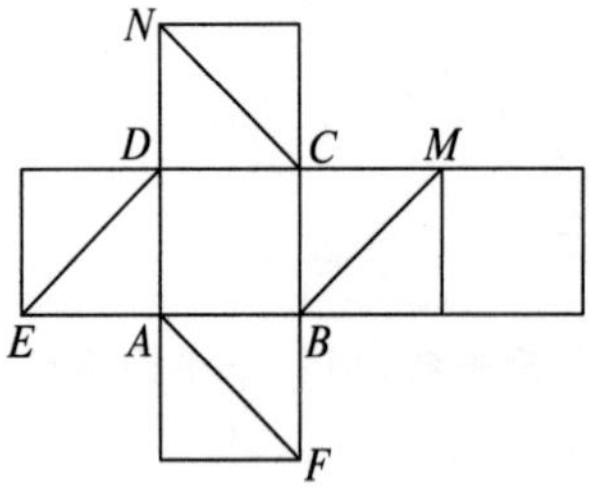 ①BM 与 ED 平行； ②CN 与 BE 是异面直线； ③AF 与平面 BDM 平行； ④平面 CAN 与平面 BEM 平行。 以上四个命题中，正确命题的序号是（　　） A. ①②　　B. ②③　　C. ③④　　D. ①④ **4.** 如图所示是长方体被一平面截得的几何体，截面为四边形 $EFGH$，则四边形 $EFGH$ 的形状一定为（　　） A. 平行四边形　　B. 梯形　　C. 矩形　　D. 无法确定 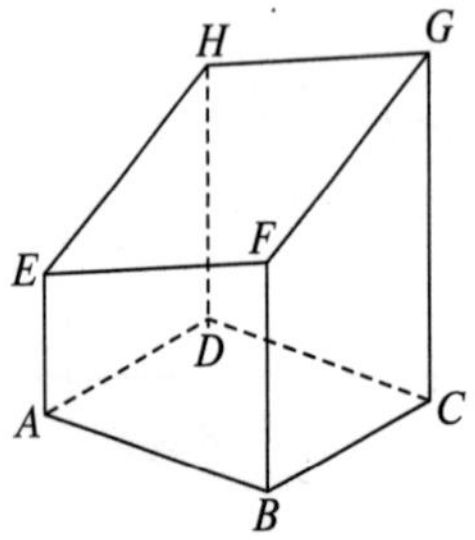 第 4 题图 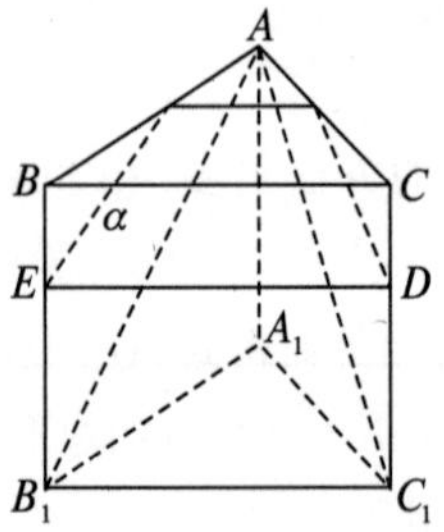 第 5 题图 **5.** 如图所示，三棱柱 $ABC\text{-}A_1B_1C_1$ 中，点 D 在棱 CC_1 上，且 $C_1D=2CD$，过点 D 的平面 α 与平面 AB_1C_1 平行，且 $BB_1\cap$平面 $\alpha=E$，则 $\frac{BE}{B_1E}=$（　　） A. $\frac{1}{2}$　　B. $\frac{1}{3}$　　C. $\frac{2}{3}$　　D. $\frac{1}{4}$ **答案：1.** D　**2.** A　**3.** C　**4.** A　**5.** A	通过课堂习题加强学生对于两个定理的理解和运用。
三、课堂小结 与学生一起回顾本节课所学的主要内容，并请学生回答以下问题： (1)平面与平面平行的判定定理和性质定理分别是什么？利用它们分别可以证明什么样的命题？	通过小结，使学生梳理本节课所学内容和研究方法。

（续　表）

教学过程	设计意图
(2)在平面与平面平行的判定定理的探究中，为什么可以将“一个平面内任意直线平行于另一个平面，则两个平面平行”，转化为“一个平面内两条相交直线平行于另一个平面，则两个平面平行”？ (3)回顾直线与直线平行、直线与平面平行、平面与平面平行的学习，你能发现什么规律吗？ **四、课后作业**　教科书第142页练习第1,2,3,4题。	

五、教学反思

从平面与平面平行的定义转化到一个平面内的任意一条直线平行于另一个平面，是探究判定定理的关键，但是不难理解。从一个平面内的任意一条直线平行于另一个平面到一个平面内的两条相交直线平行于另一个平面是探究判定定理的难点，困难的原因是“任意一条直线”的问题怎样转化为“两条直线”的问题，特别是，对于“两条平行直线确定的平面平行于另一个平面，那么这个平面上的任意直线并不都平行于另一个平面”，通过实验操作直观感知，学生不难理解，但教师需要从向量的角度进行引导和解释。

3.6

3.6.1　直线与直线垂直

一、内容分析

直线与直线垂直包括相交垂直和异面垂直，在初中已经学习过相交垂直，本节将通过学习异面直线所成角进而引出异面垂直，引导学生对空间中直线与直线垂直由感性认识转化到用角度刻画异面直线垂直这一理性认识，理解异面垂直这一概念。

二、课程目标与素养目标

课程目标	学科素养
1. 理解异面直线所成的角和异面直线垂直的定义； **2.** 会求异面直线所成的角； **3.** 进一步培养学生的空间想象能力，学习把空间图形转化成平面图形的基本思路。	**1.** 数学抽象：异面直线所成角的概念的形成； **2.** 逻辑推理：理解和掌握求异面直线所成角过程中平移、找角、计算(论证)的逻辑顺序，有逻辑地思考和表述问题； **3.** 直观想象：借助几何直观和空间想象解决空间中直线与直线的夹角问题。

三、教学重点、难点

1. 教学重点：求两异面直线所成角，异面垂直；

2. 教学难点：求两异面直线所成的角。

四、教学设计

教学过程	设计意图
引导语：空间两条直线的位置关系有三种：平行直线、相交直线和异面直线。在初中我们已经研究了平行直线和相交直线。我们知道，平面内两条直线相交形成4个角，其中不大于90°的角称为这两条直线所成的角（或夹角），它刻画了一条直线相对于另一条直线倾斜的程度。本节我们主要研究异面直线位置关系的刻画。	回顾相交直线夹角的概念，为异面直线夹角的概念做铺垫。
一、新知探究 **观察** 如图，在正方体-$A'B'C'D'$中，直线$A'C'$与直线AB，直线$A'D'$与直线AB都是异面直线，直线$A'C'$与直线$A'D'$相对于直线AB的位置相同吗？如果不同，如何表示这种差异呢？ 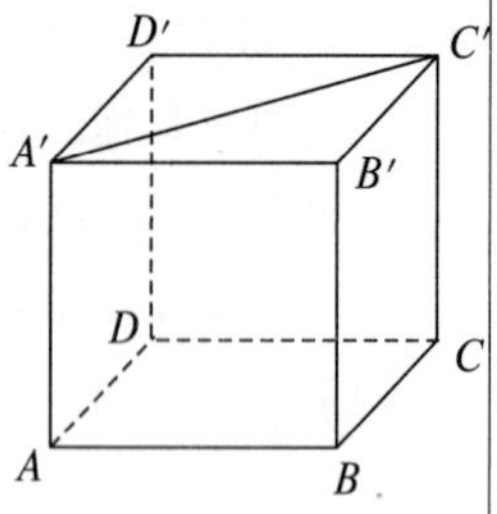 **问题1** 如何刻画两条异面直线的位置关系呢？ 类似相交直线，我们可以用“异面直线所成的角”来刻画两条异面直线的位置关系。 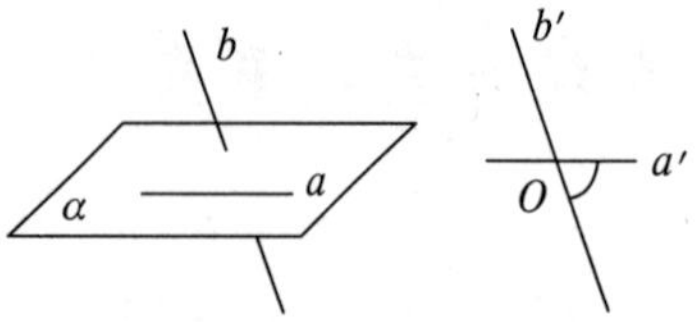 	借助学生最熟悉的正方体直观引出问题。
定义 如图，已知两条异面直线a，b，经过空间任一点O分别作直线$a'/\!/a$，$b'/\!/b$，我们把直线a'与b'所成的角叫作异面直线a与b所成的角（或夹角）。 **思考** 平移的过程中直线的方向改变了吗？ 平移不改变直线的方向。 **定义** 如果两条异面直线所成的角是直角，那么我们就说这两条异面直线互相垂直。直线a与直线b垂直，记作$a\perp b$。	让学生体会定义中“平移”的合理性。
问题2 异面直线所成角的范围是多少？ 异面直线所成角θ的取值范围是$0°<\theta\leqslant 90°$。 **思考** 直线a与b所成角的大小与点O的位置有关吗？ 由于平移不改变直线的方向，所以直线a与b所成角的大小只和a与b各自的方向有关，与点O的位置无关。 **总结** 研究异面直线所成的角，就是通过平移把异面直线转化为相交直线。这是研究空间图形的一种基本思路，即把空间图形问题转化为平面图形问题。	夹角的范围让学生再次理解异面直线所成角与相交直线所成角的联系。

（续　表）

教学过程	设计意图

二、典型例题

例 1　如图，已知正方体-$A'B'C'D'$。

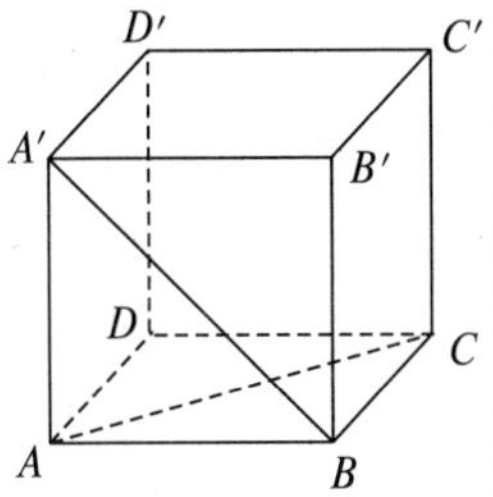

哪些棱所在的直线与直线 AA' 垂直？

求直线 BA' 与 CC' 所成的角的大小。

求直线 BA' 与 AC 所成的角的大小。

解：(1)棱 $AB, BC, CD, DA, A'B', B'C', C'D', D'A'$ 所在直线分别于直线 AA' 垂直。

(2)因为-$A'B'C'D'$是正方体，所以 $BB'/\!/CC'$，因此$\angle A'BB'$为直线 BA' 与 CC' 所成的角。

又因为$\angle A'BB'=45°$，所以直线 BA' 与 CC' 所成的角为 $45°$。

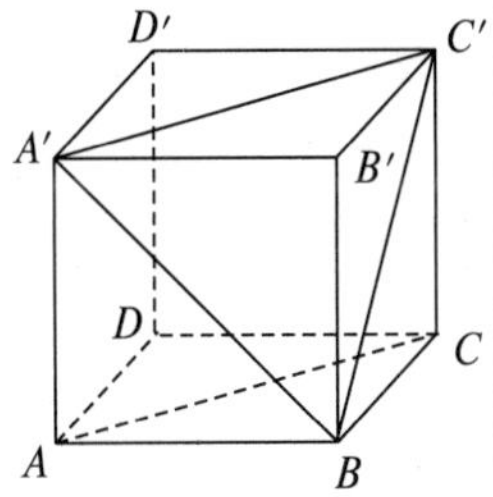

(3)如图，连接 $A'C'$，因为-$A'B'C'D'$是正方体，所以 $AA'/\!/CC'$ 且 $AA'=CC'$，从而四边形 $AA'C'C$ 是平行四边形，所以 $AC/\!/A'C'$，于是$\angle BA'C'$为异面直线 BA' 与 AC 所成的角。连接 BC'，易知$\triangle A'BC'$是等边三角形，所以$\angle BA'C'=60°$，从而异面直线 BA' 与 AC 所成的角等于 $60°$。

例 2　如图(1)，在正方体-$A_1B_1C_1D_1$ 中，O_1 为底面 $A_1B_1C_1D_1$ 的中心，求证 $AO_1\perp BD$。

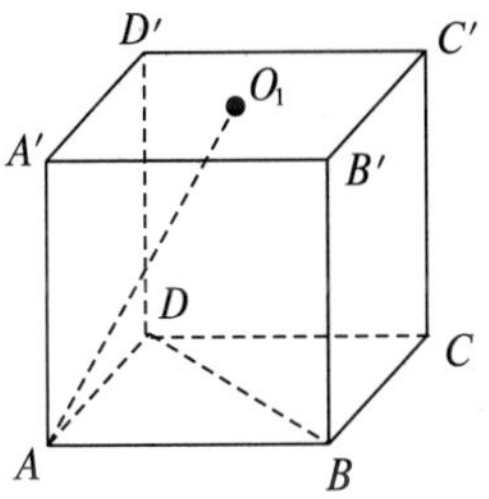

(1)

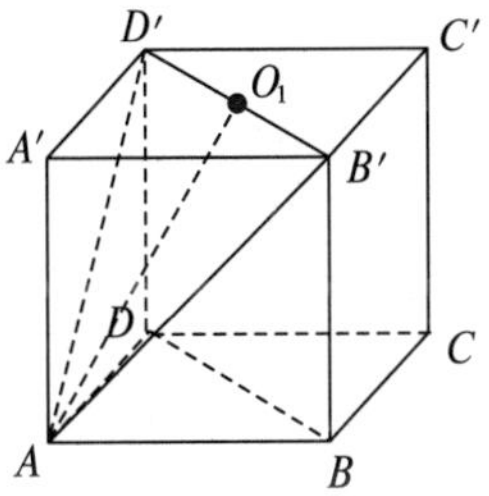

(2)

证明：如图(2)，连接 B_1D_1，$\because$-$A_1B_1C_1D_1$ 是正方体，

$\therefore BB_1/\!/DD_1$ 且 $BB_1=DD_1$，$\therefore$四边形 BB_1D_1D 是平行四边形，$\therefore B_1D_1/\!/BD$，

$\therefore$直线 AO_1 与 B_1D_1 所成的角即为直线 AO_1 与 BD 所成的角。

连接 AB_1, AD_1，易证 $AB_1=AD_1$

又 O_1 为底面 $A_1B_1C_1D_1$ 的中心，$\therefore O_1$ 为 B_1D_1 的中点

$\therefore AO_1\perp B_1D_1$，$\therefore AO_1\perp BD$。

三、及时反馈

1. 判断下列命题是否正确

(1)如果两条平行直线中的一条与已知直线垂直，那么另一条也与已知直线垂直。（　　）

设计意图：

例 1 是异面直线所成角的概念的巩固应用，使学生初步掌握依据定义对空间图形进行论证、计算的方法。此外，本例还可以让学生认识到在空间中垂直于同一直线的两条直线未必平行，如直线 AB 与 BC 都垂直于直线 AA'，但它们却不平行。这说明，在平面内成立的结论，不一定能推广到空间中来。

例 2 是异面直线垂直概念的应用。首先应该根据异面直线所成角的定义，过直线 AO_1 上的特殊点 O_1，作直线 BD 的平行线 B_1D_1，这是解决问题的关键，再联想等腰三角形的性质即可完成证明。例 2 的解答过程体现了解决立体几何问题的重要思想——转化思想。

（续　表）

教学过程	设计意图
(2)垂直于同一条直线的两条直线平行。　　(　　) **2.** 在长方体-$A'B'C'D'$的各条棱所在直线中， (1)与直线 AB 垂直的直线有________条； (2)与直线 AB 异面且垂直的直线有________条； (3)与直线 AB 和 $A'D'$ 都垂直的直线有________条； (4)与直线 AB 和 $A'D'$ 都垂直且相交的直线是直线______。 **3.** 空间四边形的对角线互相垂直且相等，顺次连接这个四边形各边中点，所组成的四边形是　　(　　) A. 梯形　　B. 矩形　　C. 平行四边形　　D. 正方形 **4.** 空间四边形 $ABCD$ 中，E，F 分别为 AC，BD 中点，若 $CD=2AB$，$EF\perp AB$，则 EF 与 CD 所成的角为　　(　　) A. 30°　　B. 45°　　C. 60°　　D. 90° **5.** 如图，在长方体-$A'B'C'D'$中，$AB=AD=2\sqrt{3}$，$AA'=2$，求： 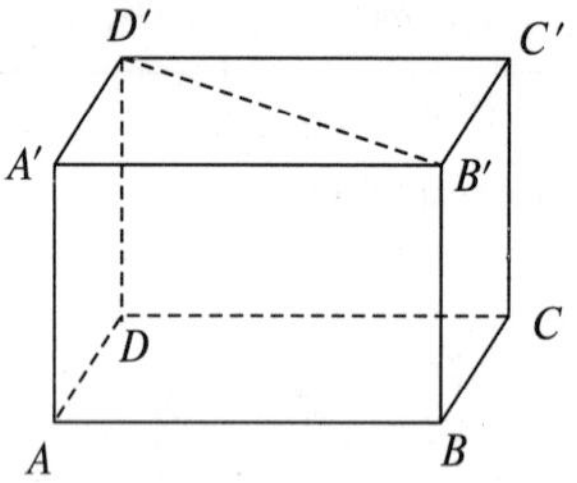 (1)直线 BC 和 $A'C'$ 所成的角的大小； (2)直线 AA' 和 BC' 所成的角的大小。 **答案:1.** (1)√　(2)×　**2.** (1)8　(2)4　(3)4　(4)AA'　D　**4.** A　**5.** (1)45°　(2)60°。 **四、课堂小结** **1.** 异面直线所成的角的定义及其范围； **2.** 求异面直线所成的角的步骤。 **五、课后作业**　课本 148 页第 4 题和 162 页第 4，11 题。	通过练习巩固本节所学知识，提高学生解决问题的能力，感悟其中蕴含的数学思想，增强学生的应用意识。 通过总结，让学生进一步巩固本节所学内容，提高概括能力，养成归纳总结的好习惯。

五、教学反思

本节课的重点内容是“异面直线所成角”的概念以及求异面直线所成角和证明异面垂直。本教学设计在课堂的引入部分回顾了相交直线所成的角，来帮助学生理解异面直线所成角的定义，从实际的教学来看是比较成功的，学生很容易接受。两个例题均为教材上的例题，都以学生最熟悉的正方体为载体，特别是两个例题中都涉及正方体的面对角线的平移，前后呼应，既引出了证明异面垂直的一种方法，又巩固了这种平移直线的方法，学生的学习体验是很好的。授课中的不足是老师讲的多，学生自主活动少，今后应该在学生自主探究的设计上做更多的尝试。

3.6.2　直线与平面垂直

第 1 课时　直线与平面垂直的判定

一、内容分析

本节主要学习直线与平面垂直的定义和判定定理。直线与平面垂直是空间中重要的垂直关系，学生在生活中对此有一些感性认识，本节课要将这种感性上升到理性认识，即用直线与直线垂直来定义直线与平面垂直，这体现了空间中线线垂直与线面垂直的联系；直线与平面垂直的判定定理用两组线线垂直来判定线面垂直，体现了空间中垂直关系的转化。同时，这部分内容也是后面学习平面与平面垂直的基础。

二、课程目标与素养目标

课程目标	学科素养
1. 理解直线与平面垂直的定义； 2. 理解直线与平面垂直的判定定理，并会用其判断直线与平面垂直； 3. 理解直线与平面所成角的概念，并能解决简单的线面角问题。	1. 逻辑推理：理解线面垂直的判定定理条件与结论的逻辑关系，有逻辑地思考和表述问题； 2. 数学运算：将空间角转化成平面角来计算； 3. 直观想象：借助几何直观和空间想象寻找线面角，进一步理解空间中线面位置关系，提高空间想象能力。

三、教学重点、难点

1. 教学重点：直线与平面垂直的定义，直线与平面垂直的判定定理，线面角；

2. 教学难点：用直线与平面垂直的判定定理进行判断和证明。

四、教学设计

教学过程	设计意图
引导语：在日常生活中，我们对直线与平面垂直有很多感性认识。比如，旗杆与地面的位置关系，教室里相邻墙面的交线与地面的位置关系等，都给我们以直线与平面垂直的形象。 **一、新知探究** **观察**　如图，在阳光下观察直立于地面的旗杆 AB 及它在地面的影子 BC。随着时间的变化，影子 BC 的位置在不断地变化，旗杆所在直线 AB 与其影子 BC 所在直线是否保持垂直？ 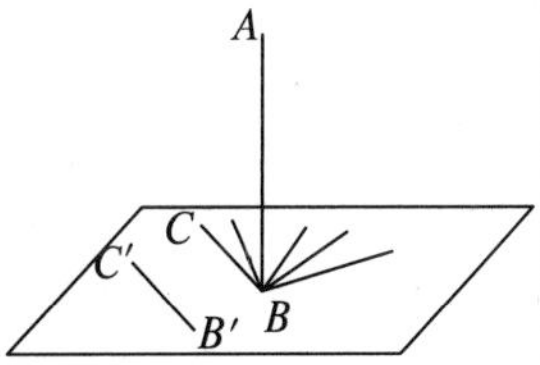	结合生活经验中对线面垂直的感性认识，引出线面垂直的数学定义，使学生体会到数学来源于生活。

（续　表）

教学过程	设计意图
问题 1　怎样定义直线与平面垂直？ **定义**　如果直线 l 与平面 α 内的任意一条直线都垂直，我们就说直线 l 与平面 α 互相垂直，记作 $l\perp\alpha$。直线 l 叫作平面 α 的垂线，平面 α 叫作直线 l 的垂面，唯一公共点 P 叫作垂足。 **画法**　通常把直线画成与表示平面的平行四边形的一边垂直。 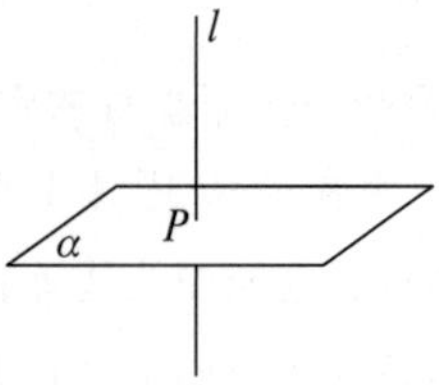 **问题 2**　在同一平面内，过一点有且只有一条直线与已知直线垂直，将这一结论推广到空间，过一点垂直于已知平面的直线有几条？为什么？ **结论**　过一点垂直于已知平面的直线有且只有一条。	通过一个“观察”引导学生分析旗杆所在直线与地面内各直线的位置关系，思考线面垂直所蕴含的线线垂直，揭示了线面垂直的本质，引出了直线与平面垂直的概念。
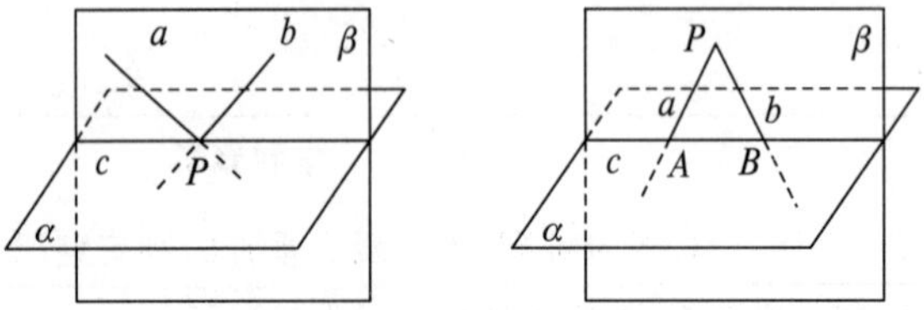 **证明：**如图，假设过点 P 有两条直线 a,b 垂直于同一平面 α，设直线 a,b 确定的平面为 β，且 $\alpha\cap\beta=c$，所以 $c\subset\alpha$。由线面垂直的定义，知 $a\perp c,b\perp c$，这与“在同一平面内，过一点有且只有一条直线与已知直线垂直”矛盾。所以，过一点垂直于已知平面的直线有且只有一条。 定义过一点作垂直于已知平面的直线，则该点与垂足间的线段，叫作这个点到该平面的垂线段，垂线段的长度叫作这个点到该平面的距离。 **问题 3**　除了定义，还有其他方法判定直线与平面垂直吗？ **探究**　如图，准备一块三角形的硬纸片，做一个试验：	类比平面中的结论，启发学生思考，体会平面与空间的联系与区别。直接证明这个结论较为困难，这里采用了“反证法”，学生对此不太熟悉，老师应适当引导。
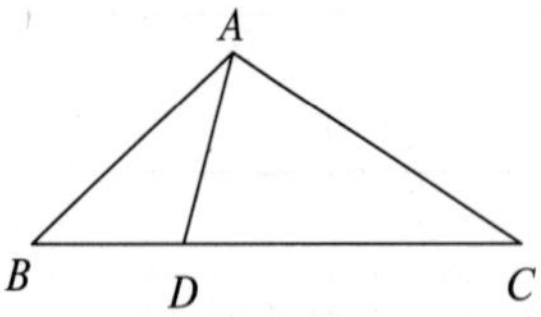 过△ABC 的顶点 A 翻折纸片，得到折痕 AD，将翻折后的纸片竖起放置在桌面上（BD，DC 与桌面接触）。 (1)折痕 AD 与桌面垂直吗？如何翻折才能使折痕 AD 与桌面垂直？ **答案：**(1)不垂直　(2)当 AD 是 BC 边上的高时 **思考**　当 AD 是 BC 边上的高时，翻折后 AD 与 BD，DC 是什么关系？直线 BD，DC 与桌面是什么关系？能由此得到 AD 与桌面内其它直线的关系吗？从向量的角度，桌面所在平面中的向量与向量 $\overrightarrow{BD}$，$\overrightarrow{DC}$ 有什么关系？向量 $\overrightarrow{AD}$ 与这些向量呢？	“探究”中的试验非常形象的演示了判定定理的意义，应让所有学生动手实验，并且自己得出问题的答案。

（续　表）

教学过程	设计意图
定理　如果一条直线与一个平面内的两条相交直线都垂直，那么该直线与此平面垂直。 **思考**　两条相交直线可以确定一个平面，两条平行直线也可以确定一个平面，那么定理中的“两条相交直线”能否改为“两条平行直线”？	引导学生思考现象背后的数学原理。
不能。实际上，由基本事实4可知，平行具有“传递性”，因此一条直线与平面内的一条直线垂直，那么它与这个平面内的平行于这条直线的所有直线都垂直，但不能保证与其它直线垂直。 **问题4**　当直线与平面相交但不垂直时，如何刻画直线与平面之间的角度呢？ **定义**　和平面相交，但不与这个平面垂直的直线叫作该平面的斜线，斜线和平面相交的交点叫作斜足，过斜线上斜足以外的一点向平面引垂线，过垂足和斜足的直线称为斜线在平面内的射影。平面的斜线和它在平面内的射影所成的角叫作直线和平面所成的角。 直线和平面所成角的取值范围为：$[0°,90°]$。 **注意：**关键在于作线面垂直找射影。 **二、典型例题**	这个定理将原本判定直线与平面垂直的问题，通过判定直线与直线垂直来解决，体现了“平面化”思想，通过直线与直线垂直判断直线与平面垂直，蕴含了“降维”思想。
例1　求证：如果两条平行直线中的一条直线垂直于一个平面，那么另一条直线也垂直于这个平面。 已知：如图，$a/\!/b$，$a\perp\alpha$，求证：$b\perp\alpha$。 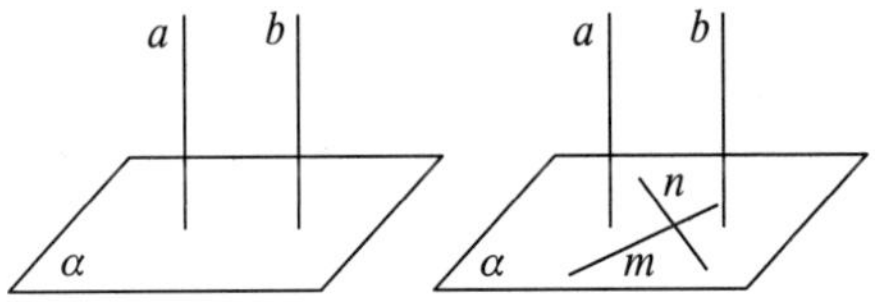 **证明：**如图，在平面 α 内取两条相交直线 m，n， $\because$ 直线 $a\perp\alpha$，$\therefore a\perp m$，$a\perp n$ $\because b/\!/a$，$\therefore b\perp m$，$b\perp n$ 又 $m\subset\alpha$，$n\subset\alpha$，m，n 是两条相交直线，$\therefore b\perp\alpha$	线面角也是借助平面角来定义空间角，再一次体现了把空间图形问题转化为平面图形问题的基本思路。
例2　如图，在正方体-$A_1B_1C_1D_1$ 中，求直线 A_1B 和平面 A_1DCB_1 所成的角。 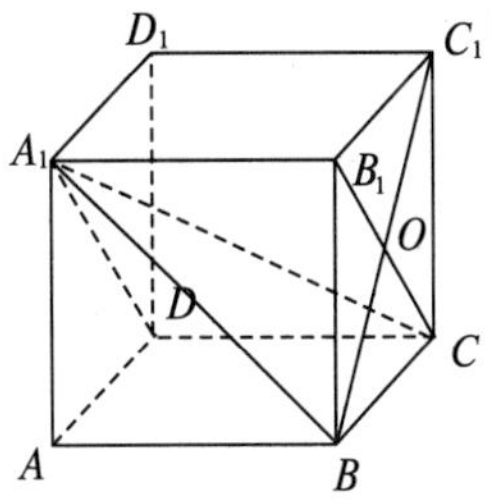 **解：**连接 BC_1，B_1C，BC_1 与 B_1C 相交于点 O，连接 A_1O。设正方体棱长为 a $\because A_1B_1\perp B_1C_1$，$A_1B_1\perp B_1B$，$B_1C_1\cap B_1B=B_1$， $\therefore A_1B_1\perp$ 平面 A_1DCB_1， $\therefore A_1O$ 为斜线 A_1B 在平面 A_1DCB_1 上的射影，$\angle BA_1O$ 为直线 A_1B 和平面 A_1DCB_1 所成的角。	例1不但向学生展示了线面垂直判定定理的应用，而且给出了一个判定直线和平面垂直时常用的命题，体现了平行关系与垂直关系之间的联系。

（续　表）

教学过程	设计意图
在 $\mathrm{Rt}\triangle A_1BO$ 中，$A_1B=\sqrt{2}a$，$BO=\frac{\sqrt{2}}{2}a$， $\therefore BO=\frac{1}{2}A_1B$，$\therefore \angle BA_1O=30^\circ$ $\therefore$ 直线 A_1B 和平面 A_1DCB_1 所成的角为 30° **三、及时反馈** **1.** 直线 $l\perp$ 平面 α，直线 $m\subset\alpha$，则 l 与 m 不可能　（　　） A. 平行　B. 相交　C. 异面　D. 垂直 **2.** 垂直于梯形两腰的直线与梯形所在平面的位置关系是　（　　） A. 垂直　B. 相交但不垂直 C. 平行　D. 不确定 **3.** 如图所示，若斜线段 AB 是它在平面 α 上的射影 BO 的 2 倍，则 AB 与平面 α 所成的角是　（　　） 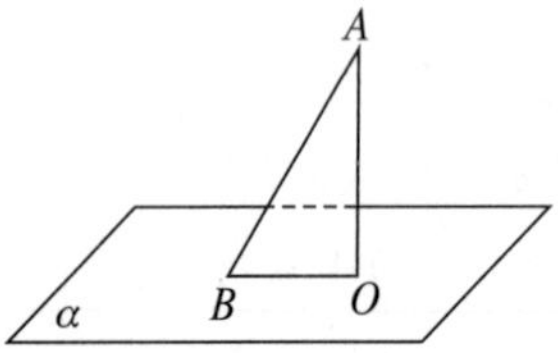 A. 60°　B. 45° C. 30°　D. 120° **4.** 过 $\triangle ABC$ 所在平面 α 外一点 P，作 $PO\perp\alpha$，垂足为 O，连接 PA，PB，PC。 (1)若 $PA=PB=PC$，则点 O 是 $\triangle ABC$ 的________心； (2)若 $PA=PB=PC$，$\angle C=90^\circ$，则点 O 是 AB 边的________点； (3)若 $PA\perp PB$，$PB\perp PC$，$PC\perp PA$，垂足都为 P，则点 O 是 $\triangle ABC$ 的________心。 **5.** 在正方体 $ABCD\text{-}A_1B_1C_1D_1$ 中，求证：$A_1C\perp$ 平面 BC_1D。 **答案：1.** A　**2.** A　**3.** A　**4.** (1)外　(2)中　(3)垂　**5.** 略 **四、课堂小结** **1.** 直线与平面垂直的定义； **2.** 直线与平面垂直的判定定理； **3.** 线面角的定义。 **五、课后作业**　课本 152 页第 1，2，3 题和 162 页第 5 题。	例 2 是斜线与平面所成角的概念的应用，关键是找直线 A_1B 在平面 A_1DCB_1 内的射影，从而问题也就转为过点 B 作平面 A_1DCB_1 的垂线，如何确定垂足。 通过练习巩固本节所学知识，提高学生解决问题的能力，感悟其中蕴含的数学思想，增强学生的应用意识。 通过总结，让学生进一步巩固本节所学内容，提高概括能力，养成对知识归纳总结的好习惯。

五、教学反思

本节课的重点是线面垂直的定义和判定定理，让学生多观察直线与平面垂直的实例，使他们在直观感知的基础上更好地理解线面垂直的定义；“探究”栏目中折叠三角形纸片的活动让所有学生自己动手实验，在实际教学中学生自己发现实验的结论，在直观感知、操作确认的基础上归纳概括出直线与平面垂直的判定定理，达到预期的效果；最后，在具体的空间图形中应用判定定理，感受线线垂直与线面垂直的转化过程，提高解决空间垂直问题的能力和逻辑表达能力，部分学生在论证的表述上仍然欠缺，没有把条件叙述完整，可以找一些证明过程，把条件设计成填空让学生填写，以提高学生这方面的能力。

第2课时　直线与平面垂直的性质

一、内容分析

本节主要学习直线与平面垂直的性质及其应用，直线到平面的距离、两平行平面间的距离。教材借助长方体提出问题，让学生得出直观结论，然后用反证法证明了直观结论的正确性，引入直线与平面垂直的性质定理；之后通过例题引入平面的平行线到平面的距离的定义，以及两平行平面之间的距离定义。直线与平面垂直的性质定理是判断两直线平行的一种方法。

二、课程目标与素养目标

课程目标	学科素养
1. 直观感知直线与平面垂直的关系，归纳并证明直线与平面垂直的性质定理； 2. 能用直线与平面垂直的性质定理证明空间基本图形位置关系的简单命题； 3. 理解平面的平行线线到平面的距离，两平行平面的距离定义。	1. 逻辑推理：体会反证法的逻辑推理在几何中的应用； 2. 数学运算：棱台体积公式的推导； 3. 直观想象：直线到平面的距离、两平行平面的距离等有关距离问题的空间想象。

三、教学重点、难点

1. 教学重点：直线与平面垂直的性质定理，平面的平行线到平面的距离，两平行平面的距离；

2. 教学难点：用直线与平面垂直的性质定理证明空间几何中的相关问题。

四、教学设计

教学过程	设计意图
这节课我们研究直线与平面垂直的性质，类比直线与平面平行的性质的探究，我们可以探究在直线与平面垂直的条件下能推出哪些结论。比如，在直线 a 与平面 α 垂直的条件下，考虑直线 a 与平面 α 内的直线的关系，或者 a，α 与其他直线或平面的关系。 **一、新知探究** **问题1**　如果直线 a 与平面 α 垂直，那么 a 与 α 内的直线有什么关系？ **结论**　（根据定义）如果直线 a 与平面 α 垂直，那么 a 与 α 内的所有直线都垂直。 **观察**　如图(1)，在长方体-$A_1B_1C_1D_1$ 中，棱 AA_1，BB_1，CC_1，DD_1 所在直线与底面 $ABCD$ 的位置关系如何？（答：垂直）它们彼此之间具有什么位置关系？（答：平行）	借助长方体提出问题，引导学生得出直观结论。

（续　表）

教学过程	设计意图
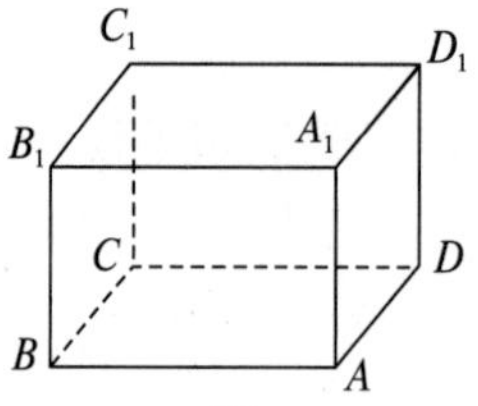 (1) 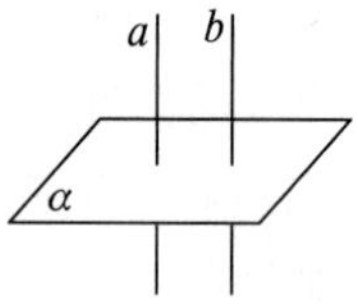 (2) **问题 2**　如图(2)，已知直线 a，b 和平面 α，如果 $a\perp\alpha$，$b\perp\alpha$，那么直线 a，b 一定平行吗？ 已知：$a\perp\alpha$，$b\perp\alpha$，求证：$a/\!/b$。 **证明：**假设 b 不平行于 a，且 $b\cap\alpha=O$。c 是经过点 O 与直线 a 平行的直线。因为 $a/\!/c$，$a\perp\alpha$，所以 $c\perp\alpha$。即经过同一个点 O 的两条直线 b，c 都垂直于平面 α，这是不可能的。因此，$a/\!/b$。 **直线和平面垂直的性质定理：垂直于同一个平面的两条直线平行。** **问题 3**　直线与平面之间有距离吗？平面与平面之间呢？	用逻辑推理论证了直观结论的正确性，进而给出定理。此处再一次体现了反证法在解决几何问题上的重要作用。
二、典型例题 **例 1**　如图，直线 l 平行于平面 α，求证：直线 l 上各点到平面 α 的距离相等。 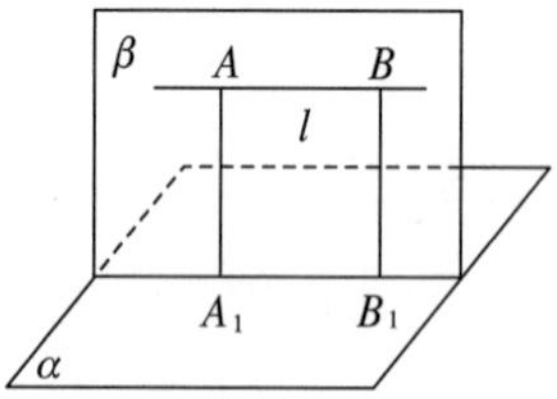 **证明：**过直线 l 上任意两点 A，B 分别作平面 α 的垂线 AA_1，BB_1，垂足分别为 A_1，B_1 $\because AA_1\perp\alpha$，$BB_1\perp\alpha$，$\therefore AA_1/\!/BB_1$ 设直线 AA_1，BB_1 确定的平面为 β，$\beta\cap\alpha=A_1B_1$， $\because l/\!/\alpha$，$\therefore l/\!/A_1B_1$， $\therefore$ 四边形 AA_1B_1B 是矩形， $\therefore AA_1=BB_1$。 由 A，B 是直线 l 上任取的两点，可知直线 l 上各点到平面 α 的距离相等。 定义一条直线与一个平面平行时，这条直线上任意一点到这个平面的距离，叫作这条直线到这个平面的距离。 **定义**　（由例 1 还可以进一步得出，）如果两个平面平行，那么其中一个平面内的任意一点到另一个平面的距离都相等，我们把它叫作这两个平行平面间的距离。 注在棱柱、棱台的体积公式中，它们的高就是它们的上、下底面间的距离。	例 1 用性质定理证明了又一个学生经验中能直观感知的结论，引出线面距离和面面距离的定义，起到承上启下的作用。
问题 4　如果一条直线垂直于两个平行平面中的一个，那么这条直线与另一个平面垂直吗？为什么？ 垂直。（让学生试着证明，可给予适当提示）	问题 4 是一个常用结论，在这里可以给例 2 做铺垫。

（续　表）

教学过程	设计意图
例 2　推导棱台的体积公式 $V_{棱台}=\frac{1}{3}h(S'+\sqrt{S'S}+S)$，其中，$S'$，$S$ 分别是棱台的上、下底面面积，h 是高。 **解：**如图，延长棱台各侧棱交于点 P，得到截得棱台的棱锥，过点 P 作棱台的下底面的垂线，分别与棱台的上、下底面交于点 O'，O，则 PO 垂直于棱台的上底面，从而 $OO'=h$。 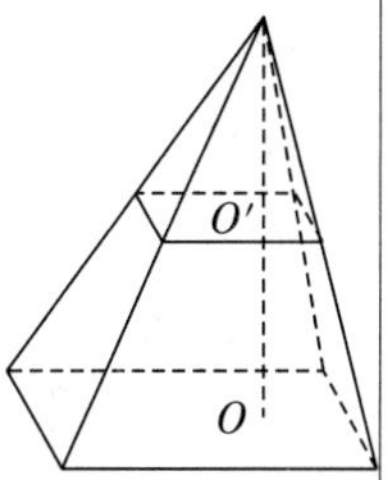 设截得棱台的棱锥的体积为 V，去掉的棱锥体积为 V'，高为 h'，则 $PO'=h'$，于是 $V'=\frac{1}{3}S'h'$，$V=\frac{1}{3}S(h'+h)$ 所以棱台的体积 $V_{棱台}=V-V'=\frac{1}{3}S(h'+h)-\frac{1}{3}S'h'=\frac{1}{3}[Sh+(S-S')h']$。　① 由棱台的上、下底面平行，可以证明棱台的上、下底面相似，并且 $\frac{S'}{S}=\frac{h'^2}{(h'+h)^2}$ 所以 $h'=\frac{\sqrt{S'}h}{\sqrt{S}-\sqrt{S'}}$ 代入①，得 $V_{棱台}=\frac{1}{3}h[S'+(S-S')\frac{\sqrt{S'}}{\sqrt{S}-\sqrt{S'}}]=\frac{1}{3}h(S'+\sqrt{S'S}+S)$。	例 2 完成了棱台体积公式的推导。
三、及时反馈 **1.** 已知直线 a，b，平面 α，且 $a\perp\alpha$，下列条件中，能推出 $a/\!/b$ 的是　（　　） A. $b/\!/\alpha$　　B. $b\subset\alpha$ C. $b\perp\alpha$　　D. b 与 α 相交 **2.** 如图，▱$ADEF$ 的边 $AF\perp$ 平面 $ABCD$，且 $AF=2$，$CD=3$，则 $CE=$　（　　） 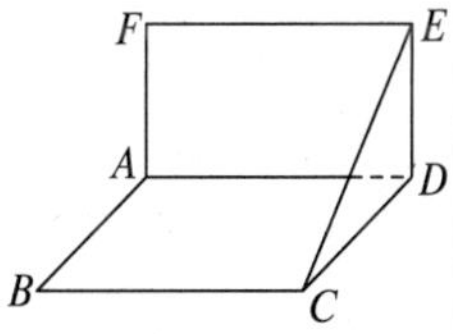 A. 2　　B. 3 C. $\sqrt{5}$　　D. $\sqrt{13}$ **3.** 已知直线 a，b 和平面 α，且 $a\perp b$，$a\perp\alpha$，则 b 与 α 的位置关系是________。 **4.** 已知 A，B 两点在平面 α 的同侧，且它们与 α 的距离相等，求证：直线 $AB/\!/\alpha$。 **5.** 如图所示，在正方体 $ABCD\text{-}A_1B_1C_1D_1$ 中，M 是 AB 上一点，N 是 A_1C 的中点，$MN\perp$ 平面 A_1DC。求证：$MN/\!/AD_1$。 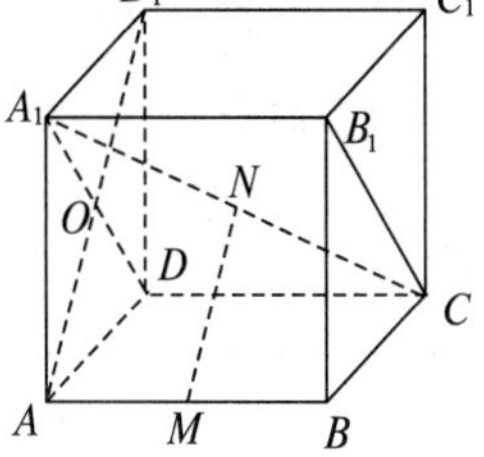 **答案：1.** C　**2.** D　**3.** $b/\!/\alpha$ 或 $b\subset\alpha$　**4.** 略　**5.** 略	通过练习巩固本节所学知识，提高学生解决问题的能力，感悟其中蕴含的数学思想，增强学生的应用意识。
四、课堂小结 **1.** 直线和平面垂直的性质定理； **2.** 直线与平面垂直的其他结论。 **五、课后作业**　课本第 155 页第 2，3 题。	通过总结，让学生进一步巩固本节所学内容，提高概括能力，养成对知识归纳总结的好习惯。

五、教学反思

本节课继续遵循“直观感知—操作确认—思辨论证”的认识过程展开，学生在观察长方体模型中垂直于某一个面的四条棱之间的位置关系，获得对直线与平面垂直的性质定理正确性的认识，然后再用反证法进行推理论证，培养数学抽象、逻辑推理等素养。

从实际上课的情况来看，这节课结论性的知识比较多，相互之间也没有很强的逻辑关系，虽然每个结论都不难理解但学生仍会感觉有点乱，所以在课堂小结的部分可以给学生做一个知识结构图，帮助学生梳理一下。

3.6.3 平面与平面垂直

第1课时 平面与平面垂直的判定

一、内容分析

两个平面垂直的判定定理是平面与平面位置关系的重要内容。这节课先介绍二面角的概念，在此基础上定义平面与平面垂直，然后用工人砌墙的例子引出平面与平面垂直的判定定理，这节的重点就是判定定理的发现及其应用，它是利用低维位置关系推导高维位置关系的又一个定理，充分体现了转化思想在立体几何中的重要地位。

二、课程目标与素养目标

课程目标	学科素养
1. 理解二面角的有关概念，会作二面角的平面角，能求简单二面角的平面角的大小； 2. 了解面面垂直的定义，掌握面面垂直的判定定理，初步学会用定理证明垂直关系。	1. 数学抽象：二面角的有关概念； 2. 逻辑推理：用定理证明垂直关系； 3. 数学运算：求二面角的平面角的大小； 4. 直观想象：平面与平面垂直的定义和判定。

三、教学重点、难点

1. 教学重点：二面角的概念，平面与平面垂直的判定定理；
2. 教学难点：平面与平面垂直的判定定理的发现过程和应用。

四、教学设计

教学过程	设计意图
引导语：在平面几何中，我们先定义了角的概念，利用角刻画两条相交直线的位置关系，进而研究直线与直线互相垂直这种特殊情况。类似地，在空间中，我们需要先引进二面角的概念，用来刻画两个相交平面的位置关系，进而研究两个平面互相垂直。	

(续　表)

教学过程	设计意图
一、新知探究 观察在平面几何中角是具有公共端点的两条射线组成的图形，空间中有类似的图形吗？翻动书页时，观察被翻动的书页与静止的书页构成的图形，以及教室的门在打开的过程中与墙面构成的图形。 **问题 1**　应该如何定义这类图形呢？ (1)半平面的定义 平面内的一条直线把平面分为两部分，这两部分通常称为半平面。 (2)二面角的定义 从一条直线出发的两个半平面所组成的图形叫作二面角。这条直线叫作二面角的棱，这两个半平面叫作二面角的面。 (3)二面角的画法和记法 面 1—棱—面 2　　点 1—棱—点 2 二面角 $\alpha-l-\beta$　　二面角 $P-l-Q$ 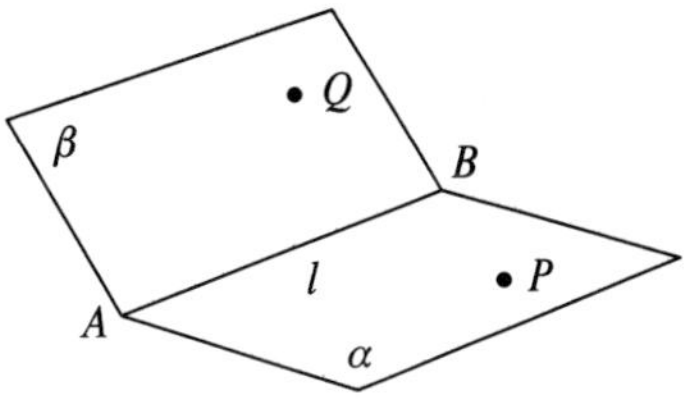 思考我们常说“把门开大些”，是指哪个角大一些？受此启发，你认为应该怎么刻画二面角的大小？ (4)二面角的平面角 如图，在二面角 $\alpha-l-\beta$ 的棱 l 上任取一点 O，以点 O 为垂足，在半面 α 和 β 内分别作垂直于棱 l 的射线 OA 和 OB，则射线 OA 和 OB 构成的 $\angle AOB$ 叫作二面角的平面角。 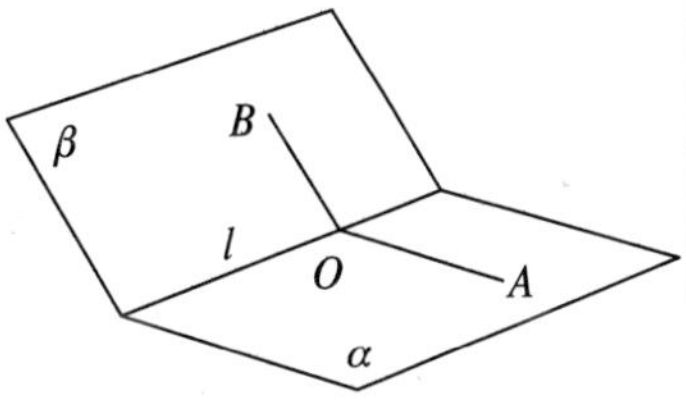 **思考**　$\angle AOB$ 的大小与点 O 在 l 上的位置有关吗？为什么？ 无关。由等角定理，可以保证在棱上取不同点时所作角的大小相等。 (5)直二面角 平面角是直角的二面角叫作直二面角，二面角的平面角的取值范围是 $[0^\circ,180^\circ]$。 **观察**　教室相邻的两个墙面与地面可以构成几个二面角？分别指出构成这些二面角的面、棱、平面角及其度数。 (6)两个平面互相垂直 一般地，两个平面相交，如果它们所成的二面角是直二面角，就说这两个平面互相垂直。平面 α 与 β 垂直，记作 $\alpha\perp\beta$。 如图，画两个互相垂直的平面时，通常把表示平面的两个平行四边形的一组边画成垂直。	通过生活实例让学生直观感知二面角。 类比平面几何中“角”的概念给出二面角的概念。 用二面角的平面角来刻画二面角的大小符合学生的直观感知。 “思考”中的问题保证了角度的唯一性。 “观察”中的实例本身就是判定定理的实际应用，它非常生动形象地呈现了定理的内容，使学生对定理形成了直观感知。

（续　表）

教学过程	设计意图
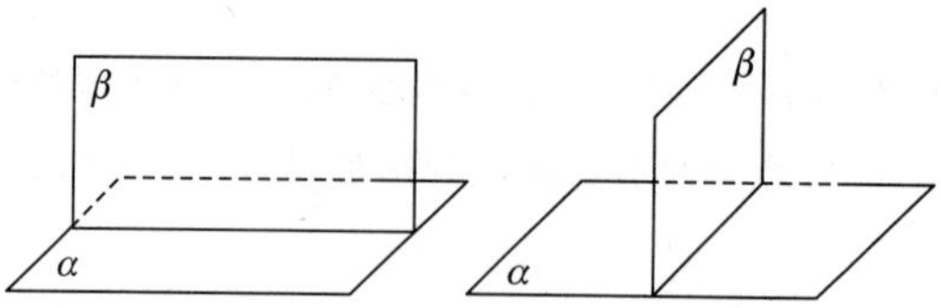 **问题 2**　除了定义，还有什么方法可以判定两个平面垂直呢？ **观察**　建筑工人在砌墙时，常用铅锤来检测所砌的墙面与地面是否垂直。如果系有铅锤的细线紧贴墙面，工人师傅就认为墙面垂直于地面，否则他就认为墙面不垂直于地面。这种方法说明了什么道理？ 在这里，铅锤线起到一个桥梁作用，它与地面是什么关系？（垂直）它“紧贴墙面”时与墙面是什么关系？（在墙面内）在墙面与地面构成的二面角中你能作一个平面角并求出角度吗？（墙面与地面的交线为棱，显然铅锤线与棱垂直，过此垂足在地面内作棱的垂线得到平面角，由铅垂线与地面垂直知它与地面任一直线垂直，所以该平面角为直角，所以墙面与地面垂直）。这种方法告诉我们，如果墙面经过地面的垂线，那么墙面与地面垂直。所以我们有下面的定理： **定理　如果一个平面过另一个平面的垂线，那么这两个平面垂直。** **思考**　在前面我们可以由线面平行证明面面平行，这个定理呢？（这个定理说明，可以由线面垂直证明面面垂直。） **二、典型例题** 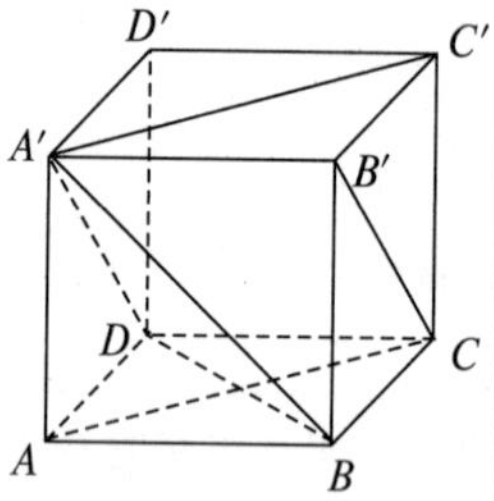 **例 1**　如图所示，在正方体-$A'B'C'D'$中，求证：平面 $A'BD\perp$ 平面 $ACC'A'$。 **证明：**$\because ABCD$-$A'B'C'D'$是正方体， $\therefore AA'\perp$平面 $ABCD$，$\therefore AA'\perp BD$， 又 $BD\perp AC$，$\therefore BD\perp$平面 $ACC'A'$， $\therefore$平面 $A'BD\perp$平面 $ACC'A'$。 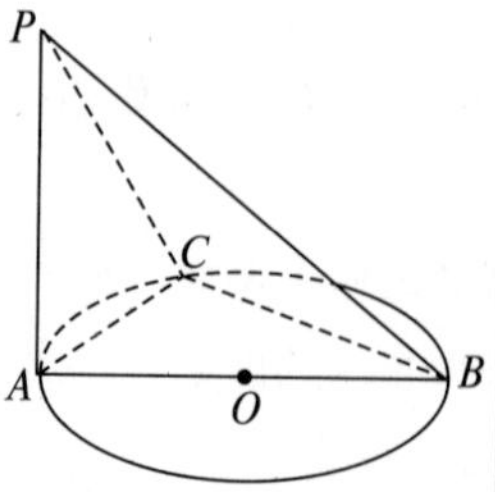 **例 2**　如图，AB 是$\odot O$ 的直径，PA 垂直于$\odot O$ 所在的平面，C 是圆周上不同于 A，B 的任意一点。求证：平面 $PAC\perp$平面 PBC。 **证明：**$\because PA\perp$平面 ABC，$BC\subset$平面 ABC。 $\therefore PA\perp BC$， $\because$点 C 是圆周上不同于 A，B 的任意一点，AB 是$\odot O$ 的直径， $\therefore \angle BCA=90°$，即 $BC\perp AC$。 又 $PA\cap AC=A$，$PA\subset$平面 PAC，$AC\subset$平面 PAC，$\therefore BC\perp$平面 PAC， 又 $BC\subset$平面 PBC，$\therefore$平面 $PAC\perp$平面 PBC。	这个定理将原本判定平面与平面垂直的问题，通过判定直线与平面垂直来解决。 例 1 是平面与平面垂直判定定理的应用，关键是在两个平面中的某个平面内找到一条垂直于另一个平面的特殊直线。 例 2 除了研究平面与平面垂直的关系外，还可以让学生探究：这个四面体的四个面的形状是怎样的？（都是直角三角形）有哪些直线与平面是垂直的？

（续 表）

教学过程	设计意图
三、及时反馈 **1.** 直线 $l\perp$ 平面 α，$l\subset$ 平面 β，则 α 与 β 的位置关系是 （　　） A. 平行　B. 可能重合　C. 相交且垂直　D. 相交不垂直 **2.** 已知 $l\perp$ 平面 α，直线 $m\subset$ 平面 β。有下面四个命题： ①$\alpha/\!/\beta\Rightarrow l\perp m$；②$\alpha\perp\beta\Rightarrow l/\!/m$；③$l/\!/m\Rightarrow\alpha\perp\beta$；④$l\perp m\Rightarrow\alpha/\!/\beta$。 其中正确的两个命题是 （　　） A. ①②　B. ③④　C. ②④　D. ①③ **3.** 已知直线 a，b 与平面 α，β，γ，能使 $\alpha\perp\beta$ 的充分条件是 （　　） A. $\alpha\perp\beta$，$\beta\perp\gamma$　B. $\alpha\cap\beta=a$，$b\perp a$，$b\subset\beta$ C. $a/\!/\beta$，$a/\!/\alpha$　D. $a/\!/\alpha$，$a\perp\beta$ **4.** 在正方体 $ABCD\text{-}A_1B_1C_1D_1$ 中，二面角 $A\text{-}BC\text{-}A_1$ 的平面角等于________。 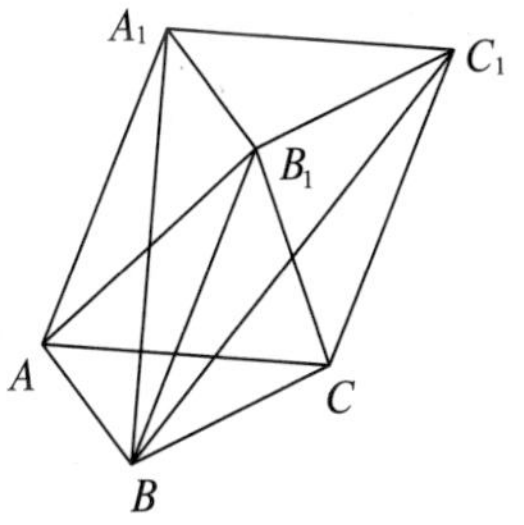 第 4 题图 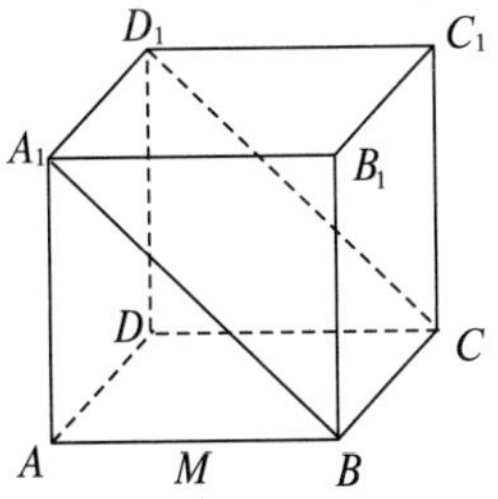 第 5 题图 **5.** 如图，棱柱 $ABC\text{-}A_1B_1C_1$ 的侧面 BCC_1B_1 是菱形，$B_1C\perp A_1B$。 **答案：1.** C　**2.** D　**3.** D　**4.** 45°　**5.** 略	通过练习巩固本节所学知识，通过学生解决问题的能力，感悟其中蕴含的数学思想，增强学生的应用意识。
四、课堂小结 **1.** 二面角的定义； **2.** 平面与平面垂直的判定定理； **3.** 数学思想：转化思想 **五、课后作业**　课本第 158—159 页第 1，2，3，4 题和 163 页第 7，8 题。	通过总结，让学生进一步巩固本节所学内容，提高概括能力，养成对知识归纳总结的好习惯。

五、教学反思

本节课的重点是平面与平面垂直的判定定理的发现与证明，让学生观察建筑工人砌墙的实例，使他们在直观感知的基础上经过论证得到判定定理，培养学生的逻辑能力和归纳能力。最后，在具体的空间图形中应用判定定理来证明平面与平面垂直，感受线面垂直与面面垂直的转化过程，提高解决空间垂直问题的能力和逻辑表达能力。

为了更好地落实平面与平面垂直的判定定理的学习，本节课没有设计求二面角的例题，只在课堂练习中安排了一个题目，因此应该在后面的习题课中再做补充。

第 2 课时　平面与平面垂直的性质

一、内容分析

本节课的主要内容是平面与平面垂直的性质定理的发现、证明及其在几何证明问题中的应用。空间中平面与平面之间的位置关系中，垂直是一种非常重要的位置关系。通过这一节的学习可以发现：直线与直线垂直、直线与平面垂直以及平面与平面垂直的判定和性质定理形成了一套完整的证明体系，利用低维位置关系可以推导高维位置关系，利用高维位置关系也能推导低维位置关系，充分体现了转化思想在立体几何中的重要地位。

二、课程目标与素养目标

课程目标	学科素养
1. 掌握平面与平面垂直的性质定理； **2.** 运用平面与平面垂直的性质定理证明简单几何体中直线与平面垂直； **3.** 了解平面与平面垂直的判定定理与性质定理之间的关系。	**1.** 逻辑推理：用平面与平面垂直的性质定理证明直线与平面垂直； **2.** 直观想象：平面与平面垂直的性质定理。

三、教学重点、难点

1. 教学重点：平面与平面垂直的性质定理及其应用；

2. 教学难点：用平面与平面垂直的性质定理证明几何体中的直线与平面垂直。

四、教学设计

教学过程	设计意图
引导语：这节课我们研究平面与平面垂直的性质，也就是在两个平面互相垂直的条件下，能推出哪些结论。如果两个平面互相垂直，根据已有的研究经验，我们可以先研究其中一个平面内的直线与另一个平面具有什么位置关系。 **一、新知探究** **探究**　如图，设 $\alpha\perp\beta$，$\alpha\cap\beta=a$，则 β 内任意一条直线 b 与 a 有什么位置关系？相应地，b 与 α 有什么位置关系？为什么？ 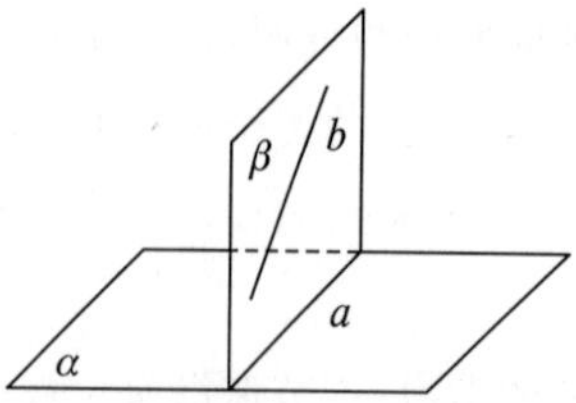 显然，b 与 α 平行或相交。当 $b/\!/a$ 时，$b/\!/\alpha$；当 b 与 a 相交时，b 与 α 也相交。	有了之前研究空间平行关系的经验，学生对“探究”中的问题比较容易接受。

（续　表）

<table>
<tr><th>教学过程</th><th>设计意图</th></tr>
<tr><td>

问题 1　什么时候有 $b\perp\alpha$ 呢？你能借助 b 与 a 的关系得到吗？

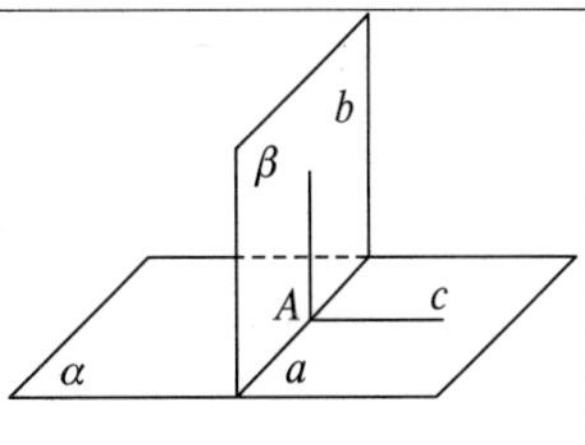

当 $b\perp a$ 时，有 $b\perp\alpha$。如图，设 b 与 a 的交点为 A，过点 A 在 α 内作直线 $c\perp a$，则直线 b，c 所成的角就是二面角 $\alpha-a-\beta$ 的平面角。由 $\alpha\perp\beta$ 知，$b\perp c$。又因为 $b\perp a$，a 和 c 是 α 内的两条相交直线，所以 $b\perp\alpha$。

定理　两个平面垂直，如果一个平面内有一直线垂直于这两个平面的交线，那么这条直线与另一个平面垂直。

这个定理说明，由平面与平面垂直可以得到直线与平面垂直。

探究　设平面 $\alpha\perp$ 平面 β，点 P 在平面 α 内，过点 P 作平面 β 的垂线 a，直线 a 与平面 α 具有什么位置关系？

结论　两个平面垂直，过一个平面内的一点作另一个平面的垂线，则该垂线在第一个平面内。

该如何证明呢？我们知道，过一点只能作一条直线与已知平面垂直，因此，如果过一点有两条直线与平面垂直，那么这两条直线重合，这种方法叫作“同一法”，下面来具体证明。

如下图，设 $\alpha\cap\beta=c$，过点 P 在平面内 α 作直线 $b\perp c$，根据平面与平面垂直的性质定理，$b\perp\beta$。因为过一点有且只有一条直线与平面 β 垂直，所以直线 a 与直线 b 重合，因此 $a\subset\alpha$。

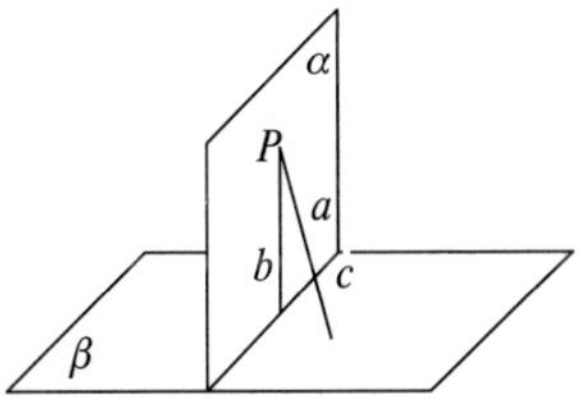

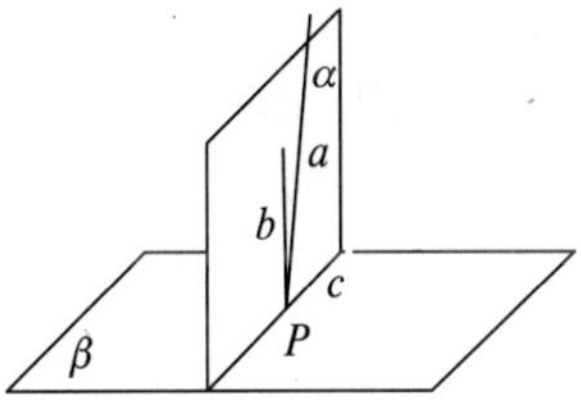

二、典型例题

例 1　如图，已知平面 $\alpha\perp$ 平面 β，直线 $a\perp\beta$，$a\not\subset\alpha$，判断 a 与 α 的位置关系。

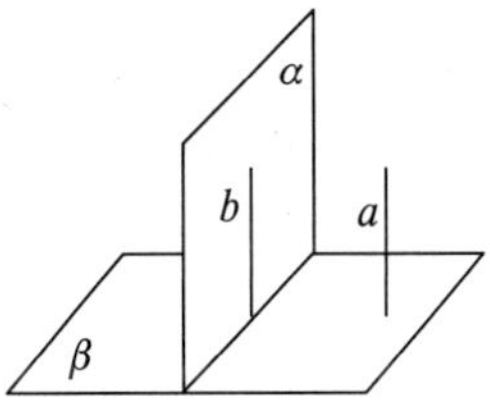

解：在 α 内作垂直于 α 与 β 交线的直线 b，$\because\alpha\perp\beta$，$\therefore b\perp\beta$。又 $a\perp\beta$，$\therefore a/\!/b$，又 $a\not\subset\alpha$，$\therefore a/\!/\alpha$，即直线 a 与平面 α 平行。

例 2　如图，已知 $PA\perp$ 平面 ABC，平面 $PAB\perp$ 平面 PBC，求证：$BC\perp$ 平面 PAB。

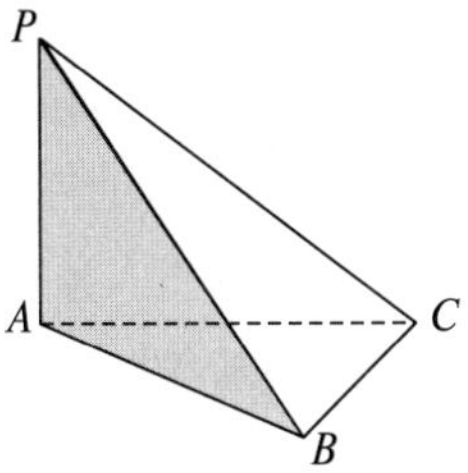

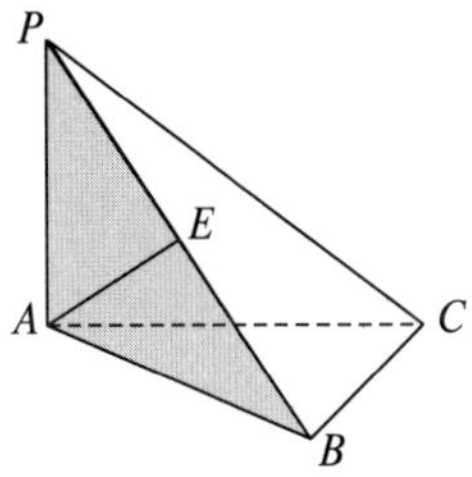

</td><td>

通过问题 1 提示学生如何得到线面垂直。

继续研究平面与平面垂直时能够推导出的线面关系。在推理中用了“同一法”，只要求学生理解思路即可。

例 1 是平面与平面垂直的又一个性质，它与“探究”得到的结论一起说明如下事实：如果一条直线垂直于两个互相垂直的平面中的一个，则这条直线要么在另一平面内，要么与另一平面平行。

例 2 综合运用了直线与平面垂直的定义与判定定理、平面与平面垂直的性质定理，要让学生进一步

</td></tr>
</table>

（续　表）

教学过程	设计意图
证明：如图，过点 A 作 $AE\perp PB$，垂足为 E。 $\because$ 平面 $PAB\perp$ 平面 PBC，平面 $PAB\cap$ 平面 $PBC=PB$，$\therefore AE\perp$ 平面 PBC。 $\because BC\subset$ 平面 PBC，$\therefore AE\perp BC$。$\because PA\perp$ 平面 ABC，$BC\subset$ 平面 ABC，$\therefore PA\perp BC$。 又 $PA\cap AE=A$，$\therefore BC\perp$ 平面 PAB。	体会直线、平面之间的位置关系是可以相互转化的。
三、及时反馈 **1.** 判断下列命题是否正确。 (1)如果平面 $\alpha\perp$ 平面 β，那么平面 α 内所有直线都垂直于平面 β。（　　） (2)如果平面 $\alpha\perp$ 平面 β，那么平面 α 内一定存在直线平行于平面 β。（　　） (3)如果平面 α 不垂直于平面 β，那么平面 α 内一定不存在直线垂直于平面 β。（　　） **2.** 在空间中，下列命题正确的是（　　） A. 垂直于同一条直线的两直线平行　B. 平行于同一条直线的两个平面平行 C. 垂直于同一平面的两个平面平行　D. 垂直于同一平面的两条直线平行 **3.** 已知 α,β 是两个不同的平面，m 为平面 α 内的一条直线，则“$\alpha\perp\beta$”是“$m\perp\beta$”的（　　） A. 充分不必要条件　B. 必要不充分条件 C. 充要条件　D. 既不充分也不必要条件 **4.** 三棱锥 $P\text{-}ABC$ 中，平面 $PAB\perp$ 底面 ABC，且 $PA=PB=PC$，则 $\triangle ABC$ 是______三角形。 **5.** 如图，在三棱台 $ABC-DEF$ 中，平面 $BCFE\perp$ 平面 ABC，$\angle ACB=90°$，$BE=EF=FC=1$，$BC=2$。 求证：$BF\perp$ 平面 $ACFD$。 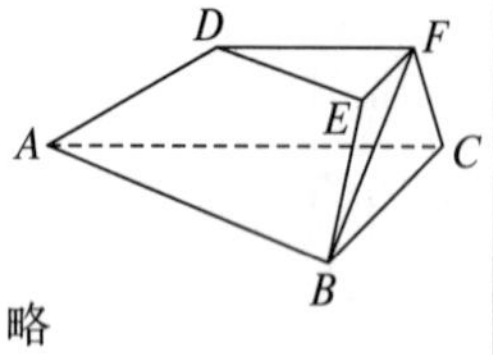 **答案**：**1.** (1)× (2)√ (3)√ **2.** D **3.** B **4.** 直角 **5.** 略	通过练习巩固本节所学知识，提高学生解决问题的能力，感悟其中蕴含的数学思想，增强学生的应用意识。
四、课堂小结 **1.** 平面与平面垂直的性质定理； **2.** 平面与平面垂直的其他结论。 **五、课后作业**　课本第 163—164 页第 10，20 题。	通过总结，让学生进一步巩固本节所学内容，提高概括能力，养成对知识归纳总结的好习惯。

五、教学反思

平面与平面垂直的性质，讨论的是在两个平面相互垂直的条件下，能够推导出一些什么结论。按照特殊到一般的原则，教科书通过“探究”向学生提出问题，引导学生感知在两个相互垂直的平面中，有哪些特殊的直线、平面的位置关系。然后通过操作，确认两个平面垂直的性质定理的合理性，进而通过逻辑推理证明性质定理成立。这个过程采用的思路仍然是“直观感知、操作确认、推理证明”，这是符合学生学习立体几何知识，培养空间观念、直观想象素养以及逻辑推理能力的基本规律的。